2018 年度全国创新创业
50 所典型经验高校经验汇编

全国高等学校学生信息咨询与就业指导中心 组编

主编 石鹏建 副主编 杨洪涛

北京航空航天大学出版社

图书在版编目(CIP)数据

2018年度全国创新创业50所典型经验高校经验汇编 / 全国高等学校学生信息咨询与就业指导中心组编 ；石鹏建主编. -- 北京 ：北京航空航天大学出版社，2018.10

ISBN 978-7-5124-2827-0

Ⅰ. ①2… Ⅱ. ①全… ②石… Ⅲ. ①高等学校—创业—经验—汇编—中国—2018 Ⅳ. ①G647.38

中国版本图书馆CIP数据核字(2018)第225172号

2018年度全国创新创业50所典型经验高校经验汇编

全国高等学校学生信息咨询与就业指导中心　组编

主编　石鹏建　副主编　杨洪涛

*

北京航空航天大学出版社出版发行

北京市海淀区学院路37号(邮编100191)　http://www.buaapress.com.cn

发行部电话:(010)82317024　传真:(010)82328026

读者信箱: goodtextbook@126.com　邮购电话:(010)82316936

北京宏伟双华印刷有限公司印装　各地书店经销

*

开本: 787×1 092　1/16　印张:18.25　字数:467千字

2018年10月第1版　2018年10月第1次印刷　印数:2 000册

ISBN 978-7-5124-2827-0　定价:95.00元

教 育 部 办 公 厅

教学厅函〔2018〕35号

教育部办公厅关于公布2018年度全国创新创业典型经验高校名单的通知

各省、自治区、直辖市教育厅（教委），有关省、自治区人力资源社会保障厅（局），有关部门（单位）教育司（局），部属各高等学校：

为全面贯彻落实党中央、国务院关于做好大学生创新创业工作的重要部署及《国务院办公厅关于深化高等学校创新创业教育改革的实施意见》要求，积极发挥典型引领作用，推动全国高校进一步深化创新创业教育改革，提升创业指导服务工作水平，促进毕业生更高质量创业就业，我部于2018年1月启动开展了2018年度全国高校创新创业总结宣传工作。经过推荐申报、专家初选、社会调查和实地调研等环节，推选产生了2018年度50所全国创新创业典型经验高校。现将名单公布如下（按照行政区划排列）：

一、中央部门所属高等学校（9所）

北京化工大学、中国农业大学、东北大学、东华大学、南京航空航天大学、合肥工业大学、华中科技大学、华中师范大学、华南理工大学

二、省属本科高等学校（33所）

北京联合大学、天津商业大学、内蒙古大学、沈阳工程学院、大

连艺术学院、吉林动画学院、东北农业大学、扬州大学、浙江理工大学、浙江工商大学、合肥学院、安徽科技学院、三明学院、南昌大学、景德镇陶瓷大学、江西师范大学、山东科技大学、曲阜师范大学、山东英才学院、郑州大学、周口师范学院、南阳理工学院、湖北工业大学、武汉工商学院、湖南农业大学、南华大学、肇庆学院、重庆邮电大学、重庆科技学院、成都理工大学、云南大学滇池学院、西京学院、青海大学

三、高职高专院校(8所)

河北工业职业技术学院、邢台职业技术学院、南京工业职业技术学院、杭州职业技术学院、东营职业学院、河南职业技术学院、广西职业技术学院、贵州轻工职业技术学院

各地、各高校要认真组织学习、借鉴典型经验高校的经验和做法,结合自身实际,不断改进工作方式,努力创新工作机制,切实推进大学生创新创业工作。

教育部办公厅

2018年7月6日

(此件主动公开)

部内发送:有关部领导,办公厅、就业中心

教育部办公厅　　2018年7月16日印发

编委会名单

目　录

中央部门所属高等学校(9 所)

省属本科高等学校(33所)

高职高专院校(8 所)

中央部门所属高等学校(9 所)

依托"大化工"行业 协同实践育人"双创"基地构建特色鲜明"双创"人才培养模式

——北京化工大学

一、学校概况

北京化工大学是新中国为"培养尖端科学技术所需求的高级化工人才"于1958年创建的高水平大学，始终肩负着在"大化工"领域高层次创新创业人才培养的使命。在"双一流"高校的建设进程中，学校创新创业教育立足行业特色与学科优势，整合校内外创新资源，发展协同育人。

在创新创业教育工作中，学校高度重视、统筹协调、保障有力。全面落实"一把手"工程，组建校院两级创业工作领导小组，成立大学生创业指导委员会。加强体制机制保障，制定了《北京化工大学大学生创业管理办法(试行)》《北京化工大学创新创业教育改革实施方案》等16项政策措施。

2015年，"北京化工大学'大化工'行业协同实践育人创新创业基地"被评选为50家教育部首批"全国高校实践育人创新创业基地"之一。2016年，获评首批北京地区高校"示范性创业中心"称号。2017年荣获"北京市深化创新创业教育改革示范校"。

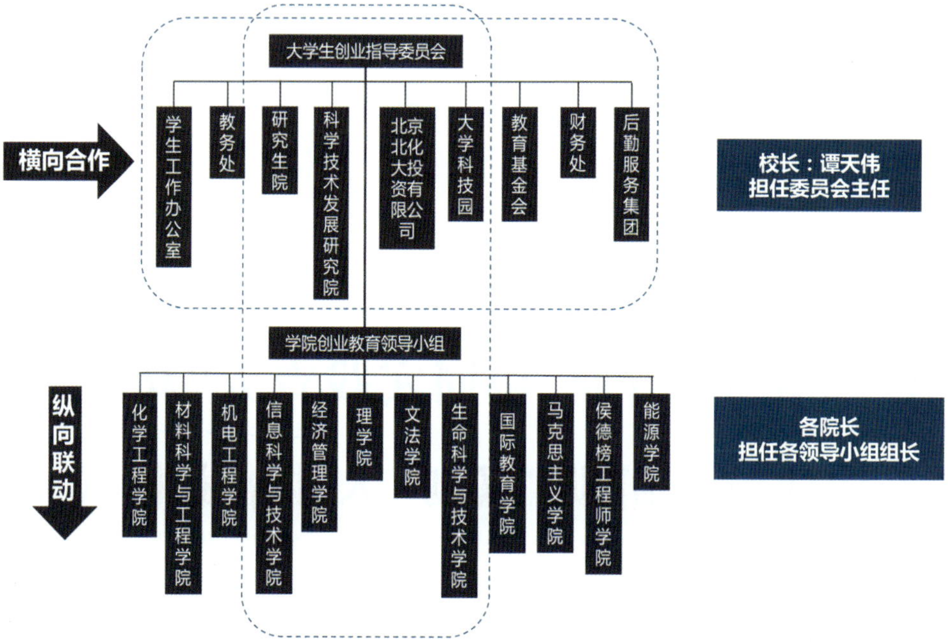

北京化工大学大学生创业指导委员会联动体系

二、创新创业教育工作特色

学校创新创业教育工作从创新创业教育改革、实践育人平台建设及创新创业指导服务方面形成以下三个特色。

（一）加强顶层设计、发展协同实践育人，创新创业教育改革扎实稳健

学校联合校外企业和研究单位，以“三结合”实践育人为目标，即科研项目、学科建设和人才培养相结合，第一课堂与第二课堂相结合，创新教育与创新实践相结合。立足行业发展，重点与中石化、中化工、中国空间技术研究院、京东方等国内重点企业深入合作，创建研究团队之间、学校之间、校企之间的“多元、融合、动态、持续”的协同育人模式。

创新“教学研用”四位一体的协同实践育人机制。探索实行了“一个目标、一条主线、交叉复合、多元模式”的全新培养模式，即坚定以面向大化工产业培养拔尖创新人才为目标，以“面向需求、注重实践、加强能力、自主创新”为主线培养学生。

实施人才实践培养的“百千万”工程。分阶段、分步骤，辐射、带动、形成 100 个富有特色的校内实践育人项目或基地，形成由科技工作者、企业导师组成的 1 000 名创新创业导师队伍，培养 10 000 名有影响力的科技创新人才、大学生创业者等。

开发建设具有行业特色的创新创业课程集群。共开设创新创业类课程 35 门，其中 5 门线上课程，合计 57 学分。建立校外课程认证和学分互认制度。第二课堂补充以创业云平台系统搭载微课平台，以创业实训平台搭载创业场景教学，以对抗实训平台搭载创业对抗实战模拟。

自主编撰出版行业类创新创业校本教材。2017 年，校党委副书记牵头学校相关教师，编撰出版《化工行业大学生创新创业基础教程》，同年出版《化工类专业大学生职业发展与就业指导》教材。

自主编撰出版化工行业创新创业教育和就业指导校本教材

（二）依托行业、产学结合，构建"三大类别、九个维度"的多元创新创业实践育人基地

1. 创新创业意识培育工程——启发创新意识，锤炼创业思维

（1）创新性实验计划，启发创新意识

学校 2007 年成为首批进入"国家大学生创新性实验计划"的高校之一。2012 年开始，拓展为创新训练、创业训练和创业实践三种项目类型，并逐步形成了"国家级、北京市级、校级"三级大学生创新创业计划体系。自启动以来，立项数量已达 1 047 项，其中国家级项目 475 项，市级项目 292 项；发表论文 130 多篇（其中被 EI 检索收录 38 篇，被 SCI 检索收录 80 篇）；申请国家专利 30 多项；完成 1 000 多份研究报告和多套软件和实物成果。

（2）大学生创新创业竞赛，锤炼创业思想

以"一条龙"创新创业竞赛体系为依托，形成"培育—选拔—指导—孵化"的优秀创业项目产生机制。针对不同年级、不同创新创业阶段的学生组织"萌芽杯""挑战杯""天辰杯""天工杯"创新创业大赛，并择优参加"创青春""互联网＋"等国家级比赛。以赛促训，建立配套指导服务。实践活动记录翔实，参与度超过 60％。

（3）侯德榜工程师学院，培育实践思维

以侯德榜工程师学院为组织依托，构建适应实践创新人才培养的师资队伍与课程体系。2017 年在新校区投入 1 000 万，建设"全周期创新工程实践中心"，校外建立就业创业实践基地

168 个。

2. 创新创业技能提升工程——助力创业梦想，培育年轻创客

（1）建设培训基地，提升创新创业技能

建设创新创业培训基地 765 平方米，举办创业交流指导活动 120 余场。

（2）依托国际软物质中心，搭建国际合作交流平台

以国际研究热点软物质为切入点搭建国际合作与交流平台，吸引和汇聚了一批海内外优秀人才，带动了学校与剑桥大学、普林斯顿大学等国际一流大学的合作。

（3）发展学生创新创业社团，自主探索创新创业规律

成立 8 个创业社团和京东方俱乐部、工程设计俱乐部、明日之星医药英才俱乐部、联想精英俱乐部和弹性体俱乐部等行业企业英才俱乐部。

3. 创新创业计划扶持工程——利用学校资源，实现创业愿望

（1）学校技术转移中心、外派地方研究院，搭建创新创业转换基地

充分发挥两个转移中心、三个外派地方研究院和联合研究中心的作用。推动各类实验室面向创业学生开放，现已有 60 余台(套)设备向创业者全面开放。2017 年挂牌成立北京化工大学安庆研究院，争取创新创业服务体系共建专项经费 1 950 余万元，获得成果转化资助资金累计 400 万元。

（2）校企合作创新创业中心，搭建创新创业检验基地

学校构建了以培养创新能力为重点、以自主研制实验教学设备为特色、以国家级工程中心为平台、以校外人才培养基地为依托的实践教学体系。在教师科研基础上，学校建成了集生产、教师科研和学生实习为一体的中水处理站等 20 多个校内实训基地。在燕山石化、烟台万华、大连冰山橡塑机械有限公司等百余家企业建立了综合性的创新创业培养基地。

实施创新创业科研训练计划，“产学研相互促进，建设大化工创新人才培养体系”获国家教学成果一等奖。鼓励各学院和科研中心发展产学研。学校弹性体中心与风神轮胎股份有限公司、山东道恩集团有限公司等建立联合研究中心。

（3）国家大学科技园，搭建创新创业孵化基地

总面积 78 000 平方米，校内孵化面积 23 108 平方米。提供办公场所、人才对接、法律服务、知识产权代理、投融资对接等孵化管理服务。在孵企业 150 家，教师创业企业 6 家，学生创业企业 27 家。

（三）创新驱动、文化引领，创新创业指导服务系统全面

1. 构建“全周期”创业指导服务体系

涵盖保障机制、师资队伍建设、课程体系建设、项目产生机制、基地群建设五个方面，基本覆盖创新创业学生全方位需求。形成分层次创新创业教育理念，对 100%的学生进行创业意识培养，对 30%有创业意愿的学生进行创业技能提升，对 1%～5%进行深入创业实践的学生进行创业愿望扶持。

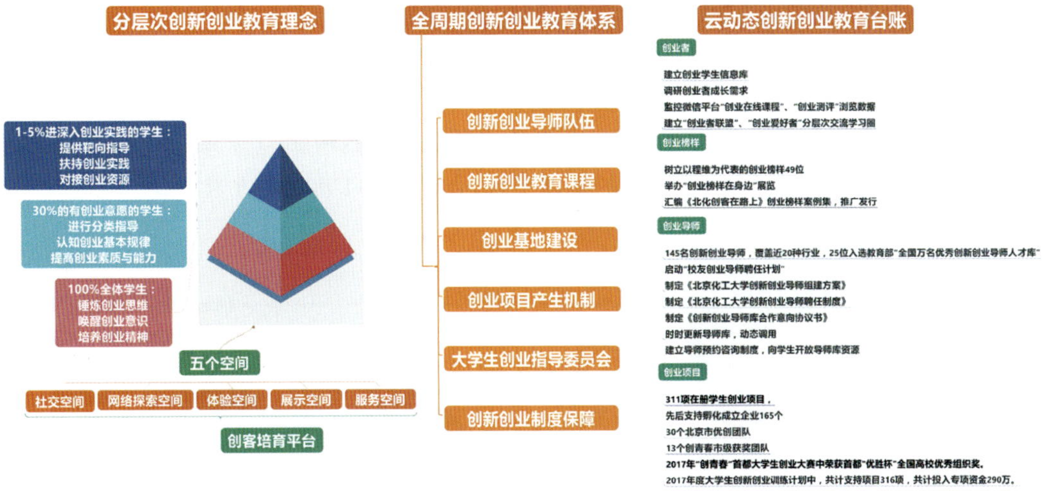

"全周期"创新创业教育指导服务体系

2. 配套打造重内容、求实效创业新媒体交互平台服务体系

建立了网站、官方微信平台、官方微博、30余个主题微信群等传播途径。构建包含创业者、创业榜样、创业导师和创业项目的云动态创新创业教育台账。

3. 开展"四项助推计划"，提升创新创业服务水平

实施"创新项目群扶持计划"，结合学科专业背景，选拔扶持了15个学生自主创新项目；举办"创新创业实训平台成果展"，并汇编了成果集。《"北化创客"创新创意创业项目集》和《"北化创客"创业榜样案例集》以纸媒形式发布。大力推进"创业榜样计划"，充分挖掘企业家、校友、朋辈等群体，树立人物榜样53个、品牌榜样8个；开展"校友创业导师计划"，聘任校友创业导师35位；推动"创业学生靶向指导计划"，一对一指导，解决创业"最后一公里"问题。

分类汇编实用手册与成果材料17种(26册)

4. “创享商圈”带动“3+2 链条式”发展模式

打造集创新创业培训基地、创新创业体验基地、创新创业实训基地和创新创业孵化基地为一体的四阶循环双创基地群，为校内学生创造创业学习环境，集约资源，精准发力。其中，创新创业实训基地打造以创新推动创业的“3+2 链条式”发展模式，构建“3 个创新中心+2 个支持中心+创客空间+创享商圈”四位一体的实训平台，合计占地 1 000 平方米。

北京化工大学四阶循环双创基地群建设图谱

三、创新创业教育示范辐射效果显著

通过近年来持续努力，学校大学生创新创业工作形成了鲜明的特色并取得了显著成效。毕业生参与创业人数 106 人，带动就业 855 人。调查显示，学校学生创业所属行业在教育及科研行业占比 17.65%，为各行业最高。学校学生创业项目达 311 个，先后支持孵化成立企业 165 个，先后有 37 个学生创业团队被列为北京市优秀创业团队。2017 年度，大学生学科竞赛共获得国际奖项 45 个，国家级奖项 17 个、省部级奖项 148 个。涌现出一批创业典型人物，包括受李克强总理接见的 3W 咖啡创始人许单单，向习近平主席汇报的滴滴出行 CEO 程维，以及链家地产 CEO 左晖等学校青年创业校友典范。

学校将继续立足行业特色与学科优势，以科技创新引领创业，以科技成果转移落地转化为重要手段，打造大化工领域创新创业实践育人优质品牌。

强基固本 融入贯通
构建新时代创新创业人才培养大格局

——中国农业大学

近年来，学校全面贯彻党的教育方针，深入落实国务院《关于深化高等学校创新创业教育改革的实施意见》，解放思想，积极探索，不断推进创新创业工作，取得显著成绩。

一、高站位，从培养时代新人的高度谋划创新创业工作

（一）高度重视，明确创新创业教育在人才培养中的重要地位

学校确立创新创业教育整体思路：以深化改革为突破口，以创新创业实践为抓手，坚持“高、强、重、精、优”五字方针，构建创新创业人才培养大格局，着力强化指导服务，将创新创业教育融入贯通人才培养全过程，不断提高大学生创新精神、创业意识和创新创业能力，努力培养社会主义合格建设者和接班人。

2015 年学校第三次党代会对创新创业教育进行了战略谋划。2016 年学校“十三五”发展规划对创新创业教育进行了系统规划。学校党委常委会和校长办公会将创新创业教育纳入重要议题，多次研究部署相关工作，制定相关政策，有力推进创新创业教育贯穿人才培养全过程。

（二）构建组织领导体系，建立联动协调机制

为强化创新创业工作落实，2015 年学校成立创新创业工作领导小组，由校长任组长的领导小组进行顶层设计与总体部署，分管校领导每学期召开专题会议推进落实，班子其他成员积

极支持配合。在领导小组统筹下，学校探索建立了部门联动、学院实施的工作体系，协同将规划落细落实。2018 年，学校办公会专门又对领导小组成员进行了调整和补充，进一步强化组织领导体系。

（三）完善政策制度体系，确保工作落地生根

学校出台《创新创业教育改革实施方案》，提出学校创新创业教育改革发展的总图；制定《进一步深化本科教育教学改革的若干意见》《关于“双一流一卓越”本科教学改革若干意见》等，确保专项改革纳入人才培养系统工程；配套出台创新创业训练计划、学科竞赛、创业优秀项目遴选、创业园入驻等系列管理办法，形成创新创业工作推进的制度规范；设立教师教育教学奖和大学生创新创业、双创成果等专项奖励，为创新创业人才培养提供激励支持，形成较为完善的制度保障体系。

二、强教育，将创新创业教育融入人才培养全过程

（一）将创新创业教育理念纳入人才培养方案

2016 年学校修订本科人才培养方案，着力推进创新创业教育与专业教育的有机融合，不断优化各专业课程体系，将创新创业教育贯穿育人全过程。同时，着力加强学生“创新能力，创意思维”的培养，优化培养内容，实现创新创业教育与专业教育协同；以创新促创业，实现创新教育与创业教育协同；因材施教，“点面结合”，对具备相应潜质的学生实施重点培养。

（二）将创新创业教育训练纳入系统课程体系

1. 构建强化学生创新发展能力的核心课程体系

2011 年起，学校五年一轮的教改大力强化基础课程教学；2016 年学校教改进一步对标国际一流涉农专业，建设核心通识课、核心基础课和核心专业课三类课程，强化通识、基础理论和核心专业知识教育，为学生的创新发展奠定坚实基础。

2. 开设类型丰富的创新创业系列课程

2015 年以来，学校面向全体学生开设研究方法、学科前沿和创新实践类课程 97 门，覆盖学生 11 734 人次；开设创业基础和就业创业指导类课程 46 门，受惠学生 4 785 人次。学校搭建完成工商管理（创业方向）双学位培养方案课程 20 门；设立“中国种业菁英班、乡村振兴精英班”创新创业人才培养计划，重点培养立志创业和具备创业潜质的本科生。

（三）将创新创业能力考核纳入教学模式改革

1. 将创新创业教育纳入学分管理

学校明确学生在校期间创新创业学分要求，引导学生通过参加科研训练、“大学生创新创业训练”项目、学科竞赛、在期刊发表论文、取得科技成果等方式，获得相应学分。建立健全创新创业学分积累与转换制度，打通竞赛、论文、项目、实践进入培养方案的渠道，打通学生项目与毕业论文（设计）转化渠道。

2. 建立引导学生开展创新创业实践的激励机制

学校为参与创新创业学生打开“绿灯”，允许学生保留学籍休学开展创新创业，且不计入最长学业年限，支持参与创新创业的学生转入相关专业学习；专设科技创新与学术实践成果奖励奖金，每学期评选，不断增加奖励覆盖面及奖金额度；逐年增加具备创新创业能力或突出潜质学生的保研名额。

3. 构建以激发学生创新潜能为目标的教学模式

学校以网络教学平台为依托，大力推广翻转课堂等混合式教学模式，732 门课程利用在线课堂开展启发式、探究式、讨论式、参与式等教学方法改革。积极调整创新创业课时系数，降低选修课开课人数下限，不断改善教室基础条件，全面推行小班授课，推行精讲式、启发式、探究式、讨论式等多种教学方法。2015 年以来，学校累计开展小班授课课程 6 046 门次，选课学生达 176 534 人次。

三、重实践，“三平台三体系”为创新创业实践提供有力支撑

（一）搭建三大实践平台

1. 教研结合，搭建校内实践教学平台

学校所有实验室资源面向全校学生开放使用，依托 URP 三级创新创业训练体系，学生可跨专业申请导师指导项目并进入科研团队和实验室开展学习研究。学校投入约 2.79 亿元，打造覆盖各专业的创新创业实践综合平台。

2. 校地(校企)结合，搭建校外实践基地平台

学校与地方开展全面战略合作，将大学生创新创业作为合作的重要内容。在与地方共建的 26 个野外实验站、71 个教授工作站中，相继建设学科特色突出的创新创业基地，特别值得提出的是在河北涿州教科基地实践基地由北京市配套投资 2 400 余万，面向京津冀区域建设创新创业教育平台。学校在与中国中化集团、中粮集团、中国农业发展集团、中国化工集团、北京首都农业集团、大北农集团、正大集团等多家知名企业合作中，始终将培养创新创业人才作为合作的重要方面。

3. 培育孵化并重，搭建创新创业项目孵化平台

学校将大学生创业苗圃和创业园列入学校总体建设规划。学校投资 400 万，新建“种 · 未来”创业苗圃。鼓励有创业意向的学生开展创业实习实践。学校提供 1 000 平方米，设立大学生创业园，每年给予 600 万元的经费支持。

（二）搭建三大实践体系

1. 校院两级的创新创业活动体系

学校连续多年举办“科技文化节”，组织创新创业成果展和“创新创业嘉年华活动”；每年举办研究生学术文化节；承接市级大学生科技创新成果展示推介活动，发起农林高校研究生学术

论坛；不定期举办创新创业故事分享沙龙、创业高峰论坛等活动，邀请企业家、知名专家以及创新创业典型等进行交流分享；推动学院结合专业特色和学科优势开展如“畜牧嘉年华”“昆虫文化节”“烘焙体验课”等品牌活动。学校同时还将创新创业主题纳入社会实践组队立项、志愿服务项目培育等其他第二课堂活动中。

2. 多层次的创新创业竞赛体系

学校结合“国创计划”“北京市大学生科学研究与创业行动计划”和校级本科生科研训练计划项目（URP）的实施，打造层次鲜明的本科生创新创业训练项目体系。累计立项 7 396 项，投入经费 4 093 万余元，参与学生达 17 999 人次，项目覆盖率已超 60%。以此为基础，形成“溢达创意大赛”、“挑战杯”竞赛、“互联网＋”大学生创新创业大赛三大品牌，建起“创意—创新—创业”的三创竞赛体系。

3. 坚强有力的学生组织体系

发挥班团组织的主力军作用，在全校 610 个班团组织中设置科技创新委员，定期召开“校一院一班”的创新创业工作联席会，确保工作纵向贯穿到底；发挥社团组织生力军作用，单设创新创业类别、开展社团项目化活动，促进 11 支创新创业类社团横向交流，分类指导；发挥创新创业团队专业优势突出的先锋军作用，鼓励跨学科交流组队、开展针对性强的指导与培训，交叉互融，创先争优。

四、精指导，推动创新创业精细化精准化服务

（一）优化“三段式”指导体系

1. 完善专业化课程体系，服务全体学生

根据学生特点，学校整合校内外师资力量，分学历、分年级、分层次、分主题设计开展生涯教育，完善学生职业生涯发展支持体系。加强“大学生职业生涯规划”“大学生求职技能”等职业指导课程建设，高频次开设课程满足学生需求。

2. 完善多元化培训体系，服务有意愿学生

举办“就业创业指导服务月”活动，面向有创新创业意愿的学生组织就业指导、创新创业工作坊和求职大赛、创业大赛等。每年举办活动约 120 场，参与人数达 8 000 人次。与和君商学院合作，每年选拔学员免费参加精英班进修。

3. 完善个性化咨询体系，服务有潜力学生

注重创业精准服务，设立一对一咨询室，提供精准的指导服务。建立“百名优秀涉农双创导师人才库”，根据不同学生的个性化需求，选择专业导师进行深度指导，每年记录典型案例 50 余个。

（二）积极选树典型示范引路

学校每年评选“就业创业榜样 50 强”等优秀典型，广泛宣传扎根西部边疆地区和基层就业

农大-和君商业人才培养计划

创业的优秀毕业生典型事迹，引导学生服务国家发展战略。学校学生最高奖“五四标兵”的评选名额重点向创新创业典型倾斜。邀请大北农总裁邵根伙、“玉米哥”杨天龙等创新创业杰出校友回校与在校生分享心得，做学生创新创业的引路人。出版《中国农业大学创客集》等书籍，拍摄“合欢花开之海阔天空”等微电影，展示学子投身创新创业实践的青春风采，引导更多农大学子在创新创业实践中实现人生价值。

优秀创业校友大北农创始人邵根伙的创业讲座

五、优保障，确保创新创业机构、人员、场地、经费“四到位”

（一）建立校级创新创业指导服务工作机构

学校成立独立的管理服务机构——就业创业办公室，设处级干部 2 人、工作人员 6 人；设有本科生教学实践科、研究生创新基金项目管理科，配备处级干部 2 人、工作人员 3 人。

（二）组建创新创业师资团队

学校建立“百名优秀涉农双创导师人才库”，采用内选外聘、专兼结合的方式，累计邀请导师 6 241 人次。每年学校组织创业导师参加创业教育骨干教师高级研修班、KAB 创业教育讲师培训班等培训，不断提升教师教学和指导服务能力。

（三）确保独立的创新创业办公场所

学校划拨 2 000 平方米专用场地，建设就业创业活动厅、培训室、创享工作坊、创业/职业生涯咨询室等场所，服务全校学生。

学校将大学生创业苗圃和创业园列入学校总体建设规划，投资 400 万，新建“种・未来”创业苗圃。开辟 1 000 平方米的大学生创业园，每年投入经费 600 万，支持学生创业孵化。

创业路演大厅创业大赛现场

“种・未来”创业苗圃

（四）专设创新教育、创业指导服务工作经费

2017 年，学校创新创业工作经费合计 1 093 万元。社会资金主要包括首期启动 10 亿元资金，开设“中国农大校友创业训练营”。学校还设立“大学生创业基金”专项，目前已有禾中青年创业基金、大丰收创新创业基金、蒙牛创业基金、大华农基金等 8 支基金，五年中以 1 500 万元的资金支持入选团队创业或创新创业研究。

六、有特色，发挥学科优势强化情怀教育

（一）科教融合、政策引导，将学科优势转化为创新创业资源

案例：开放科研基地（实验室），共享科研信息资源。多年来，动物医学院教师支持学生参

与项目研究和开发，甚至作为项目主力队员，提高科研创新能力。该院刘金华教授指导大学生参与的研究成果发表在 *SCIENCE* 就是其中的典型范例。在临床动物医院参与学习研究的大学生，在提高自身临床实践动手能力的同时，业余时间开展了具有行业技术基础的社会公益活动。理学院本科生郭真言作为第一作者在美国化学会旗下化学一区期刊 *Organic Letters*（影响因子 6.579）在线发表了最新研究成果，提供了一种合成具有潜在生物活性的系列苯并三氮杂䓬化合物的新颖方法。近年来，郭红超教授课题组为参与大学生创新项目的本科生提供了良好平台，多名本科生先后以第一作者身份在高水平期刊发表科研论文。

2015 年，大学一年级的李雪莹参加 URP 训练计划，跟随李芳芳老师学习研究水库群的优化调度问题，从此开始了她贯穿大学始终的科研生活。在 URP 项目顺利结题后，她又在李芳芳老师的指导和支持下，继续深入研究，并以第一作者身份发表两篇 SCI 论文。2016 年 6 月她的第一作者论文 *Simulation of Reservoir Sediment Flushing of the Three Gorges* 被期刊 *Applied Science*（SCI 影响因子 1.913）收录。次年 4 月她又以第一作者身份在期刊 *Water Resources Management*（SCI 一区，影响因子 3.214,）发表论文 *A New Evaluation for Water Transfer Optimal Schemes with the Consideration of Reliability, Stability, and Severity*。

（二）产教结合、深入基层，把“三农情怀”教育寓于创新创业实践中

案例 1：学校牵头联合全国涉农高校专业学位研究生培养单位组建“科技小院”研究生教育联盟，整合高校、科研院所、企业和地方政府等社会优质教育资源，在 20 个省份建立了 81 个小院，覆盖 22 个作物生产体系，形成了全国性协作网络。几年来，依托科技小院培养了一批高素质学生，其中，以第一作者在《自然》(Nature)杂志上发表论文的曹国鑫讲到科技小院让农民变成了“自己”，自己变成了“农民”；2015 年，小院研究生张涛在四川家乡开展自主创业，注册成立了四川双高农业科技有限公司，获得了对接企业投资的机会，为家乡农业的高产高效贡献力量。

案例 2：学校在一流学科 A＋类的畜牧学学科，试点“牛精英”创新创业人才培养计划。学校牵头成立中国牛精英创新创业教育联盟，现已成为覆盖全国 70％农业高校畜牧学科的学生培养平台。“牛精英计划”以实践育人为核心导向，围绕“共享、实践、两创、国际化”的改革思路，创新“双螺旋四阶递进”畜牧业人才培养体系，建立 157 个企业实习基地、11 个海外实习基地，形成畜牧教育资源区块链，使学生完成“专业认知、社会认可、情怀认同”的三级升华，学生主持完成的创新创业项目为“精准扶贫”、国家“粮改饲”试点等做出贡献。近年，“牛精英”还组织开展了精彩激烈的“华为杯”第三届 CAU－CU 中美牛精英挑战赛（“HUAWEI” The 3rd CAU－CU Dairy Opportunity and Challenge），学校多次斩获特等奖。

交叉培养 协同育人 三创融合
打造新时代创新创业教育升级版

——东北大学

一、学校概况

东北大学始建于 1923 年 4 月 26 日，是一所具有爱国主义光荣传统和创新创业基因的大学。学校是国家首批“211 工程”和“985 工程”重点建设的高校，2017 年 9 月，经国务院批准，进入一流大学建设行列。在 95 年的办学历程中，东北大学始终坚持与国家发展和民族复兴同向同行，形成了“自强不息、知行合一”校训精神。历史上，东北大学师生曾是“一二·九”运动的主力和先锋，在建设时期，学校先后研发出国内第一台模拟电子计算机、第一台国产 CT、第一块超级钢以及钒钛磁铁矿冶炼新技术、钢铁工业节能理论和技术、控轧控冷技术、混合智能优化控制技术等一大批高水平科研成果，兴办了第一个大学科学园，培育了东软、东网等高新技术企业，在技术创新、转移和产学研合作方面形成了自己的办学特色。

学校具备培养学士、硕士、博士和博士后的完整教育体系，共 4 个校区，沈阳三个校区，另在秦皇岛设有分校。主校共 19 个学院(部)，学科涵盖哲学、经济学、法学、教育学、文学、理学、工学、管理学、艺术学等门类。学校以一流为目标、以改革为动力推进学科布局优化和调整，高峰引领、高原支撑、卓越促进、特色牵动，可持续发展的学科建设格局正在形成。

东北大学是国内较早开展创新创业教育的高校之一，早在 1986 年就开设了“创造力开发”

课程，在全国最早引入 TRIZ 理论，2007 年率先成立学生创新中心，坚持立德树人，将创新创业教育纳入人才培养全过程，以重教育、重实践、重成效为原则，以“交叉培养、协同育人、三创融合”创新创业教育新模式为载体，形成了“教学示范，实践卓越”的工作特色，培养了大批“善创意、会创新、能创造、勇创业”和“有梦想、有能力、有担当”，具备一定社会责任感和使命感的高素质拔尖创新创业人才，取得了创新创业资源集聚、创新创业人才辈出、创新创业活力迸发的可喜成绩。学校 2015 年获评首批全国高等学校实践育人创新创业基地，2016 年获评首批“全国深化创新创业教育改革示范高校”（百强示范校），2017 年获评首批全国大学生创业示范园（全国 29 家），创业教育一直走在全国前列。

二、典型特色

特色一：强化“三融合”，构建创新创业人才培养新机制

东北大学将创新创业教育深度融合专业教育、实验实践教学及社会发展，构建创新创业人才协同培养新模式，在培养“善创意、会创新、能创造、勇创业”的拔尖人才上下大力气。

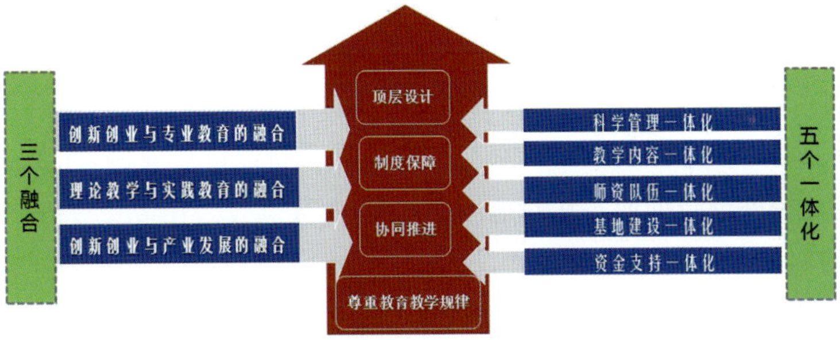

东北大学强化“三融合”，构建创新创业人才培养新机制

1. 深度融合专业教育，汇聚并激发创新创业教育的动力源泉

加强创新创业教育改革必须从最核心、最根本、最持久的专业教育入手，将创新创业基因深植学生血液，从源头上激发学生创新创业的热情与活力。以现有创新创业系列选修课为试点，创建互动型学习示范课，推动教师在专业日常教学中自觉融入创新创业教育的理念与思想。学校设有新材料、智能机器人等 23 个有明确研究方向的学生创新团队，在专业教师指导下，学生以市场和应用为导向在开展科学研究的基础上开展创业实践，先后成立东新电子科技公司、天骄科技服务公司等多家学生企业，实现了创新与创业体验就是专业学习的完美结合。

“创业基础”必修课授课任务由 14 个学院的 38 名优秀专业教师担任，平均年龄 40.3 岁，86％具有博士学历。持续开展深入化的师资培训，举办“创新创业教学大赛”，不断提升创新创业师资水平，挖掘和充实各类专业课程的创新创业教育资源，促进专业教育与创新创业教育有机融合。教改措施及成效得到社会广泛认可，高宏亮老师的“单片机原理”获得 2016 年全国创业课程“精彩一课”一等奖及最具推广奖（全国 3 个）。

2. 深度融合实验实践教学，打造新型创新创业教育生态系统

实施创业先锋班、创新实验班，推行“国家大学生创新创业训练计划”学院试点工程，促进创新创业实践活动与实验实践教学有效衔接、与学生的兴趣和专业特长高度融合，并为在实验实践教学中产生的优秀项目和学生提供政策保障和资金扶持。实施创新创业教育的“熏功夫”，开展校外企业家与校内新生力量的交流活动，学生创新创业基地实现天天有路演、周周有沙龙、月月有论坛、年年有峰会，成为东北旗帜性人才高地和具有磁石效应的资源洼地。2015 年 12 月 22 日中华人民共和国教育部官网以《东北大学打造众创高地 培育创新创业生力军》为题对东北大学创新创业教育工作做了大篇幅报道。

3. 深度融合产业发展，拓展创新创业教育资源体系

东北大学深度融合产业发展，坚持立足现实、放眼未来、谋划长远的理念，围绕生命科学这一 21 世纪最具发展潜力的学科，与荷兰埃因霍温科技大学、东软集团、飞利浦公司合作，联合创建了生物医学与信息工程学院，建设了一个高起点、具有国际水平的发展平台。2013 年，东北大学创建了生命科学与健康学院，全面搭建了信息科学、材料科学与生命科学跨学科的交叉技术平台。2017 年，东北大学、中科院沈阳自动化研究所和沈阳新松机器人自动化股份有限公司，共同合作组建国内 985 高校首个机器人科学与工程学院。强化校校、校院及国际合作的协同育人机制，与中国科学院、北京科技大学、钢铁研究总院等多家科研院所、高校合作，共办“本硕博贯通英才”实验班，联合培养拔尖创新创业人才。与华为、谷歌、微软等公司合作建立多个人才培养示范基地及学生创新实验室。在沈阳锦联新经济产业园、沈阳金谷科技园等多家企事业单位建立校外创新创业实践基地。

近年来，学校科技产业科学高效发展，仅 2016 年东北大学高新技术企业群就实现销售收入 123 亿元、净利润 22 亿元，在教育部发布的高等学校校办企业统计概要公告中，东北大学科技产业多次排在全国前 3 位，在科技部发布的全国技术市场统计年度报告中，东北大学近三年输出技术成交额排名全国第一。

特色二：“普惠性、递进式、全过程”创新创业教育培养体系全面促进教育质量提升

东北大学突破性地提出了创新能力培养递进模型：创新意识与动机、科学素养、领域技能、

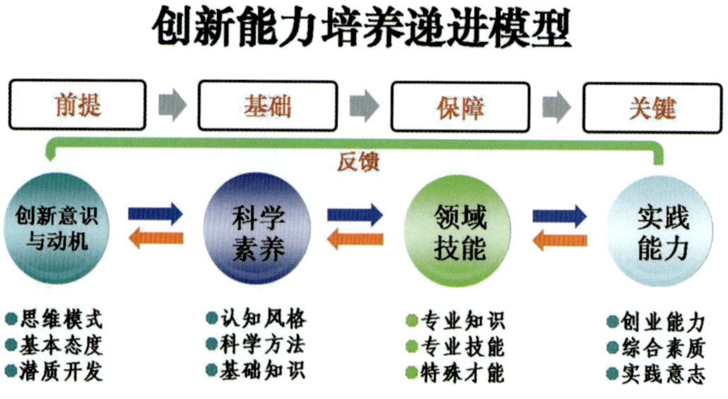

东北大学突破性地提出了创新能力培养递进模型

实践能力是创造力的四个组成要素，其共同作用决定了创造力水平的高低，且在能力提升过程中四个组成要素存在促进与制约关系，意识与动机是前提条件，科学素养是基础条件，专业技能是关键条件，实践能力是保障条件。

以此为理论基础构建并成功实施了以“普惠性、递进式、全过程”为主要特色的新型大学生创新创业教育体系：

1. 课程创新，科学地设计了分阶段、递进式创新创业教育课程体系

遵照“创新能力培养递进模型”，搭建以创业基础课为主体、创新类人文选修课为支撑、企业管理为提升的创新创业课程体系，为学生创新意识培养、创新能力提高提供了知识保障。其中创新类人文选修课程包含了批判性思维、工程技术创新方法、创造性思维与技能等课程。从通识教育、专业教育等多角度丰富创新创业教学体系，进一步启发与训练学生的创新思维与能力。

2. 载体创新，创造性地构建了普惠性、递进式创新创业教育实践体系

将共性培养与个性发展相协调，针对不同年级学生特点与需求，在科普活动“乐中学”、科研训练“做中学”、科技竞赛“竞中学”、创业实践“练中学”的教育理念下，构建了与第一课堂相融合的创新创业教育实践体系，形成了“创意、创新、创造、创业”链条式创新创业教育模式：大一“创意节”活跃创意思维、挖掘创新潜能，大二“科普节”培养科学精神、提高科学素养，大三“科技节”培养创新实践能力、形成竞争与团队意识，大四“创业节”提升创业能力、促进创新成果转化。有层次地开展特色创新教育实践活动，努力营造“人人有创意、处处有创新”的校园文化氛围，创新创业实践教育融入了人才培养的全过程。

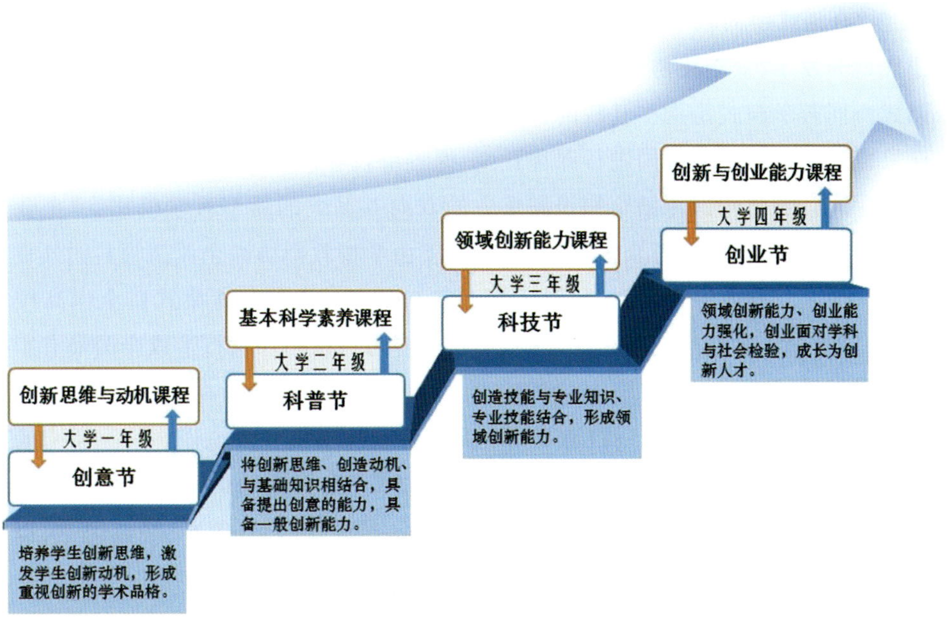

东北大学相互融合的创新创业教育课程体系和实践体系

该运行体制机制以相互融合的创新创业教育课程体系和实践体系为依托，以完善的组织制度和监督反馈体系为保障，不仅有效解决了创新创业人才培养过程中教育受益面窄、创新创业教育理论与实践相脱节、创新创业教育教学与活动发展不平衡等突出问题，更有效打破了第一课堂和第二课堂的壁垒，实现课堂教学、科普活动、项目训练、课外竞赛、创业实践的有机融合，递进式地将创新创业教育理论与实践融入每一位学生成长全过程，解决了社会对高素质人才创新创业能力的高要求与教育体系不完善之间的矛盾，满足不同层次学生的发展需求。该项研究与实践多次获得各类教学成果奖。

特色三：升级教育教学方法，助推创新创业教育迈上新台阶

东北大学以升级教育教学方法、优化创新创业环境为手段，助推创新创业教育迈上新台阶。

东北大学"每月末必培训"以升级教育教学方法助推创新创业教育迈上新台阶

1. 首创"众创式协同教学模式"，打造高水平精品课程

创造性地开发了"众创式协同教学模式"，并在"企业创新创业管理"课程中进行了成功应用。众创式协同教学模式是指在互联网背景下，来自学校和社会的多位教师作为知识输出方，基于自己最擅长的知识领域协同进行课程开发、课程讲授和课程评估的全过程，并通过课堂或互联网平台（如慕课）将知识传播给知识需求方的双向互动式的新型教学模式。"企业创新创业管理"是一门在"大众创业，万众创新"理念引领下由学校教师协同企业高管共同开设的全校性选修课，于2015年开始开设，年选修课人数超5 000人。这种授课模式在全国高校中尚属首创，已成为最受学生欢迎的精品名课之一，学校正合力将该门课程打造成全国最有影响力的创新创业课程。

2. 实施"混合广谱教学模式"，打造高水平基础课程

"我生来是要做精品课的"是东北大学对"创业基础"必修课的最基本定位。围绕教学目标，教学方法服务于教学内容，采用讲授式、案例教学、方案展示、MOOC、翻转课堂、特邀讲座等混合广谱教学模式，从创新思维与创业能力的启发与训练入手，将教学内容转变为高度创造性的过程。这种新颖的混合教学模式得到了学生们的认可与社会关注，NEU东创空间、东大官微、《沈阳晚报》、《辽宁日报》等多家媒体对此进行了相关报道。

在创业基础课上，教师给学生创造一个基于问题的模拟的商业环境，从角色扮演中完整体

会、学习创业的各个环节遇到的问题。教学环节中教师们也多采用课前设定主题、课上学生分组讨论、展示等方式进行翻转课堂模式的学习。课程涵盖 4 学时的创业讲座，讲座嘉宾为具备一定资历的企业管理者或创业者，且从事领域必须与学生所学专业密切相关。讲座受到了师生们的普遍欢迎，通过这种多元的互动交流，打破师生们的思维疆界，拓展视野，加强学生对于社会发展形势的关注，促进了其对于创新创业的深入理解。混合广谱教学模式从以“教”为主向重“学”的方向发展，课堂主角从“教师”向“学生”过渡，并取得了良好的教学效果。

优秀学子不断涌现：ACTION 机器人团队在全国大学生机器人竞赛中蝉联 2016、2017、2018 全国总冠军，连续三年作为中国唯一代表队出征亚太大学生机器人大赛，获国际亚军和最佳技术奖，并于 2017 年获评“小平科技创新团队”

构建“尚创”生态系统 培育高素质创新创业人才

——东华大学

一、学校概况

东华大学是教育部直属、国家“211 工程”、国家一流学科建设高校。经过 67 年的建设和发展，学校已经从建校之初的一所纺织单科院校发展成为以工为主，工、理、管、文等学科协调发展的有特色的全国重点大学。学校创建于 1951 年，时名华东纺织工学院，是新中国第一所纺织高等学府。1960 年，被教育部确定为全国重点大学，是中国首批具有博士、硕士、学士三级学位授予权的大学之一。1985 年，学校更名为中国纺织大学；1995 年，进入国家“211 工程”重点建设行列；1999 年，更名为东华大学。

学校现设有纺织学院、服装与艺术设计学院、旭日工商管理学院、机械工程学院、信息科学与技术学院、计算机科学与技术学院、化学化工与生物工程学院、材料科学与工程学院、环境科学与工程学院、人文学院、理学院、外语学院、马克思主义学院、上海国际时尚创意学院、国际文化交流学院、继续教育学院和体育部。学校拥有 6 个博士后流动站、10 个一级学科博士点、1 个工程博士专业学位点、29 个一级学科硕士点、11 个专业学位硕士授权类别、16 个工程硕士授权领域、55 个本科专业，学科涉及工学、理学等十个学科门类。共有 1 个一级学科国家重点学科，5 个二级学科国家重点学科，1 个国家重点（培育）学科，7 个上海市一流学科，1 个上海高校Ⅰ类高峰学科，同时设有 13 个国家和省部级科研基地，2 个国家“111”引智基地以及国家大学科技园。全校各类学生近 3 万人，其中本科生 14 267 人，硕士生 7 330 人（其中博士生 1 022 人），成人教育学历生 2 023 人，各类留学生 4 788 人（其中学历留学生 1 111 人）。全校教职工共 2 144 人，专任教师 1 296 人，其中专职院士 4 人，千人计划、长江学者（含讲座教授）、国家杰出青年基金获得者等高级职称教师近 900 名。

二、学校创新创业工作的典型特色

近年来，东华大学立足“现代纺织”特色，积极对接国家战略特需和国际时尚创意两个制高点，服务区域和行业经济建设，围绕学校以纺织为“一体”、材料和设计为“两翼”、创新学科为“引擎”的学科特色新格局，以“培养和造就基础宽厚、富有创新精神、能够参与和创造未来社会发展和应对挑战的人才”为目标的创新创业教育，在校内营造了“有创意、善创新、能创造、敢创业”的创新创业文化，培养了大批高层次应用型创新创业人才，服务国家和上海创新发展战略。

（一）不断深化改革落实创新创业工作保障

学校 2010 年成立创新创业教育指导委员会和创新创业教育中心，2015 年成立由校长担任组长的创新创业教育工作领导小组，2018 年 1 月成立由校长担任院长的创新创业学院，定期召开校领导、院领导和有关职能部门负责人参加的创新创业教育研讨会。

先后出台印发《东华大学深化创新创业教育改革实施方案》（东华教[2015]30 号）、《关于进一步加强东华大学创新创业教育工作的意见》（东华校[2015]38 号）等文件以确保创新创业工作顺利开展。

（二）形成校内外有效协同的东华“尚创”生态系统

将创新创业教育列入学校重点工作。将“以人才培养为根本任务，优先保障教育教学，致力于培养高层次应用型创新人才为主的各级各类专门人才”写入《东华大学章程》。围绕“双一流”建设，把创新创业教育列入学校“十三五”规划。

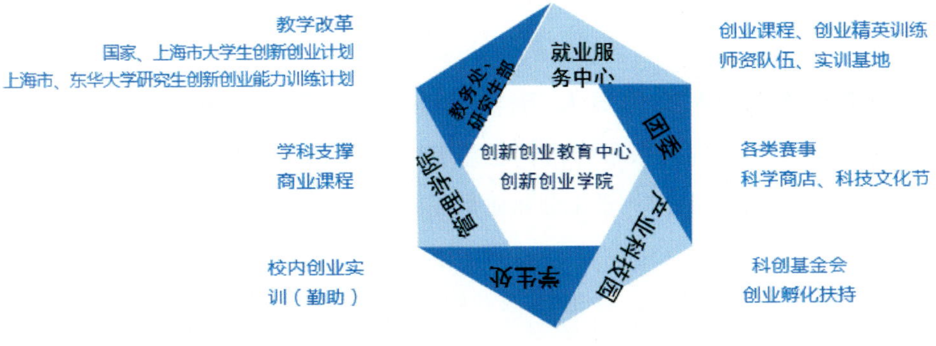

东华大学创新创业教育校内联动机制

围绕创新创业教育形成校内闭环。在创新创业工作领导小组的全面指导、创新创业学院的统筹协调下，各学院、教务处、研究生部、学生就业服务中心、校团委、学生处、东华镜月资产经营有限公司、东华大学国家科技园等部门各司其职，共同协作，形成校内创新创业教育生态闭环。

形成东华"尚创"生态系统。集合政府赛事项目、市场需求等资源，秉承"崇德博学 砺志尚实"的东华校训，校内外有效协同、良性循环，形成独具特色的东华"尚创"（尚实创新）生态系统。

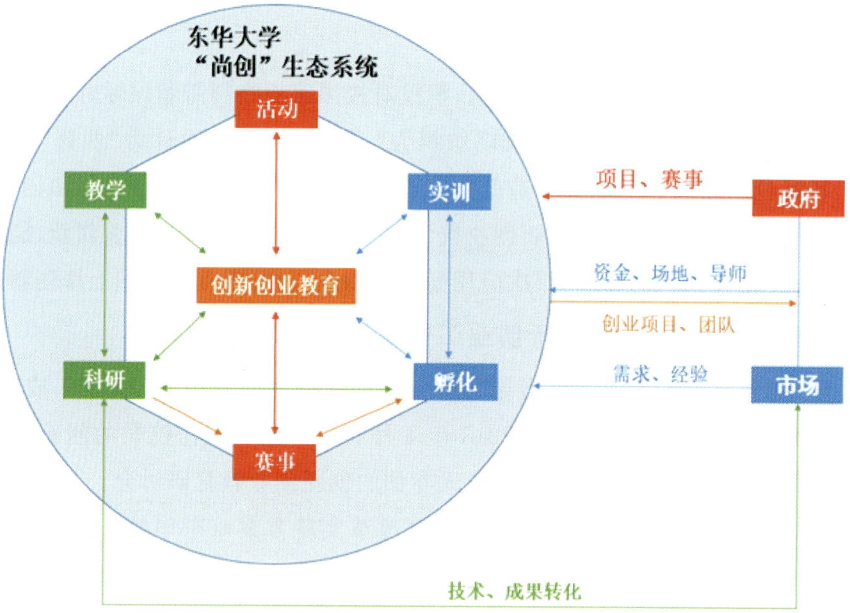

东华大学"尚创"生态系统

近年来共获得各级创业计划竞赛奖100余项，其中"挑战杯"全国赛金奖2项；在重大学科竞赛中获55个国际奖项，119个国家级奖项，176个省市级奖项。连续八届参加国家大学生创新论坛，并两获十佳"我最喜欢的项目"。近三年应届毕业生共有209人选择自主创业，居上海市高校前列。获得全国"互联网+"大学生创新创业大赛银奖2项，铜奖1项。获上海市研究生创新创业培养专项计划立项65项（共505项），总数居上海高校首位。

（三）形成东华"三创"文化养人、东华"尚创"实践育人格局

多年来，校内外有效协同的东华"尚创"生态系统，培植出"有创意、善创新、能创造、敢创业"的校园文化氛围，依托"尚创"大学生创业质量提升工程，拓展学生创意、创新、创业实践能力，营造知行合一的育人格局。

建设创意创新创业制度文化。自2015级开始，创新创业教育作为通识教育必修学分纳入专业培养计划。完善学分管理、创新创业训练项目管理、研究生创意大赛、科研成果转化、创新创业奖励激励制度。

建设创意创新创业精神文化。制作创新创业教育宣传单和手册，在新生入学教育中融入

创业教育，开展创业基础课、精英俱乐部高级研修班、创业大学生沙龙、创新创业精英峰会等活动，进行创业意识启蒙。举办创业之星、“创业先进个人”、尚实创业奖评选，树立东华大学创业学子榜样，弘扬敢创业、有担当的企业家精神。

建设丰富多彩实践文化。投入 950 平方米建设创业实训场地，设立创业咖啡、书报亭等贴近实战的创业实训平台。建立国家级项目、上海市级项目、校级重点项目以及院级项目构成的创新创业项目平台，2007 年至今获得教育部和上海市项目 1 593 项，累计资助金额 1 600 余万元，直接受益学生 4 600 余人。学生自发组建机器人社、创新创业协会等社团 16 个，2017 年举办创意创新创业专题活动 113 场，覆盖学生 12 000 余人次。

东华大学校内创业实训基地之一（图书馆咖啡厅）

创业带动就业育人效果显著。东华学子“善创新、敢创业”，近三年共有 209 名应届毕业生自主创业，居上海市高校前列。近年来，创业学生中王浩平、朱文斌入选福布斯中国 30 位 30 岁以下精英榜，陈俊、丁建勋等人先后受到习近平、刘延东等党和国家领导人接见。东华大学学子牢记创业企业的社会使命，仅丁建勋、朱汉宝、沈炯、王星、王浩平五个团队创业就带动 3 000 余人就业。

（四）建立“科技创新创业＋文化创意创业”特色教育体系

形成“一二三四”的创新创业教育体系。学校多部门协同，合力打造创新创业教育体系，形成一个学院（创新创业学院），两大特色（科技创新创业、文化创意创业），三大协同（专业教育与创新教育、创新人才培养与产业发展、校内校外创新培养），四个平台（信息互动、朋辈学习、模拟实训、创业孵化）为主体的创新创业教育体系，反哺学校“一体两翼”学科特色新格局。如用纺织智造托起中国航空飞天梦的星载天线金属网等创新项目服务产业发展。

科技创新创业＋文化创意创业特色鲜明。学校立足“现代纺织”特色，构筑服务国家和上海经济社会发展的新材料、节能环保及新能源、先进制造、时尚及创意设计、经济金融及现代服务的五大发展方向，因地制宜，在延安路校区加强与长宁区政府合作，围绕“环东华时尚创业产业集聚区”积极推进“时尚创意教育”，涌现出一批以“文化艺术、媒体、设计、新体验”等为特征的创意创业项目，为环东华时尚产业集聚区的建设、营造海派时尚文化、对接上海创意城市建设提供了新鲜血液。在松江校区与松江区政府合作，围绕 G60 科创走廊建设打造大学城双创集聚区，积极推进“科技创业教育”，依托纺织、材料等优势学科，积极推进“科技创新创业”，建立上海市首个众创空间辐射松江大学园区高校，不断推动高校科技成果转化。

东华学子在各类赛事屡获大奖。东华学子创新作品在世界穿着艺术设计大赛、施华洛世奇创意设计大赛、大学生汽车设计大赛、全国三维数字化创新设计大赛、大学生汽车设计大赛等赛事中独占鳌头，涌现出的“海派服饰新锐设计”“声波灭火器”“爬楼机器人”“柔性防刺服”“智能毛巾”“工业物联网”等学生创新创业团队，受到中央电视台等主流媒体广泛关注。

东华大学在第三届中国“互联网＋”大学生创新创业大赛获奖

创业项目服务国家和上海发展战略。2017 年毕业生创业项目中，93.75%的毕业学子创业项目为现代服务业、先进制造业。历年来，东华学子获上海市大学生科技创业基金资助 95 项(全市 1 969 项)，资助金额 1 642 万元；获上海市“觉群”大学生创业基金资助 24 项(全市 124 项，其中 14 项为时尚创意创业项目)，位居上海高校前列。

(五) 东华“尚创汇”众创空间建成国家级创业孵化高地

学校 2010 年成立上海市大学生科创基金会东华大学分基金会，2015 年上海市教委立项建设上海市大学生文化创意创业孵化基地，2016 年 4 月面积为 2 094 平方米的“尚创汇”·大学生创新创业孵化基地投入使用。2017 年开展各类活动 82 场，建立了“苏河说-Family Night”、设计师沙龙、会诊日和创业课堂等特色品牌活动。截至目前，共举办 14 场路演，入驻创业企业 38 家，在孵企业 28 家，入驻创业项目 52 个(其中 39 个已注册成立企业)，在孵项目 13 个。推荐 10 家企业申请获得各项优惠政策，得到学生的充分信任和认同，2017 年入选科技部国家级众创空间。围绕环东华时尚产业集聚区建设，培育了一批具有成长潜力的大学生文化创意创业项目，打造了具有集聚和辐射效应的大学生文化创意创业高地。

东华大学“尚创汇”大学生创新创业孵化基地

创新引领创业 创业推动创新
构建全程化的创新创业实践育人机制

——南京航空航天大学

南京航空航天大学是工业和信息化部直属的“双一流”建设高校，是新中国自己创办的第一批航空高等院校之一。在 60 余年的办学历程中，南航人秉承“航空报国”的办学传统，践行“智周万物，道济天下”的校训，栉风沐雨，砥砺奋进，不断推动了学校的快速发展。

目前，学校已成为一所以工为主，理工结合，工、理、经、管、文等多学科协调发展，具有航空航天民航特色的研究型大学。学科综合实力持续增强，“航空航天科学与工程”一流学科群获批建设，工程学、材料科学、化学、计算机科学 4 个学科进入 ESI 全球前 1%，其中，工程学进入 ESI 全球排名前 1‰。科学研究能力持续增强，学校几乎参与了我国所有航空重要型号的预研、技术攻关、试验研究和设计生产，创造了我国航空科技史上的若干个第一。全面落实以学生为中心的理念，不断完善创新人才培养体系，学生综合素质能力显著提升，建校以来，已为国家培养了 16 万余名各类高级专门人才，校友中涌现出了 14 位两院院士，数十位省部级党政领导干部和将军，以及一大批著名的科技专家和管理专家。

近年来，学校立足国家创新驱动发展战略和“大众创业、万众创新”的战略部署，将推进全校创新创业教育改革作为学校建设“航空航天民航特色鲜明的世界一流大学”的重要内容，始终坚持“创新引领创业、创业推动创新”的核心理念，全面实施“普惠教育基础上的精英教育、创新教育基础上的创业教育”，探索形成了具有南航特色的、“校地联动、协同创新”的全程化创新创业实践育人机制，活力无限，创新无限，丰富多彩，成效显著。

南航连续 20 年举办"航空工业"大学生"创意·创新·创业"文化节

一、系统设计、创新驱动，夯实了全员式、四位一体的创新创业教育格局

学校注重把握创新创业教育工作的基本规律，围绕创新型人才培养这一根本任务，聚焦于将创新创业教育与人才培养、专业教育相融合，秉承学校注重培养学生实践能力和创新精神的传统，以"创新引领创业，创业推动创新"为特色，构建涵盖专业知识、能力素质、实践孵化等多阶段、多层次的创业教育体系，形成了科技创新驱动、素质教育领衔、各方资源共享，"教学研究中心＋科技创新中心＋精英培育中心＋创业孵化中心"四位一体的创新创业教育格局。

学校先后成立了"大学生创业教育工作领导小组""大学生创新创业教育改革领导小组"，由校长任组长，分管教学和学生工作的校领导任副组长，党政办、学生处、教务处、研究生院、科技部、后勤集团、国资处、资产经营公司、将军路校区管委会、团委、经济与管理学院、人文与社会科学学院等相关部处、学院负责同志为成员。2007 年成立了大学生创业教育学院，下设四大中心，教学研究中心挂靠经济与管理学院，科技创新中心挂靠教务处，精英培育中心挂靠团委，创业孵化中心挂靠学生处，面向南航学生开展课堂教学、进行创新创业实践训练、选拔培训具有创业潜质学生、运行大学生科技创业平台、开展大学生科技创业孵化等。2008 年获批教育部人才培养模式创新实验区和江苏省首批十三家"创业教育示范校"之一，2011 年《中国教育报》以"创新引领创业 全面培养学生开创事业能力"为题报道南航创业教育，2014 年《教育部简报》专门刊文推广南航创新创业教育工作经验，2015 年获评首批"全国高校实践育人创新创业基地"，2017 年获评"全国深化创新创业教育改革示范高校"、"国家级众创空间"、首批"江苏省大学生创新创业示范基地"，2018 年获评"全国创新创业典型示范高校"。

工信创新创业奖学金特等奖颁奖典礼和创新创业成果展在南航举办

二、渗透融合、营造文化，打造了全方位、深度融合的创新创业实践体系

学校注重把握人才成长规律和教育教学规律，深入研究创新创业教育与专业教育、素质教育、职业生涯教育的内在联系，聚焦于在创新创业实践中突出创新驱动、师生共创，促进创新创业教育与专业教育相融合，促进课程建设与创新创业教育相匹配，促进教学管理与创新创业实践相适应。

学校完善了集“基础实验教学—综合实习实践—创新实践工程”于一体的创新创业实践实训教学体系，实施了创新创业训练计划、自由探索计划、工程实践计划等八个专项创新创业实训计划，构建起“普惠式＋高水平＋全覆盖”的创意创新创业实践平台和竞赛体系，建设了“跨学科专业＋本研一体化培养＋师生共创”的主题创新区和创新创业苗圃，有力推动了南航大学生创新创业教育的全方位深度融合。连续 20 年举办的“航空工业”大学生“创意・创新・创业”文化节，竞赛实践活动 200 余项、近千场次、参与人次超 100 000，项目多、活动多、获奖多，人人可参与，人人都参与，是南航师生共同的文化盛宴。南航全体学生积极参与创新创业教育实践活动，并都记录在学生毕业时手中的“第二份成绩单”——素质能力报告单，得到了用人单位的一致好评。

作为工信 G7 创新创业工作联盟盟主，学校连续 5 届在“挑战杯”全国大学生课外学术科技作品竞赛中总分排名全国前三，连续 2 届在全国“创青春”大学生创业大赛中获得优胜奖，“研究生未来飞行器创新大赛”总成绩全国第一等奖项。培育出“中国大学生年度人物”、博士生黄鸣阳，“江苏省高校优秀共产党员标兵”、博士生崔益军，“江苏省高校创业典型个人”、博士生王昂等一批创新创业典型。2018 年学校承办工信创新创业奖学金特等奖颁奖典礼和部属高校创新创业成果展，社会反响较好。

南航连续 5 届在“挑战杯”全国大学生课外学术科技作品竞赛中总分排名全国前三

三、校地融合、协同育人，构建了全程化、特色鲜明的创新创业服务机制

学校围绕学生从一个想法到创业的全过程，大力拓展“金政产学研”合作渠道，不断完善“五位一体”的全程化创新创业生态链，逐步构建了“以前沿应用问题为牵引”的校企协同机制、“大船拉小船”的创新创业辅导机制、“三驾马车并进”的政策扶持机制、“股权投资＋财政扶持”的金政产学研协同机制，共同构成了具有南航特色的、“校地联动、协同创新”的全程化创新创业实践育人机制，为学生提供全天候、全链条的指导服务。

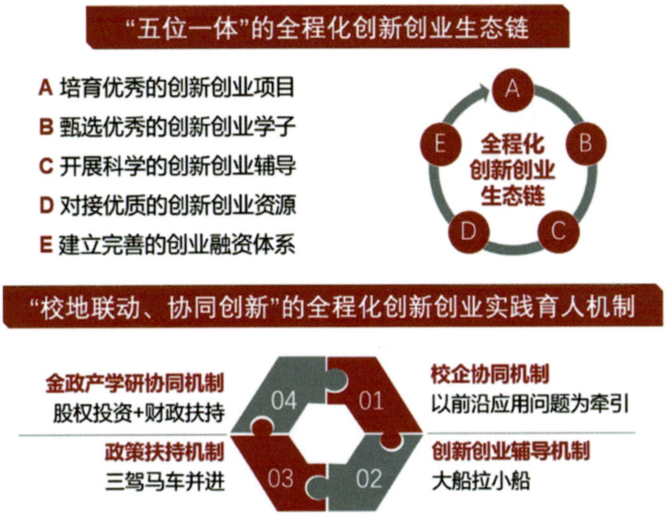

“五位一体”的全程化创新创业生态链和
“校地联动，协同创新”的全程化创新创业实践育人机制

南航大学生创业企业“创趣天地”亮相第74届中国教育装备展示会

1. 校企协同,聚力创新

学校依托“三航”特色优势,与行业领军企业合作实施校企工程实践计划,学生在校企“双导师”指导下开展创新实践。一大批学生“创新成果”更加贴近应用、贴近实际。

2. 师生协同,聚力辅导

学校打造了集创客讲堂、创客沙龙、创客问诊于一体的“一起创”创客活动品牌,建设了创新创业苗圃,在学生和企业家之间形成“大船拉小船”的师生关系。更多贴近实际的学生“创新成果”转化为“创业项目”。

3. 政策协同,聚力孵化

学校加强与教育、人社、科技等部门的合作,建立分阶段分层次的政策绿色通道,为创业学生提供一条龙、一站式、菜单化的政策咨询服务。精准帮扶成熟“创业团队”成为“法人公司”。

4. 校地协同,聚力成长

学校与南京溧水、南京江宁、苏州、常熟等地共建了校内外大学生创新创业基地,强化“高校—政府—企业”融合发展。众多“初创企业”不断发展壮大。截至目前,学校孵化大学生创业项目74个,成功创办企业50余家,80%以上为科技创新型和高端服务型企业。

全面深化创新创业教育改革
精准打造创新创业生力军

——合肥工业大学

一、学校概况

合肥工业大学是教育部直属全国重点大学，教育部、工信部和安徽省政府共建高校。2005 年学校进入国家“211 工程”重点建设高校行列，2009 年被列入国家“985 工程”优势学科创新平台建设高校计划，2017 年进入国家“双一流”建设高校行列。

学校现有 3 个国家重点学科、1 个国家重点（培育）学科、16 个博士学位授权一级学科、1 个工程博士学位授权；38 个硕士学位授权一级学科、11 种专业学位授予权。学校现有教职工 3 783 人，专任教师 2 266 人。其中，中国工程院院士 1 人；国家“千人计划”入选者 8 人，教育部“长江学者”特聘与讲座教授 13 人，国家杰出青年科学基金获得者 7 人，中组部“万人计划”教学名师 1 人，国家级教学名师 2 人；长江青年学者 3 人，国家优秀青年科学基金获得者 10 人，“万人计划”青年拔尖人才项目入选者 2 人；国家“百千万人才工程”入选者 10 人，教育部“新世纪优秀人才支持计划”入选者 27 人。目前在校全日制本科生 3.2 万余人、硕士和博士研究生 1.3 万余人。

建校以来，学校深怀“工业报国”之志，秉承“厚德、笃学、崇实、尚新”的校训，恪守“勤奋、严谨、求实、创新”的校风，发扬“艰苦奋斗、自强不息、追求卓越、勇攀高峰”的光荣传统，形成了

“工程基础厚、工作作风实、创业能力强”的人才培养特色。

学生就业率始终保持在 96%以上，其中去企业就业的毕业生中有 65%进入世界 500 强和中国 500 强企业工作。

二、学校创新创业工作典型特色

合肥工业大学构建“立德树人、能力导向和创新创业教育”三位一体的教育教学体系，创新创业教育是学校人才培养体系中固有的重要组成部分。学校高度重视创新创业教育，开展了一系列创新创业教育改革，构建创新创业教育体系，完善创新创业教育模式，取得了丰硕成果。

学校是“全国首批深化创新创业教育改革示范高校”、教育部首批“全国高校实践育人创新创业基地”、“全国首批深化创新创业教育改革特色典型经验高校”、“全国毕业生就业典型高校”、“中国高校创新创业教育联盟”首批成员单位和国家“创客教育基地联盟”副理事长单位。

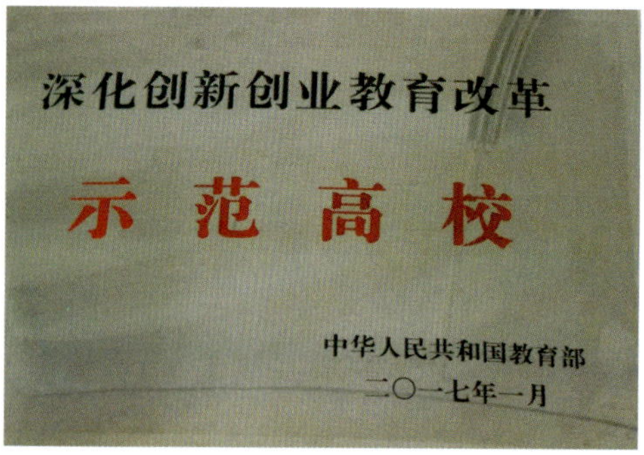

全国首批深化创新创业教育改革示范高校

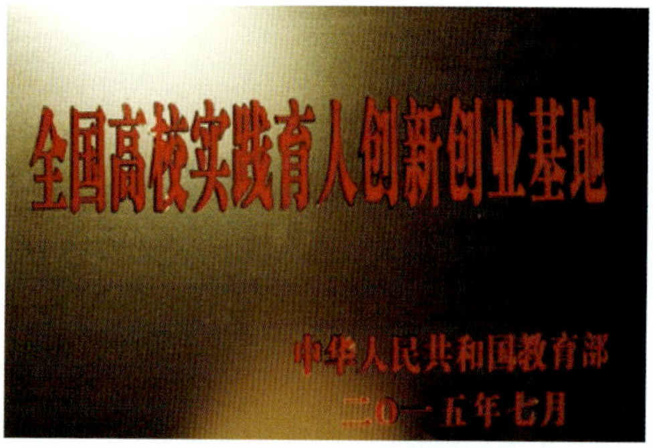

全国高校实践育人创新创业基地

2015 年以来，学生在省部级以上竞赛中获奖近 3 000 项，学校在中国首届“互联网+”创新创业大赛上获得集体奖(全国 20 个)，在 2016 年“创青春”全国大学生创业大赛上荣获 2 项金奖，在 2017 年“挑战杯”全国大学生课外学术科技作品竞赛国赛中获一等奖 1 项、二等奖 3 项，北斗导航信息处理团队、大学生方程式赛车团队获得国家“小平科技创新团队”荣誉称号。2018 年 2 月中国高等教育学会发布 2013—2017 年中国高校创新人才培养暨学科竞赛评估结果，学校以 82.13 分的总成绩在“2013—2017 年全国普通高校竞赛评估结果(本科)TOP 300”榜单中位列第 33 位，以 82.57 分在“2017 年全国普通高校竞赛评估结果(本科)TOP 100”榜单中位列第 31 位；在“全国高校教师教学竞赛分析报告(2012—2017)”及“2012—2017 年全国高校教师教学竞赛状态数据”中，学校以 79.86 分的总成绩在榜单中位列全国第 28 位。

近年来，学校本科毕业生到世界 500 强和中国 500 强企业工作的占签约毕业生人数总数的 65%，研究生中到国有企业研发中心、科研院所、高等学校工作的占签约毕业生人数的 75%；毕业生自主创业人数倍增。

《人民日报》、新华社、《光明日报》、中央电视台、《中国教育报》、《中国青年报》、《科技日报》等中央主流媒体和单位先后对学校创新创业方面取得的成果和经验进行了报道，产生了较好的社会影响。

（一）从顶层设计及管理机制上推进创新创业教育改革

学校在综合改革方案及“十三五”规划中明确要求全校党政领导和广大师生要树立全员参与、全过程实施、第一课堂和第二课堂有机协同的创新创业教育理念。学校创新创业教育改革领导小组统一部署，党政工团齐抓共管，大力培养学生的创新理念、创业精神和创新能力。学校于 2015 年 10 月向教育部报送了《创新创业教育改革实施方案》，按照“合肥工业大学能力导向一体化教学体系”的要求，全面制定“2015 版人才培养方案”，将创新创业人才培养纳入培养目标，建立教学标准，构建了可监测可控制的循环改进闭环教学体系，形成了“培养目标—教师测评—课程组—教指委”的“四位一体”评测体系和“教师—课程组—专业”在内的“三个循环”改进体系。

首届“互联网＋”创新创业大赛上获得集体奖（全国 20 个）

小平科技创新团队奖

学校成立了“深化创新创业教育改革领导小组”，由校长任组长，领导小组负责组织、领导创新创业教育改革工作的开展。领导小组下设创新创业专家委员会和创新创业教育工作办公室，办公室具体指导和统筹落实学校创新创业教育工作。

学校把教师指导创新创业教育工作计入教学工作量、纳入年终奖励和作为年度考核要求之一，在教学考核、考评机制、职称晋升等方面加强政策引导和激励保障，广大教师指导学生创新创业的积极性大幅度提高。同时，在计入学分、评奖评优、推荐免试研究生等多方面制定激励政策，提升学生参加创新创业教育学习与实践的兴趣和自觉性。

（二）构建创新创业教育体系，全面推进学院创新创业教育

学校树立全员参与、全过程实施和理论教学体系和实践教学体系有机协同的创新创业教育教学理念，创建并完善学校“创新创业教育教学体系”。根据建立“创新创业教育教学体系”的要求，理论教学体系主要由课程体系组成，包括基础课、专业基础课和专业课，基础课作为全校学生的必修课，主要讲授创新创业思维、方法等，专业基础课和专业课要在教学内容中融入

创新创业内容，培养学生的创新创业能力。在教学过程中，除讲授法教学方式外，还要开展案例教学、网络教学、题库课程教学、实践教学、情景学习、服务学习、角色扮演教学以及自主学习等启发式、讨论参与式等教学方法。实践教学体系主要由实验、实训、创新俱乐部等组成，实验包括综合性实验以及创新性实验等，实训包括校院两级创客活动、大学生创新创业训练计划项目、各类学科竞赛等，创新俱乐部主要开展各类专项训练。

各学院根据专业特点，制定各专业创新创业人才的培养目标，规划课程地图，建立课程关系图，修订、制定和完善课程教学大纲、根据教学内容及授课特点制定课程目标，课程目标与创新创业培养目标相联系，将各类创新创业课程有机融入专业教学计划。建立"创新创业实践能力标准"，完善实验、实训、实习等各类教学大纲，把国际前沿学术发展、最新研究成果和实践经验融入实践教学内容中，将党团部门的学生实践活动和各类创新创业教学实践要求有机结合，形成完整的能力、知识和素质一体化的培养体系。

在此基础上，全校形成创新创业教育教学统一体系，构建完整的人才培养路线图，逐步完善创新创业教育体系和内涵，将创新创业教育落实到每门课程、每项活动和各个管理环节上。开展各类创新创业大赛、学科竞赛、学生科研、创新性设计、素质拓展活动、专题讲座报告，通过创客空间和虚拟在线平台的建设，为创客活动提供孵化场地、技术培训、产品开发、加工制作、管理咨询等方面的条件支持，同时将科技社团活动、创业训练、职业技能培训、社会实践等活动及其资源加以整合，构建科学的实践教学体系；将理念和价值塑造与各项体验活动有机结合，使学生能够在理论教学、实践教学以及体验活动中激发创新创业的灵感和兴趣。

（三）构建创新创业教育实践平台，深化创新创业教学方法改革

学校构建了"三层次"（基础、提高、创新）和"三环节"（实验、实习、实训）全程贯穿、分层实现、循序渐进的实践教学体系，培养学生的实践创新能力。学校深入实施"大学生创新创业训练计划"，积极开展创新创业大赛等活动，充分发挥"第二课堂"形式灵活的特点，通过创客空间和虚拟在线平台的建设，为创新创业活动提供条件支持。学校与社会相关各界广泛合作、协同创新，建立与社会和产业发展紧密结合的校外大学生创新创业基地，建立了230余家实践教学基地。学校要求学校实验室向学生全面开放。学校搭建"一站式"综合服务平台，落实全程递进的创业扶持。2016年创办的《创新创业理论与实践》校内期刊已出版了六期，刊登老师和学生在创新创业中的成果、方法和经验，搭建创新创业教育交流平台，促进创新创业教育的发展。

在深化创新创业教育改革的过程中，学校要求除了课堂讲授外，还要开展情景学习等启发式、讨论参与式教学方法，将创新创业教育落实到每门课程、每项活动和各个管理环节上，使学生能够在实践教学和体验活动中激发创新创业的灵感和兴趣。学校全面开展学生学业成绩考核改革，探索把科研实践、学科竞赛、实践成果和发明专利等引入学业成绩考核；探索考试与考核相结合、闭卷与开卷相结合、集中考核和单独问答相结合等多种考核方式，专业课期终考试的笔试成绩一般不超过40%，旨在让学生在学习过程中感悟知识，在实验训练中体验知识，在实践活动中运用知识，立体化地培养学生的创新思维和创新能力。

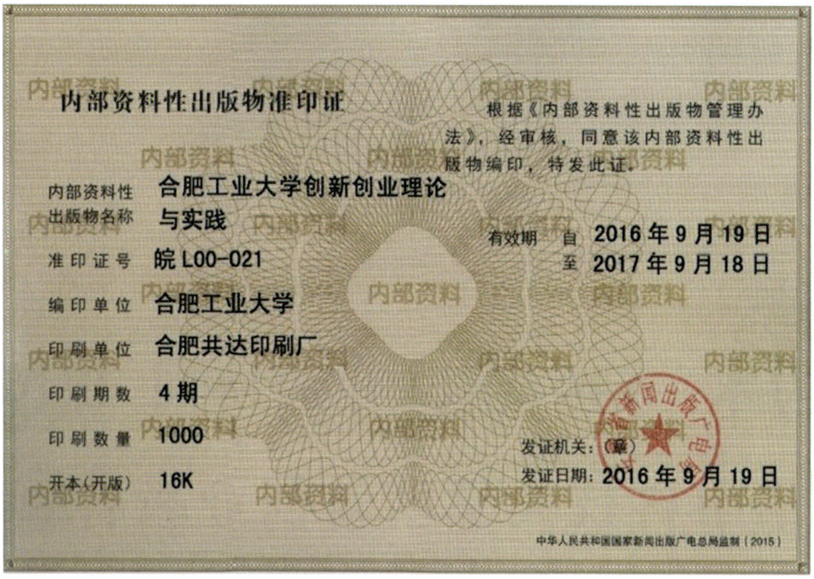
内部资料性出版物准印证

根据《内部资料性出版物管理办法》，经审核，同意该内部资料性出版物编印，特发此证。

内部资料性出版物名称 合肥工业大学创新创业理论与实践

准印证号 皖L00-021

编印单位 合肥工业大学

印刷单位 合肥共达印刷厂

印刷期数 4期

印刷数量 1000

开本(开版) 16K

有效期 自 2016年9月19日 至 2017年9月18日

发证机关：(章)

发证日期：2016年9月19日

中华人民共和国国家新闻出版广电总局监制（2015）

《创新创业理论与实践》期刊

（四）从教师队伍建设及资金上推进创新创业教育改革

学校重视创新创业师资队伍建设，努力建立一支由校内导师和兼职导师组成的创新创业师资队伍。目前学校共有教育部全国万名优秀创新创业导师9人，教育部创业就业指导师17人，全球职业规划师38人，CEFE培训师4人，KAB培训师22人，参与创新创业相关工作指导教师近2 000人，建有创新创业导师库。学校制定相关政策，明确双创指导教师的资格和工作职责，为创新创业师资队伍的稳定与发展提供政策保障。

近三年，学校每年投入资金3 500余万元用于开展大学生创新创业教育教学；设立每年200万元的创新创业教育奖励基金；设立基层就业与创业奖励资金，对到西部地区、基层就业、应征入伍和自主创业的学生给予定向跟踪与奖励，累计奖励毕业生448人，发放奖金61.7万元。

育人为本 齐抓共管 开放协同 保障有力 打造华中科技大学创新创业教育新名片

——华中科技大学

华中科技大学是教育部直属重点综合性大学，是国家“211 工程”重点建设和“985 工程”建设高校之一，是首批“双一流”建设高校。

学校实施“人才兴校”战略，师资力量雄厚。现有专任教师 3 000 余人，其中院士 16 人、教授 1 000 余人，学生 56 000 余人。校园占地 467 万平方米，绿化覆盖率 72%，被誉为“森林式大学”。学校建有武汉光电国家研究中心、国家脉冲强磁场科学中心（筹）、精密重力测量研究设施三个国家重大科技基础设施。在教育部第四轮学科评估中，14 个学科进入 A 类（其中机械工程、光学工程、生物医学工程、公共卫生与预防医学 4 个学科进入 A+）。

华中科技大学科技园

近年来，华中科技大学立足国家创新驱动发展战略和“大众创业、万众创新”的战略部署，以推进素质教育为主题，以提高人才培养质量为核心，以培养高水平创新创业人才为重点，创新教育理念和实践，把创新创业教育贯穿人才培养全过程，打造学校创新创业教育新名片。

学校坚持“育人为本、面向全体、融入体系、协同推进”，把创新创业教育融入人才培养全过程。以学生创新团队建设等为依托，搭建学生自主学习、主动实践的平台；以“互联网＋”等竞赛为平台，组织开展创新创业实践；以工研院（工业技术研究院，简称“工研院”）建设等为依托，为学生创业孵化和教师科研成果转化提供支撑，构建学习、体验、立业“三级跳”的创新创业人才培养新模式，让学生想创业、能创业、创成业。近三年由学校学生或校友创业设立的公司每年都在 100 家以上，其创业项目吸引的风投已超过 100 亿人民币。

华中科技大学获全国首批深化创新创业教育改革示范高校

学校涌现出了一大批在创新创业方面取得突出成绩的优秀典型：2011 年，汪海兵创建的淘米科技在美国纽交所上市；2012 年，“微信之父”张小龙被《华尔街日报》评为“中国创新人物”；2015 年三位校友入选福布斯中国 30 位 30 岁以下创业者榜单，2017 年七位校友入选福布斯中国“30 岁以下精英”榜单。学校先后获得“全国高校实践育人创新创业基地”“全国首批深化创新创业教育改革示范高校”“全国大学生创业示范园”等荣誉。

一、学生创新团队：推动学生基于团队跨学科开展创新创业实践

学校建设创新创业人才培养特区，支持启明学院探索拔尖创新人才培养模式创新，为优秀本科生搭建更具挑战性的学习实践平台；支持创新研究院加强优秀研究生交叉学科研究及培养，建设学科交叉创新团队、高水平课程。学校注重营造学科交叉育人氛围，淡化学生学科、专业界限，引导学生基于兴趣、志向、特长跨学科开展协同创新实践，推动大学生创新创业实践由“单打独斗”向“团队协同”转变。

经过多年探索与实践，逐步形成以学生自主、导师指导、主动实践、科技创新为特色的本科生创新团队培养模式。培育出了 Dian 团队、联创团队、冰岩作坊等一批在社会和业界广受关注的知名学生团队。培养出了一大批优秀的创业人才，孵化出了 150 余家高科技企业，学校建

立了 24 个大学生科技创新基地和 18 个示范性学生创新团队，每年吸引学生参与创新创业活动近 2 万人次。

大白机器人学生团队

案例：Dian 团队

Dian 团队成立于 2002 年，由学校电信学院刘玉教授创建。团队推动以真实项目为牵引的“干中学”模式，培养学生创新创业实践能力。成立 15 年来，Dian 团队学生在教师和企业人员的指导下，累计完成 300 余项科研项目，获得科研经费超过 2 400 万元人民币。共培养正式队员 584 名，其中已毕业 531 名。毕业生抱团创业 50 余家企业，10 余家估值过亿。毕业队员张良伦等联合创立的贝贝网，已成为国内知名独角兽企业。团队探索将体制外实践向体制内转移，2006 年起成立了“基于项目信息类专业教育实验班”（简称“种子班”），探索将真实科研项目训练纳入专业教学体系，并有针对性地调整课程内容，打通课内课外培养。

针对我国高等教育人才培养过程中，重理论轻实践，毕业生能力与企业需求脱节的突出问题，Dian 团队以本科生创新创业教育为宗旨，通过“干中学”的培养模式，以“真题真做”的科研项目为牵引，通过双师教学、流程管理等途径，锻炼培养本科生的创新能力、实践精神和综合素质，为学生的创新创业之路打下坚实基础。

二、创新创业大赛：面向全体学生开展创新创业实践体验

学校一直重视面向全体学生，以组织开展各类创新创业竞赛为抓手，推动学生创新创业精神和实践能力培养，坚持以赛促学、以赛促教、以赛促改，把组织参赛与课程建设、教学改革、导师队伍建设、学生团队建设、创业帮扶有机衔接，融入人才培养全过程。学校是国内唯一一所先后承办过“创青春”“互联网＋”两个全国顶级创新创业大赛的高校。近两年，学校在全国“互联网＋”大学生创新创业大赛中获得金奖数位居全国第一。

学校每年组织和参加各类大学生创新创业赛事 100 多个种类，参与学生 5 000 余人次。

近三年，学生在各类创新创业竞赛中屡创佳绩，获得省级以上创新创业竞赛奖励 2 346 项，在 2016、2017 年全国“互联网＋”大学生创新创业大赛中获得 7 金 1 银，成绩位居全国高校第一。

第三届“互联网＋”华中大参赛队合影

案例：“互联网＋”大赛

学校以“互联网＋”大赛为载体，推动全校创新创业工作统筹协调，打通“创意—创新—创业”链条，形成全校师生、全部校友全覆盖的格局。近两届比赛，学校共组织了 516 个项目、2 411 人次参赛，实现了院（系）全覆盖。

学校注重以“互联网＋”大赛组织参赛为抓手，做好大赛宣传工作，营造重创新促创业的校园氛围。其中，第三届“互联网＋”大赛校赛“我最喜爱项目”线上投票，点击量达 26 346 次。在整个大赛赛程中，通过校内外媒体以及学生社团组织，加强宣传报道和推广。真正做到以赛促教，推动创新创业教育改革，使得“互联网＋”大赛在学校成为真正的“永不落幕的大赛”。

三、地方工研院：完善师生创业实践、成果转化平台支撑

学校不断完善校内外创新创业实践和成果转化平台体系，构建起从校内到校园周边再到校外，依次递进、有机衔接的创新创业孵化模式。在全国各地建立 13 个瞄准战略新兴产业的工研院，通过地方工研院体系，为大学生创业孵化和教师科研成果转化提供产业化配套支持。

案例：广东工研院

广东华中科技大学工业技术研究院是学校与东莞市政府合作共建的公共创新服务平台，现已建成一支 600 余人的研发团队，研发了十几类行业关键装备，发起推动全国数控一代工程，获得国家技术发明二等奖，建设了全国智能制造示范点，服务企业 7 000 余家。建设了东莞唯一一个 A 类国家级孵化器，孵化企业 200 余家，其中自主创办高科技企业 40 余家，新三板挂牌企业 5 家，主板上市后备企业 3 家。

东莞华中科技大学制造工程研究院

工研院探索实施“高校与产业贯通，科技与教育结合”的人才培养模式。以企业真实项目为主要载体，以培养学生创新创业能力为中心，将人才培养寓于产业升级的实际需求中，促进经济发展的同时反哺教育。

一是以大学生实习基地为平台，指导学生深入产业升级的具体项目实践，提高学生工程实践能力，培养创新创业精神。2011 年至今，工研院累计接收来自全国高校实习生近 200 人。

二是以学生创业中心为平台，推动学生创业实践与产业对接。建设了 16 000 平方米的大学生创业苗圃，引进高校优秀学生创业团队，与地方产业、资本对接，推动学生团队研发项目尽快产业化。例如，学校学生周伟等创建的易步科技机器人团队，在工研院的支持下，吸引当地社会投资 500 万，成功将产品推向市场，后在深圳二次创业，2014 年融资一亿元人民币。

工研院自 2013 年起，与学校联合举办“工研院杯”创新创业大赛，共有 678 个项目、3 309 人次参赛。优秀创新创业团队不仅可以获得奖金资助，还有机会进入国家级孵化器，接受专业的创新创业辅导和孵化服务，获得创业启动资金和创业投资机构资金支持。

探索创业管理模式 构建四级孵化体系

——华中师范大学

华中师范大学(简称"华师")是教育部直属重点综合性师范大学、国家"211 工程"重点建设大学、国家教师教育"985"优势学科创新平台建设高校。学校在国家"双创战略"的推动下，已形成文科优势、理科见长、工科特色的局面，在现有的科技创业、"互联网+"创业的浪潮下，华中师范大学积极探索，找到一条适合学校大学生创新创业的模式，并做出了自己的特色。

一、探索创业管理模式

1. 积极探索校政企合作的高校创新创业模式

2009 年 10 月，与团省委、洪山区政府联合成立湖北省首个大学生创意产业创业中心，标志着华中师范大学"校政"合作大学生创新创业模式开启。时任团中央书记陆昊、省委常委张昌尔、团省委书记丁小强等领导莅临中心视察指导工作。

2014 年 7 月，与武汉市科技局、洪山区政府联合建立武汉市首个高校创业特区，在校内设立大学生创业特区，因地因校制宜，是新形势下大学生创业的又一探索。同年 10 月，举办首场以"文化创意"为主题的华师专场青桐汇。

2015 年 12 月，与武汉市科技局、洪山区政府、中科招商集团联合共建华中师范大学中科创业学院，标志着学校"校政企"合作大学生创新创业工作开始了新的尝试和探索。

近两年来，在校政企合作的模式下，充分发挥三方在政策、人才、教学、资本、科技、产业等方面的资源优势，通过促进教育、科技、经济、社会的紧密结合，创新链、资本链、产业链的快速融合，已经初步形成具有学校师范特色和学科特色的大学生创业产业品牌即教育培训产业、文化创意产业、信息技术产业、电子商务产业和现代服务业产业。

2. 积极探索市场化运营的大学生创新创业管理模式

在已有大学科技园、后勤商贸集团、资产经营管理有限公司的情况下，学校领导高瞻远瞩、创新思维，创新性地注册成立武汉华中师大创业管理有限公司，作为公司主体负责全校大学生创新创业工作的市场化运营。公司成立于2016年4月，是华师全资子公司，董事长由资产公司副总经理兼任，总经理由学生工作处干部兼任，交由学工部运营，做好在校及毕业五年内大学生的创新创业工作。可以说，这又是一个里程碑式的管理模式探索。

台湾实践大学学生来学校参观交流

经过一年多的发展，以公司为主体运营的利群众创空间获批省级、市级众创空间，2017年底被认定为国家级众创空间；已经获得市区两级政策性补贴累计达120万元；累计注册、管理大学生创业公司92家，在孵企业58家，2017年在孵企业营业额突破2亿5千万元；管辖面积已经由原来的4 000多平方米扩展到10 000平方米；并实体管理爱心超市、创业咖啡、博雅影院、利群书社、华大驿站5个项目。

武汉华中师大创业管理有限公司立足于为在校及毕业五年内大学生创新创业服务，拥有自己的创业咖啡、实训基地、创客空间、实践基地，具备为大学生提供创业指导、教育、培训、实训、实践、扶持、孵化于一体的全层次、全流程服务的条件和能力。

3. 积极探索提高大学生创业成功率的创业模式

美国大学生创业成功率达10%，而我国大学生创业成功率还不到2%，有的地区更是达不到1%。在国家“大众创业、万众创新”的新形势下，如何积极鼓励大学生创新创业，提高他们的创业成功率是摆在教育工作者面前的一大难题。

“小商小贩不是大学生创业”“摆地摊也不是大学生创业”，这是高校内反对大学生创新创

2018 年 6 月学校举办创业项目融资路演

业的声音，但并不是所有的创业者都能技术革新，也不是所有的创业者都能进行模式创新。

我们鼓励大学生多进行与专业结合、与项目结合、与市场结合的创业实践。所以教师后台-学生前台模式、学校后台-学生前台模式、企业后台-学生前台模式应运而生，也是我们进行的又一大探索。

教师后台-学生前台模式：即老师把自己的专利、课题拿出来，交由学生团队去落地，入驻创业学院，注册成立公司，学生在实践中学习，用实践去检验学习的好坏。校内由老师担任指导老师进行技术指导，同时聘任校外企业家做校外导师进行市场指导，成功率大大提高。目前比较成功的企业代表有华大博思科技有限公司、华启晨装饰工程有限公司、阶跃物联科技有限公司等，年营业收入都在 200 万以上。

中国石油大学师生来学校利群众创空间参观

企业后台-学生前台模式：即先由企业拿出适合大学生创业的项目，面向全校招募创业团队，入驻创业学院，注册成立公司，由企业负责前期资金投入、专业团队指导，成功率大大提高。

目前比较成功的企业代表有百创电子商务有限公司(2017 年营业收入 1.8 亿元)、天字一品电子商务有限公司(年营业收入 5 000 万元左右)等。

学校后台-学生前台模式:即由学校投资建设规划项目,面向全校招募创业团队,入驻创业学院,注册成立公司,由学校主导运营,每年进行团队招募更新,每个项目聘职业经理人进行管理,成功率大大提高。目前比较成功的企业代表有华大驿站、创业咖啡、博雅影院等。

双导师下的自主创业模式:这是目前几乎所有大学生创业采用的模式。学校与华师科技园联合,校内外联动对团队进行梯队化培养,创客团队、初创团队、成长团队、成熟团队四个层次的创业团队梯队培养,同时配备校内、校外双导师,成功率大大提高。目前比较成功的企业代表有木子岚创意工作室、小伙伴教育科技有限公司等。

二、构建四级孵化体系

1. 课程孵化

根据学生需求的不同,学校将创业课程体系分为素质课程、通识课程、实战课程、海外课程四个部分,有创业热情的学生随时随地可选择学校的创业课程。其中素质课程面向全校学生开设,以普及创业概念、激发创业热情为主;通识课程是理论+实践的模式,既有系统的理论教学,又有企业的实地参观、见习;实战课程是成立博雅创新创业实践班,开设企业实战课程,培养未来的企业家;海外课程是以新加坡南洋理工大学和美国加州大学伯克利分校为基地,每年选拔优秀创业学生到国外进行为期 2 周的创业培训。

除此之外,还开展丰富多彩的主题式、专题式培训和网络课程,如与融创智谷联合开展 EIR 特训营,与井冈山大学联合开展创业精神培训,与洪山区司法局联合开展法律法务培训,与星创客合作开展知识产权培训等。在网络课程方面,学校组织专家不仅录制十几门网络课程,还与中科创大共建共享在线教学课程。

学校创业学生进行创业项目展示

2. 创客孵化

经过课程培训后，有创意的学生团队可进入创客空间进行孵化，实行“专业导师＋企业导师”的双导师制，同时针对学生创新实践需要已经建成 AR、VR、3D 打印、机器人等创业实训室，创客团队在这种实训培养下，成长较快，由创客自然转化为团队。如三四三机器人教育有限公司，三个月就实现了近 20 万元的营业额。同时，创客团队在企业导师的指导下，也可以迅速获得市场、资金等资源，如“妈妈派团队”，在导师周富裕的指导下，实现单月最大 6 万多元的销售额。

3. 项目孵化

创客团队项目相对成熟稳定后，即可作为正式创业项目入驻创业基地。入驻创业学院的团队全部按我校探索出的教师后台-学生前台模式、学校后台-学生前台模式、企业后台-学生前台模式以及双导师下的自主创业模式进行分类，不同模式的项目指导方式不同，对接资源不同，以利于项目的差异化发展。如百创电子商务有限公司 2017 年的销售额达 1.8 亿元，天宇一品电子商务有限公司的年销售额在 5 000 万元左右。同时基地形成教育培训、文化创意、电子商务、信息技术及现代服务业等创业特色。

4. 公司孵化

学校鼓励创业团队注册公司，为加强对学生注册公司的指导和管理，于 2016 年以创业基地为基础，成立武汉华中师大创业管理有限公司，成为学校全资、具有独立法人的运营主体。2017 年，公司与中科招商联合成立华中师范大学校友创新创业基金，总规模 30 亿，首期 1 亿，主要用于新的创新创业大楼建设，大楼高 22 层，超过 5 万平方米，已经开工建设。

来访参观者合影留念

立足人才培养 多方协同推进
全力构建全员参与的创新创业生态体系

——华南理工大学

华南理工大学组建于 1952 年，是新中国成立初期全国“四大工学院”之一，是国家“211 工程”“985 工程”“双一流”建设高校，拥有五山校区、大学城校区、广州国际校区三个校区。学校地处改革开放前沿地区，毗邻港澳，1993 年在全国首开部省共建和联合办学之先河，逐渐形成了与地方共融共生的办学模式，为广东、全国甚至世界经济发展输送了大批高素质专门人才和高水平科技成果。据统计，在珠江三角洲各类企业的董事长、经理和技术主管中，华南理工大学的毕业生占很高的比例，学校被誉为“工程师的摇篮”“企业家的摇篮”“中国南方工科大学的一面旗帜”，并成为华南地区经济社会发展的“发动机”。

经过 60 多年的建设和发展，华南理工大学已成为：

一所“以工见长”的综合性大学。学校现有博士学位授权一级学科 25 个(其中工科一级学科博士学位授权点 18 个，占比 72%)、硕士学位授权一级学科 42 个，工程博士专业学位授权类别 1 个、硕士专业学位授权类别 17 个(工程硕士领域 25 个)，本科专业 80 个(其中工科专业 46 个，占比 57.5%)。学校形成了以工见长，理工结合，管、经、文、法、医等多学科协调发展的综合性大学学科格局。

一所“瞄准一流”的研究型大学。轻工技术与工程、食品科学与工程、城乡规划学、材料科学与工程、建筑学、化学工程与技术、风景园林学等学科整体水平进入全国前十位。8 个学科进入国际 ESI 全球排名前 1%；化学、材料学、工程学 3 个学科进入前 1‰，在全国高校中排名第六。学校在学科建设中形成了“两年一台阶”的“华工速度”：在“世界大学学术排名”上，2012年学校首次进入世界500强，其中工科排名进入前150名；2014年进入世界400强，其中工科排名跃升至第50名；2016年成功迈入300强，其中工科排名为全球第22位。

华南理工大学举办“双创”师资培训

一所“特色鲜明”的创新创业人才培养示范高校。学校长期以来坚持立德树人，把创新创业教育贯穿人才培养全过程，从“家电三巨头”（TCL李东生、创维黄宏生、康佳陈伟荣）到福布斯“中国30位30岁以下创业者”（新三板上市公司“有米科技”创始人陈第）、福布斯“亚洲30位30岁以下俊杰”（L3 Bioinformatics创始人兼CEO罗锐邦），从“联合班”（1985年创办）走出两位“香港十大杰出青年科学家”（陶宇飞、肖小奎）到“基因组科学创新班”（2009年创办）有89人次以并列第一作者和署名作者的身份在国际顶级期刊发表71篇论文，学校在创新创业人才培养方面形成了“华工模式”。

学校2016年入选首批“全国深化创新创业教育改革示范高校”，2017年入选国务院“大众创业万众创新示范基地”及教育部“全国高校实践育人创新创业基地”。

一、科学统筹，培养全民参与的创新创业文化氛围

学校坚持高素质、“三创（创新、创造、创业）型”、具有国际视野的拔尖创新人才的培养目标，在长期办学实践中形成了敢于质疑的课堂文化、鼓励创新的激励支持和敢为人先的创业氛围，一大批毕业校友成为我国科技骨干和著名企业家。

一是广泛链接，搭建了便利的创新创业生态圈。学校全面布局，以最大限度服务学生为宗旨，精心打造“一校三区”创新创业生态网。其中，五山校区以“环西湖双创文化展示区”和“环北湖双创实践区”贯穿校园南北中轴线为纽带，以文化区的双创成果展、双创体验馆、双创风云人物榜和实践区的创业指导、创业培训、创业交流等为双核心，以分布南北中轴线周边不同学院、不同学科、专业实验室等为节点；大学城校区形成了“点—线—面—网”的孵化格局，充分联动大学城内各高校区其他9个孵化空间及国家数字家庭应用示范产业基地、健康产业产学研

孵化基地、广州国家IC产业化基地等资源;国际校区利用地处粤港澳大湾区科技创新走廊的地缘优势,通过"三个联动"(与思科智慧城等联动、与港澳高校联动、与国际合作高校联动),打造跨学科、跨文化的大学生双创生态环境,建设融入粤港澳大湾区发展的双创走廊。

华南理工大学机器人基地"华南虎"团队卫冕全国大学生机器人大赛
RoboMaster2018机甲大师赛全国总冠军

二是广泛参与,厚植了浓厚的创新创业文化土壤。在学校层面,构建"院级－校级－省级－国家"四层次大学生创新创业训练计划体系和"一院一赛"为核心的学科竞赛体系,为学生搭建广阔的创新活动平台,超过2/3的学生在校期间有参与创新创业实践经历。在教师层面,全面推动教师科研融入本科教学的"四个一"制度,明确规定:在岗的教授、副教授原则上每一名教师每一聘期指导的大学生创新创业训练项目不得少于一项,接收的本科生不少于一人。在学生层面,确立以学生为主题的项目参与制度,要求项目实施必须以学生为主体,学生根据项目计划自主设计实验方案、组织设备和材料、实施并管理实验、分析处理数据、填写《项目工作周记》等。

三是广泛发动,建立健全的创新创业激励机制。教务处出台《"挑战杯""创青春"系列竞赛奖励管理办法》《"中国'互联网＋'大学生创新创业大赛"参赛奖励管理办法》,规定教师指导学生课外科研获得工作量的计算方法和参与竞赛获奖后科研考核经费的奖励办法等,将"挑战杯"指导教师作为可选择条件加入教师专业技术职务评审;学生参与课外竞赛获奖后可获得直接推荐免试(简称"推免")和优先推免研究生资格。科技处出台《关于促进科技成果转化的若干意见》等文件,使鼓励广大师生创新、创造、创业成为一种制度文化。

二、协同发展,广泛汇集优质的创新创业智力资源

学校以深化协同育人机制为工作抓手,坚持开放活校的人才培养战略,汇集企业、行业、地方政府等优质的创新创业智力资源,拓展协同创新的发展空间,使资源充分共享发挥"1＋1＞

2”的集聚效应，实现协同创新和协同育人的双重目标。

一是科教协同，构建学术研究型创新人才培养模式。加强协同创新中心和跨学科研究中心建设，鼓励和支持学科融合交叉，打造学科优势。鼓励教师利用科研成果更新教学内容，强化科研渗透教学，依托平台将师资、项目、实验设备等科研资源向创新创业人才培养集聚，使高水平创新创业拔尖人才的培养根植于高水平的科研实践之中。“构建产学研协同育人模式，培养高素质创新人才”项目获国家级教学成果一等奖。

截至2017年6月29日下午，华南理工大学创新创业孵化基地的创业团队共享汽车创业公司PonyCar累计获得融资2亿元

二是校企协同，构建前沿学科交叉型创新人才培养模式。学校引入南方电网等公司共建实践教育基地和共同制定卓越计划培养方案（工程模块、创新实践课程等），多家实践教育基地被评为国家级工程实践教育中心。与公司共建学生学习实践基地和校企联合实验室，为学生学习和研究提供优质的硬件资源平台。与华大基因、广东核电集团等知名研究院、企业组建了包括“基因组科学创新班”“中广核创新班”在内的校企联合培养创新班，增强工程实践教育环节的同时，提高了学习的针对性和解决问题的能力。如2009年学校与华大基因研究院联合组建基因组科学创新班，第一批学生罗锐邦曾兼任香港大学-华大基因生物信息核心技术与算法联合实验室主管，2014年3月成立香港L3 Bioinformatics有限公司并担任CEO，2017年入选福布斯亚洲地区医疗及科学领域“30位30岁以下俊杰”榜单。

三是校地协同，建立复合型应用型人才培养模式。分别与广东省政府、广州市政府、东莞市政府、珠海市政府共建广东省现代服务业研究院、广州现代产业技术研究院、华南协同创新研究院、珠海现代产业创新研究院。2018年，华南理工大学与顺德区共建创新园区，充分运用地缘优势，推动大学办学优势与地区产业优势的融合。其中，珠海现代产业创新研究院被评为国家级众创空间。

三、畅通渠道，加快建设科技成果转化快速通道

华南理工大学不断完善产学研合作的模式，努力夯实科技创新基础，加速科技成果向现实生产力转化，助推粤港澳大湾区发展。2009年以来，学校获得中国专利优秀奖、专利金奖数量

排名全国高校第一，专利技术转让指标位居全国高校首位。2017 年专利申请量超过 4 000 件，在全国高校排前三位。

一是成果转化激励机制。设立科技成果转化办公室，在全国率先出台《关于促进科技成果转化的若干意见》《服务创新驱动发展、进一步推进科技成果转化工作的若干意见》等文件，将科技成果转化所得收益 70%～95% 奖励给成果完成人团队，进一步提高奖励比例；将重大横向项目作为职称晋级的破格条件，极大地激发了科研人员的积极性。

苏健裕博士作为广东省第一批企业科技特派员，建立起规范的梅片树种植基地，实现了高纯天然右旋龙脑的国产化

二是立体式的技术转移体系。学校发挥地域优势，以科技特派员、校企联合研发中心等形式实现“点”对接，以产业技术创新联盟、产学研基地实现“线”结合，以五大研究院、国家大学科技园实现“面”辐射，探索形成“点线面”相结合、层层递进的技术转移创新体系。2008 年以来，学校累计派出科技特派员 1 300 余人次、学生近 10 000 人进驻到广东 21 个地市 1 000 多家企业，与各行业龙头企业共建 100 多个校企研发机构。近五年校企合作项目超过 10 000 项，为企业解决 10 000 个技术难题，产生经济效益超过 1 000 亿元。

三是推动专利技术成果转化应用。借助建筑、材料、机械、生物、造纸等 107 个部省级以上科研平台，与广州、珠海等共建 5 个研究院，开展科技成果转化改革试点，强化孵化辐射功能，形成以广州为中心，兼顾东莞、珠海东西两翼，辐射全省发展的产学研合作战略布局。目前各类平台成功孵化企业 161 家。

面向未来，学校将以“双一流”建设、国家级双创示范基地建设以及广州国际校区建设为契机，面向国家重大需求，结合广东区域特点，通过构建“一条生态链”（培育链、创新链、产业链、政策链、资金链）、创新“三类机制”（人才培养、科技创新、成果转化）、建设“五大平台”（教育、实训、孵化转化、国际合作、双创研究）等战略举措，探索双创资源集聚共享路径，创新双创支撑服务方法，激活双创主体的热情活力，为国家创新驱动发展战略、“一带一路”战略、“中国制造2025”及粤港澳大湾区建设培养一大批能够引领行业发展、具有国际视野的“三创型”人才。

省属本科高等学校(33 所)

多元发展 共融共兴
构建城市型应用型大学创新创业教育新格局

——北京联合大学

北京联合大学是北京市属综合性大学，作为北京市规模最大的高校之一，是北京市重点建设的应用型人才培养基地。学校高度重视创新创业教育，在北京市属高校内较早开展创新创业工作，全力打造创新创业工作特色和品牌。

一、学校概况

北京联合大学的前身是 1978 年北京市依靠清华大学、北京大学等创办的 36 所大学分校。经过 30 多年的建设与发展，学校的综合实力显著增强，形成了经、法、教、文、史、理、工、医、管、艺 10 个学科相互支撑、协调发展，以本科教育为主，研究生教育、高职教育、继续教育和留学生教育协调发展的完备的人才培养体系。目前学校有专任教师近 1 600 人，全日制在校生 2 万余人。学校实施“学术立校、人才强校、开放兴校”战略，不断推进内涵式发展，努力建设高水平、有特色、北京人民满意的城市型、应用型大学。

学校高度重视创新创业工作，在北京深化创新创业教育改革探索中起到了示范作用。2009 年设立创业资助金，从 2011 版培养方案开始面向全体学生设置创新创业学分，2014 年以来每年开展创业优秀团队的评审，2015 年入选第一批北京地区高校示范性创业中心建设校，制定了《北京联合大学深化创新创业教育改革实施方案》。

学校将深化创新创业教育改革作为推进学校综合改革的突破口，构建了教学体系、管理体系和保障体系“三轮驱动”的创新创业教育工作机制，形成了“多元发展、共融共兴”的创新创业教育工作特色。

二、创新创业工作特色

北京联合大学创新创业教育既面临校区分散、统合不易的挑战，也具有学院特色鲜明、学科互补性强的优势。由此，一方面依托各校区学院开展双创教育，突出学科特色、就近孵化、降低成本；另一方面在学校层面构建双创教育线上线下统合体系，对准总目标，劲往一处使，构建了“多元发展、共融共兴”的双创生态环境，依托“三项工作、三个平台”，打造出一批有全国影响力的创业典型，带动出一批具有北京情怀、突出应用实践的创新创业项目。

两支创业团队通过校内孵化在北京四板市场大创板挂牌

(一)“多元发展”下的学院双创“三项工作”

各学院根据学科特点开展三项工作：开设一批双创课程，打造一支双创导师队伍，培育一批双创项目。在突出应用性的总要求下形成差异性和多点开花的发展势头，构建学校双创教育基本面。

1. 开设一批创新创业课程

学校创新创业课程着力融入专业培养。各学院面向不同专业学生，结合专业教育开展创新创业教育，加强创新创业实践教育课程建设，培养学生的实操性创业能力。

以管理学院为例，学院引进一批名师和企业家进课堂，丰富创业实务经验。在专业核心课程和主干课程建设方面，学院将创业企业的热点案例与相应理论教学结合，提高学习的主动性和解决实际问题的能力；电子商务概论课程采用“任务驱动”的教学方法，将实战演练与教学内容结合，提高学生的创业实践应用能力。实践课程建设方面，开展“校企合作”教学模式改革，依托校企共建的东软创业学院,与企业共同开发专业综合实践课程、认识实践课程的教学方案和考核标准,组织学生赴东软集团所在地开展真实工作环境下的实践教学活动,取得良好效果。

2. 打造一支双创导师队伍

学院双创导师队伍主要由院内专业教师和校外导师组成。专业教师基于专业开展创新创业教育教学,校外导师参与课程改革,进行项目评审与指导。

如旅游学院,鼓励教师开设相关课程和指导实践。教师基于科研项目带动学生创新创业,进行旅游产品、3D创意视频、旅游3D沙盘设计等创新创业项目产品输出。同时,选聘一批企业家、创业者、投资者来校进行创新创业教学和培训。通过双向选择的方式,为创业团队配备优秀导师进行创业指导、创投指导和咨询服务。

3. 培育一批创新创业项目

学校按照双创人才从创意到创业不同阶段的需要,依托学院建设创新创业模拟基地、创新创业实训基地、创新创业实战基地三类平台基地。

生物化学工程学院专业聚焦"健康"与"环境",初步完成创新产品设计工作室、洗护与健康工作坊和新风优化技术服务三个创新创业实践平台的建设并开始项目运营。所有的实践活动基于市场需求,直接面对客户,项目设计既结合专业教育、融入教师的科研技术,又与企业实际对接,同时尽量发挥学院实验场地和设备等资源优势。项目团队跨专业组成,学生根据兴趣特长选择技术研发、产品制作及市场推广、人员管理和项目运营等全流程各种业务的学习和训练。

此外,管理学院成立蜂巢创业空间,商务学院建立创新创业孵化基地,其他学院也依托各级各类实验实训基地开展创业项目培育。

(二)"共融共兴"下的学校双创"三个平台"

学校提出在校级构建"共融共兴"的平台。"共融",是指全校创新创业工作融于"城市型应用型"人才培养的总目标,体现区域特征,突出应用特点。"共兴",是指鼓励不同校区、不同学院之间打通地域和专业之间的限制,资源上交叉互补,形成合作发展的蓬勃之势。为此,学校以中心校区为枢纽,根据学生创新创业发展的不同阶段需求,打造了三类平台,并以线上线下结合形式覆盖全校。

1. "共融共兴"的指导平台

在学生创业意识萌发、创新创意形成的初期,依托全校各级各类的创新创业赛事选拔项目进行指导,给予经费支持并申报市级优秀大学生创业团队。重视项目是否贴近北京生活,体现北京城市特色,考察项目是否体现专业培养特色,鼓励跨学科、跨专业的联合创业项目。

特教学院全国首批视障硕士研究生李鹏同学,根据北京市属于糖尿病高发地区的特点,联合管理学院、智慧城市学院学生共建"爱心降糖小屋"创业项目,深入北京市的各个社区开展诊疗活动,该团队获评2017年北京市优秀大学生创业团队一等奖。李鹏及其团队不仅自身开展了基于技术性创业的实践,还带动了一大批残疾学生实习就业,成为自食其力的劳动者。

校级大学生创业孵化基地

2.“共融共兴”的服务平台

在学生形成创业项目阶段，根据校区分散、学科专业较多的客观实际，打造“线上线下一体化”的创业项目服务平台。

在线上，依托创业学生项目“空中孵化器”将创业项目聚集，汇聚创业导师开展灵活性的远程指导。在线下，以创业孵化基地为平台，对选拔出的创业项目集中指导培育。此外，在校内联系管理学院、生物化学工程学院等开展创业项目对接活动；在校外聘请投资界、实业界等创业者作为创业导师，开展创业沙龙、讲座、项目路演等活动。

3.“共融共兴”的交流平台

在学生创业打下基础走出校门时，发起成立创业校友分会。搭建创业者与政、学、商、金融、媒体等各界多领域校友间的交流合作平台，促进创新与创业的可持续发展。立足此平台，一方面继续跟踪服务创业毕业生，将创业校友资源引流回学校，反馈到创新创业教育过程当中，提升校友对学校的黏合度，提高在校生创业活动的品质；另一方面促进校友间的资源对接，促进其主动自发地形成项目合作，由此形成自生长的创业生态。目前，校友分会在各学院均有理事校友，以此为核心，在各校区、各学院开展针对式的创业项目帮扶。

通过三个平台的搭建，全校实现创新创业教育工作的“12345”工作目标：服务学校城市型应用型大学的办学定位；搭建线上线下双驱创业孵化平台；打造科技、文创、商业服务三类型的优质创业项目；融合教师、学生、校友、社会资源四方面的力量；解决创业教育校区分散、跨专业联合创业、大赛成果转化、创业项目跟踪和创业校友互动五个方面的问题。

三、创新创业工作成效

学校构建的创新创业工作体系，2013 年被评为“北京市高校就业特色项目”。2016 年学校入选北京地区高校首批示范性创业中心校。近年来，学校创业工作获得国家级、省级表彰 15

次，学生获得省级二等奖、国家级三等奖以上奖励1 163人次，学校现有10个北京地区高校优秀大学生创业团队。2014年1月，经学校推荐，学校2011届毕业生韩磊作为全国唯一的大学生创业代表，参加了李克强总理主持召开的教科文卫体人士和基层群众代表对政府工作报告的意见和建议座谈会。2001届毕业生苏菂创办了中国著名创业孵化器车库咖啡。

北京联合大学创业校友会首任会长、车库咖啡创始人苏菂

2015年8月，阿里巴巴董事局主席马云来学校出席“创新创业·问道马云”分享会，来自中华全国青年联合会、我国香港特别行政区的2 000余名青年参加了此次活动。

马云北京联合大学演讲稿：想成功，就要今天做明天的事

发表日期：2015-09-21 15:51 来源：80后励志网 编辑：80后 点击：7095次

文章标签： 创业演讲稿 马云 企业家演讲稿 成功励志演讲

文章导读： 马云2015年8月8日在北京联合大学为香港青年创新创业交流团做的励志演讲：想成功，就要今天做明天的事。分享马云北京联合大学演讲稿全文。创新是未来的核心竞争力，技术的变革，就是最大的机会

马云先生在北京联合大学做专题分享

2017年，学校举办“2017大学生创新创业高峰论坛暨北京联合大学创业校友会成立大会”，北京市工商联、北京大学、清华大学、36氪、YOU+国际青年社区及十余所大学创业代表

共计百余人与会。

北京联合大学创业校友会成立大会

近年来，新华网、《光明日报》、中央电视台、中国网、新浪网、凤凰网、福布斯等国内外著名媒体对学校创新创业相关活动多次发布报道，提升了学校创新创业工作的影响力。

展望未来，学校将进一步明确工作思路，把握工作重点，强化创新创业教育资源共享，完善实施细则，将创新创业教育贯穿人才培养全过程，努力取得更好的成绩。

商工融合 完善体系 强化实践
着力提升创新创业人才培养质量

——天津商业大学

一、学校基本情况

天津商业大学的前身是天津商学院，由商业部和天津市人民政府于 1980 年创建，依商而建，因商而兴，建校之初设立了企业管理(商用信息)、制冷、商业自动化、冷冻工艺 4 个专业，在 38 年的办学历程中，镌刻下深深的“商”的烙印。1998 年实行中央与地方共建、以地方管理为主的管理体制，2007 年更名为天津商业大学，努力建设对接社会需求、商科特色鲜明的高水平大学。

学校拥有在校生 2.2 万余人，坚持培养具有高度社会责任感、深厚商学素养的复合应用型创新创业人才，创新创业始终是人才培养的鲜明底色。学校不仅设立了经济、管理等商学主要学科专业，还设有服务于大商业系统的工科专业，形成了“大商科”特色优势。学校国际化办学优势明显，现有本科中外合作项目 2 个，国际交流项目 26 个，其中酒店管理(中美合作)专业于 2014—2015 年、2017—2018 年被武汉大学中国教育质量评价中心、中国科学评价研究中心评为中国酒店管理专业大学竞争力排行榜第一名。学校注重创新创业教育，创业就业成果显著：“云智冷”和“EMI 共享连接专家”项目分获中国 “互联网＋”大学生创新创业大赛银奖和铜奖；“创业先锋”信管专业 2015 级在校生郭相获第十三届中国大学生年度人物提名奖，2018 年 3

名学生获美国数学建模竞赛一等奖；薪酬网发布的《2017年中国大学毕业生薪资水平排行榜》中，毕业生薪资位列天津市属高校第3名；2018年，国内升学毕业生中有近50%考取双一流院校。

学校的创新创业工作得到各级领导的大力支持和社会各界的广泛认同，天津市3位市委常委，3位副市长、政协副主席等领导同志先后来校调研指导创新创业工作；天津卫视、新华网、凤凰网等多家媒体对学生创业项目进行了专题报道。

二、创新创业工作典型特色

（一）依托商科优势，构建商工相融、复合培养的创新创业人才培养模式

学校"依商而建，因商而兴"，长期以来形成了"大商科"学科专业体系，拥有经济、管理等商科主干专业21个，制冷、食品、包装、电子商务等服务于大商业系统的工科专业16个。学校充分发挥"商科＋工科"复合优势，构建了商工相融、复合培养的创新创业人才培养模式。

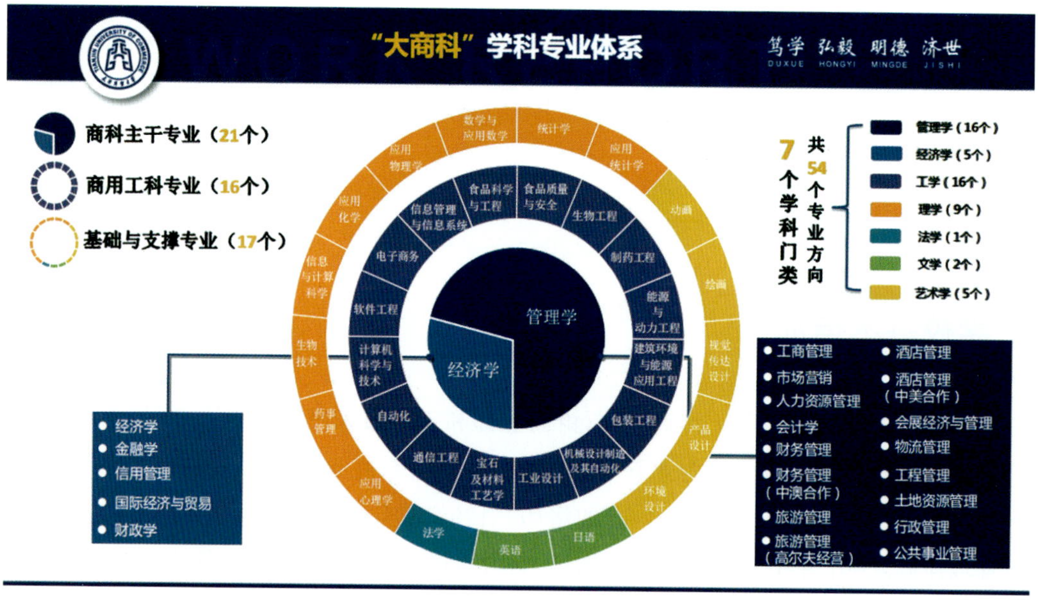

"大商科"学科专业体系

坚持理念融合。秉承"商学素养与专业能力结合、知识学习与实践能力并重、诚信做人与创新能力兼备"的创新创业教育理念，依据"夯实基础、强化实践、基于商学、立于诚信、注重创新"的原则，培养复合型创新创业人才。大力培养学生商业意识，通过开设20余门商学素养类模块课程，让学生了解商业规则、掌握商战技能；积极加强诚信教育，通过开设课程、举办"诚信大讲堂"、自导自演大型话剧《商道》等系列活动，将诚信基因植入学生思想和行为习惯中，引导学生树立"诚信乃立商创业之本"的价值取向。

坚持课程融合。优化课程体系，开设跨学科、商工结合、文理渗透的复合型课程，工科学生

选修经管类课程，在工程设计中既考虑技术的先进性，又考虑经济的可承受性、市场的需求、文化的认同等非技术性因素；文科学生选修应用理工类课程，培养学生严密的思维方式和科学的研究方法。全校开设商学素养、创新创业、经济管理、应用理工、科学素质等选修课 251 门，近三年内约 8 万人次修读。

加强“商工相融”的创新创业人才培养机制建设，推进融合型导师和学生团队建设，夯实队伍保障基础。已形成校内外跨学科、跨专业近百人导师团队，其中 20 人入选教育部和天津市优秀创新创业导师人才库。注重优化学生团队的专业结构，鼓励多学科专业学生优势互补，近三年，学生跨学科、跨专业组建创新创业团队 125 个，组建“大创项目”研究团队 814 个，充分体现了“商工相融”的特色。

（二）加强统筹谋划，构建“意识、知识、能力、素质”四位一体的创新创业教育体系

坚持面向全体学生，从专业教育到素质教育、从理论学习到实践训练、从第一课堂到第二课堂等各环节入手，全方位、立体化融入创新创业教育，构建了以养成创新创业意识、学习创新创业知识、培养创新创业能力、提高创新创业素质为主要内容的“四位一体”的创新创业教育体系。

营造浓厚氛围，养成创新创业意识。加强社团建设，成立微渡创业联盟等 10 余个学生创新创业社团，强化组织保障。加强文化交流，连续三年参加天津市创新创业展洽交流会等重要展会，赴北京大学等著名高校和新浪、腾讯等知名孵化器参观学习。加强载体建设，开展创业大讲堂、成功企业家进校园、服务社会实践行、创新创业节等丰富多彩的创新创业活动 100 余次，万余人次学生参加，培养了学生的创新创业意识和企业家精神。

创新创业团队赴新浪总部参观学习

健全课程体系，学习创新创业知识。优化人才培养方案，开设创新创业必修课程 1 门、选修课程 27 门，实现创新创业教育全覆盖。丰富教学资源，引进在线开放课程 15 门，建设慕课 4 门，组织编写《创业学导论》等教材 4 部。将创新创业教育融入专业教育，在专业限选课中开

设“创新创业教育系列讲座”。建立创新创业学分积累与转换制度，将学生开展创新实验、参与课题研究、发表论文、获得专利和自主创业等实践活动折算为学分，鼓励学生积极参与创新创业活动。2017 年，5 000 余名本科生修读“大学生创新创业”课程，近 7 000 人次选修创新创业模块课程。

强化实践锻炼，培养创新创业能力。推动实践平台建设，学校与各类社会组织合作建设 254 个实习实训基地，与英特尔公司、德州仪器、美的集团、新道科技等国内外知名公司合作共建 8 个实验室；与东软集团、格力集团、中软国际等企业合作建设了 35 家创新创业实践基地；通过协同创新，加强项目对接与需求牵引，开展“真题真做”实战演练，强化学生创新创业实战能力培养。近三年，开展实战性课题 260 项，举办创业训练营 8 次、创业实践行 12 次、项目路演 15 期、各类创新创业培训 17 次等全方位创新创业实践活动，参与学生累计达 6 000 余人次。

学生开展创新创业“真题真做”实战演练

坚持多点发力，提高创新创业素质。围绕“培养具有高度社会责任感、深厚商学素养的复合型应用型创新创业人才”的培养目标，牢牢把握“复合、应用、创新创业”培养规格要求，狠抓“意识培养、能力提升、环境认知、实践模拟”等创新创业素质培养的关键环节。通过开展大学生创新创业训练计划项目、学科竞赛和创业模拟实训等多层次的创新创业实训，提高学生创新创业素质。近三年，学校国家级、市级和校级“大创项目”共计 814 项，参与学生 4 233 名；利用“创业实训模拟公司运营系统”等模拟平台举办创业模拟实训 69 次，参与学生 4 656 人；学生获各级学科竞赛和行业专业技能大赛奖励 671 项，获奖学生 3 000 余人次。

（三）强化示范引领，构建以“天商微渡”众创空间为龙头，辐射带动国家级、天津市和学校“三级”实验教学示范中心为载体的复式开放的创新创业实践平台

“天商微渡”众创空间创建于 2015 年，使用面积 4 070 平方米，共五层，包括创业交流区、

创业服务区、文创企业孵化区、小微企业孵化区、科技企业孵化区。空间为创业团队提供免费的法律服务、电商支持、赛事指导、心理辅导、财税辅助、人才聚合等基础服务，并建立由创意生成、包装设计、智能制造、产品体验及创业实践五个分中心组成的“产品一体化”中心，提供从创意到产品销售的全程服务。空间聚力打造创业大讲堂、训练营、实践行三个活动载体，为创新创业者提供孵化和加速平台。空间坚持“孵化＋投资”的运营模式，建成有 300 余个项目的大学生“创业项目库”，与机构达成投融资合作意向，建立“投资直通车”，4 个项目获得天使投资或投资人的持续关注，1 个项目估值超过 1 000 万。从全校遴选出 48 个项目入驻空间，24 个项目注册公司，获得有效知识产权 20 余项。

空间连续两年获评“天津市 A 级(优秀)高校众创空间”(其中 2017 年位列天津市第一名)，获天津市财政支持 640 余万元；2017 年 7 月作为天津市两家上榜高校之一，荣获 2017 胡润百富中国最具贡献孵化平台百强榜天津 50 强。空间孵化的“云智冷”“EMI 共享连接专家”2 个项目分获中国“互联网＋”大学生创新创业大赛银奖、铜奖；天津知津商贸有限公司、天津仓颉科技有限公司 2 个创业公司成为天津 OTC 首批(共 10 个)挂牌企业。

学生创业团队——天津知津商贸有限公司、天津仓颉科技有限公司
成为天津 OTC 首批(共 10 个)挂牌企业

“天商微渡”众创空间与专业实验室深度融合，辐射带动国家级、天津市和学校“三级”实验教学示范中心助力学生创新创业，形成创新创业氛围浓厚的“点”“面”结合空间体，学生在开展综合设计、专业实践和科技创新等实践中，积极参加大创项目训练，以及各级各类创新创业竞赛活动，获得省级二等奖以上奖项 120 余项，获得国家级大创项目 172 项、市级大创项目 152 项，学生成果连续四年入选全国大学生创新创业年会大创成果。涌现出“野生黑枸杞全产业链综合扶贫”“云智冷”“EMI 共享连接专家”等一批科技含量高、市场前景好的科技成果转化典型项目。这些项目后期进入“天商微渡”进行创业孵化，注册为创业企业。

“天商微渡”众创空间立足打造创新创业领域的“四体”空间，即成为创业想法、创业资金、创业人才汇聚一堂的资源聚合体；成为创业项目不断发掘、创新产品和服务不断推出的价值创

“野生黑枸杞全产业链综合扶贫”项目参加第四届中国“互联网＋”大学生创新创业大赛“青年红色筑梦之旅”全国启动仪式，并为高教司吴岩司长作介绍

造体；成为创业典型人物不断涌现、创新创业精神持续弘扬的文化辐射体；成为理论学习与实践学习相结合、课堂学习与孵化器学习相结合的人才培养体。

构建“四位一体”创新创业实践模式
打造双创工作新格局

——内蒙古大学

内蒙古大学成立于 1957 年，是新中国成立后党和国家在少数民族地区创办的第一所综合大学。学校于 1978 年被确定为全国重点大学，1997 年被批准为国家“211 工程”重点建设院校，2012 年入选国家“中西部高校提升综合实力计划”高校（“一省一校”），2017 年入选国家“双一流”一流学科建设高校，2018 年成为教育部和内蒙古自治区人民政府“部省合建”院校。学校学科涵盖哲学、经济学、法学、教育学、文学、历史学、理学、工学、农学、管理学、艺术学 11 大学科门类，现有各类在校生 2.8 万余人。

近年来，学校按照党和国家关于深化创新创业教育改革的总体部署，把创新创业教育改革作为深化学校综合改革的突破口和重中之重，制定了《内蒙古大学深化创新创业教育改革实施方案》，成立了独立的创新创业学院，通过多种举措不断推进创新型人才培养模式改革，着力增强学生创新精神、创业意识和创新创业能力，创新创业工作取得显著成效。

2003 年制定实施“本科生创新培养基金计划”，2008 年成为“国家大学生创新性实验计划学校”，2012 年入选“国家级大学生创新创业训练计划学校”，2017 年入选“全国首批深化创新创业教育改革示范高校”“内蒙古自治区首批大众创业万众创新示范基地”，2018 年入选年度全国创新创业 50 所典型经验高校，牵头成立全国大学生创新创业实践联盟内蒙古自治区分盟，在自治区乃至地方同类高校创新创业教育中发挥了引领示范作用。

内蒙古大学在创新创业教育实践过程中，以培养学生创新精神、创业意识和创新创业能力为核心，经过长期探索和实践，构建了以创新创业项目为抓手、实践平台为支撑、专业教师为指导、体制机制为保障的“四位一体”的创新创业实践模式，创新创业工作取得了显著成效，形成了一套特色鲜明的典型做法，积累了较为丰富的特色经验，赢得了良好的社会反响。

一、探索构建“四位一体”的创新创业实践模式

早在 2003 年，内蒙古大学将培养学生创新意识和实践能力作为教学改革的重点。学校努力研究和借鉴哈佛大学、耶鲁大学等国外名校和清华大学、北京大学、浙江大学等国内研究型大学的先进做法，并结合学校实际，设立了“本科生创新培养基金”，制定并实施《本科生创新培养基金计划》，在二年级学生中设立“本科生创新培养基金计划”项目，开始了以创新创业项目为抓手、实践平台为支撑、专业教师为指导、体制机制为保障的“四位一体”创新创业实践模式的探索与建构。

（一）以项目立项为抓手，构建大学生创新创业训练计划项目体系

2003 年，学校开始设立“本科生创新培养基金计划”项目，首批投入 10.5 万元，资助 60 个项目。以后每年开展一次校级创新项目评审，并逐年扩大项目数及经费支持力度。2008 年学校被批准为“国家级大学生创新性实验计划学校”，首批投入 62 万元，支持 21 个国家级创新项目。2012 年学校被批准为“国家级大学生创新创业训练计划学校”。2016 年，学校获批 66 个自治区首批大学生创新创业训练计划项目，至此，学校形成了校级、省级、国家级三级大学生创新创业训练计划项目体系。2017 年学校校级项目立项 448 项，获批省级项目 66 项、国家级 51 项。

从 2015 起学校每年召开以“点燃创新创业火种、激发创新创业热情、营造创新创业氛围、培养创新创业人才”为主题的大学生创新创业论坛，通过举办特邀报告、学术交流、作品展示、经验分享等活动，为师生提供了分享体会、交流经验、展示成果、激发灵感的平台。

内蒙古大学第二届大学生创新创业论坛

（二）大力加强实践平台建设，为学生开展创新创业项目提供有力支撑

为满足科研、教学和大学生创新创业项目研究的需要，学校大力加强实验室、实习基地及创新创业中心建设，建立健全实验室管理规章制度。根据大学生创新创业项目研究需要，制定了《内蒙古大学教学实验室开放管理规定》《内蒙古大学科研基础设施和科研仪器开放共享管理办法》等文件，学校 100 个本科教学实验室、2 个国家级实验教学示范中心、10 个自治区级实验教学示范中心、1 个省部共建国家重点实验室、43 个省部级重点实验室、重点研究基地、工程研究中心，均面向学生开放，支持学生开展创新创业实践活动，保证大学生创新创业项目及学科竞赛的有效开展。为满足学生开展实习实训和创业实践的需要，学校大力加强了 58 个本科生校外实习实训基地、2 个国家级大学生校外实践教育基地、5 个校外大学生创业就业实训基地及校内 1 个大学生创新创业中心、5 个大学生创新创业实验室、1 个大学生创业模拟实训中心的建设。目前学校已成为自治区高校毕业生创业培训基地（直属）和自治区大学生创业育苗基地。

内蒙古大学创新创业中心的一间孵化室

（三）大力加强导师队伍建设，为学生创新创业提供有效指导

学校按照学生开展创新创业项目要求，为每个项目配备一名指导教师，截至 2017 年 905 名教师担任大学生创新创业项目指导教师，占学校专任教师总数的 85%以上。学校制定了《内蒙古大学学生创新创业导师管理暂行办法》，聘请了 188 名创业成功者、优秀企业家、风险投资人等担任创新创业课授课教师和指导教师，并建立了创新创业导师库。2017 年 6 名导师入选首批全国万名优秀创新创业导师人才库。经过长期建设，学校已拥有一支专兼职相结合的高水平创新创业指导教师队伍，在创新创业必修课授课、创新创业类竞赛项目指导、创新创业实践项目孵化等方面发挥了有力的支撑作用。

（四）创新体制机制，为学生创新创业提供制度保障

学校创新学生创新创业工作体制机制，出台了大学生创新创业项目管理办法等一系列文件，建立了项目申请评审制、导师制、检查验收制、优秀项目评选制等项目管理制度，这些管理制度保证了项目研究工作的有效开展。学校建立了创新创业学分认定，创新创业奖学金、“创新奖”“创业奖”评选，在推免研究生中创新创业项目及创新成果平均学分绩点加权等一系列制度，极大地激发了学生的创新创业热情；建立了优秀指导教师评选奖励、指导工作量核算、绩效工资核拨等一系列制度，并将教师指导工作业绩作为职称评聘、评奖评优的重要内容，极大地调动了广大教师指导学生创新创业的积极性。

“四位一体”创新创业实践模式的成功实践，进一步加深了学生的创新创业实践体验，激发了学生的创新精神和创业意识，明显提升了学生的科学研究和创新思维能力，增强了学生学科竞赛的竞争力，为学生继续深造、高质量就业、高水平创业奠定了良好基础。

二、创新创业工作成效显著

截至 2017 年底，学校共投入经费 2 142.66 万元资助校创项目 2 929 项，获批国创项目 430 项、省创项目 132 项，参与指导教师共 2 656 人次，参与创新项目学生比例从 2003 年的 11.84%上升到 2017 年的 58.33%，国家级人才培养基地学生参与率达 87.85%，近一半本科生受到创新选题、立项申报、课题实施、创新探索、成果撰写等全方位、系统的科研训练，其中部分项目进行了创业训练或创业实践。

2008 年至 2017 年底，校本部本科生共发表论文 1 803 篇，其中 SCI 收录 57 篇，CSCD 收录 118 篇，参与出版著作 3 部，参与获得国家专利 46 件、软件著作权 45 件，14 个“国家级大学生创新创业训练计划”项目研究成果入选全国大学生创新创业年会展示成果。在国际、国内各类大学生课外学术重要赛事中获得奖励 1 381 项，其中国际和国家级奖励 227 项。

内蒙古大学师生参加全国大学生创新创业年会

近三年，学生共获得国家级和省级大学生创新创业大赛省级二等奖、国家级三等奖以上奖项 316 项，其中“互联网＋”“挑战杯”“创青春”三项大赛 62 项。学校获得省级以上创新创业工作表彰和奖励 11 项。2017 年，学校 4 项成果入选第十届全国大学生创新创业年会，2 项成果获奖（共 76 个学生奖项），其中 1 项被评为最佳创意项目（共 20 个）、1 项获全国大学生创新方法应用大赛学生组一等奖（共 9 个），学校成为 56 所获奖高校中获得两个以上奖项的 16 所高校之一。

经过多年建设，学生创新精神、创业意识和创新创业能力明显提高，涌现出了一批勇于创新、乐于投身创新创业的社团及典型个人：2016 年，“内蒙古大学精英开发者联盟”作为发起单位之一成为全国大学生创新创业联盟理事单位，荣获“百佳社团”称号；“内蒙古大学化工设计协会”获得全国大学生“小平科技创新团队”；2010 级学生温芯获选 2015 年全国“奋斗-青春”大学生创业就业人物事迹典型；2013 级学生李明星获评团中央 2015 年全国创业英雄评选百强；2014 级学生邢志斌 2017 年被评为“第二届内蒙古青年创新创业创优标兵”；2014 级研究生欧日乐克入围 2016 年“第十一届中国大学生年度人物”，获评 2015 年内蒙古自治区“桃李之星之创新之星”，中央电视台、新华社、国务院新闻客户端等媒体将欧日乐克作为全国少数民族大学生创业典型多次进行宣传报道。

内蒙古创客科技有限公司联合创始人欧日乐克

汇聚全校力量 借力产教融合
构建“五链融合”的高校创新创业教育体系

——沈阳工程学院

一、学校概况

沈阳工程学院是辽宁省人民政府与国家电力投资集团共建的省属工科类、应用型本科院校。学校在70年的办学历史中逐渐形成了“服务电力、服务辽宁，工程教育、应用为本，产教融合、卓尔不群”的办学理念，明确了“为生产一线培养高级应用技术型人才”的人才培养定位，确立了“建设特色学科省内一流、卓越的地方应用型本科院校”的发展目标。

近年来，学校立足教育供给侧结构性改革，积极响应国家三部委关于地方本科院校向应用型转变的号召，坚定地走“产教融合、校企合作”发展之路。在学校不断地努力下，办学实力和人才培养质量取得了长足发展。近5年学校就业率始终保持在95%以上的较高水平，名列省内高校前茅。学校被辽宁省政府确定为首批“转型发展试点高校”，获评首批“向应用型转变示范校”，并荣获“全国毕业生就业典型经验高校”和“全国深化创新创业教育改革特色典型经验高校”称号。

二、创新创业工作总体思路和工作格局

学校高度重视创新创业工作，实施创新创业教育工作“一把手”工程，努力实现创新创业教

育管理科学化、教学内容层次化、创业基地多样化、创业基金多元化，逐步形成了“汇聚全校力量，融入培养过程，借力产教融合，助推创新创业”的创新创业总体工作思路，初步形成了“五大体系”联动的创新创业教育工作格局。

学校党委书记宋焕斌、校长芮小苗陪同全国高校创新创业总结宣传工作第十四专家组一起调研创新创业工作

三、构建“四个融合”育人机制，将创新创业融入人才培养全过程

1. 教育与培养融合——将创新创业教育纳入“应用型”人才培养方案

学校在 2016 年对所有专业按照行业、企业的标准，进行了以需求为导向的人才培养方案的修订工作。根据校企共同确定的职业核心能力构建模块化课程体系和三级实践教学项目，增设了创新创业教育模块，实现了“专业链与产业链对接、课程内容与职业标准对接、教学过程与生产过程对接”的应用型办学特色。学校依托与行业企业、政府专家共同组成的专业建设委员会和课程建设委员会，制定了“转型发展主要教学环节建设标准”，将创新创业能力作为所有课程标准修订的必要条件之一。近两年，学校开展了 142 项“创新创业教育项目开发、建设与管理改革与实践”等内容的教学改革立项研究，并投入 100 万元开展“创新创业基地示范项目”等教学质量工程项目的评比。

2. 专业课与双创课融合——打造与专业相融合的“双属性”专业创新创业课程体系

学校以企业岗位能力需求为核心整合课程，将“机会识别”“思维开拓”等创新创业课程模块注入“单属性”专业课程中，开发一系列与专业紧密结合的“双属性”创新创业课，建立“通识教育＋专业教育＋实践教育”的创新创业课程体系。面向全校学生开设了创新创业通识必修课，线上、线下课程 5 门，共计 4.5 学分；全校开设与专业相融合的创新创业课程 213 门，每个专业达到 25 学分以上；创新创业实践 4 学分。为充分调动学生参与创新创业的积极性，学校建立创新创业实践学分转换制度、放宽创新创业学生修业年限至 8 年、优先支持参与创新创业的学生转入相关专业学习等。

3. 实训与项目融合——建立“三位一体”的创新创业课外培养体系

结合学校实际，以“人员分类、项目分型、时间分段”为理念，把“创新创业实践能力训练、应用实践能力训练、素质拓展能力训练”作为创新创业教育课外学分体系的培养内容。开设“创新创业实践周”“创新创业成果展示周”“应用实践能力训练周”，设立相应的置换学分，使学生有目的有计划地参加创新创业课外培养活动。制定了《大学生创新创业教育课外培养计划考核办法(试行)》，以培养学生创新创业能力为目标，推动第一课堂和第二课堂的教育效果交替上升，实现创新型人才培养的最佳效果。

4. 实践与体验融合——创建“四阶梯式”创新创业教育实践育人体系

大学生创新创业培育体系主要分为选苗、提升、实训、实践 4 个环节。选苗环节重引导：侧重于培养学生专业素养，激发他们在所学专业方面的创新创业兴趣。提升环节重指导：以各类创新创业竞赛、创新创业训练计划项目为牵动，采取导师负责制，学生通过对项目的研究，形成较为成熟的创新思维与创业技能。实训环节重模拟：通过大学生创新创业孵化基地建设，让创业前的大学生进行模拟经营。实践环节重操作：学校科技园依据相关规定，对于遴选的大学生创新创业实体项目进行重点扶持。

以丰富多彩的创新创业活动为载体培养大学生的创新精神和创业意识，
使创新创业在校园内蔚然成风

四、借力产教融合协同育人，提升大学生创新创业能力

1. 校院两级广泛、深入的校企合作，为学生提供了广阔的创新创业平台

辽宁省政府与国家电力投资集团联合发文，明确双方共建沈阳工程学院；学校牵头组建了

辽宁省能源电力产业校企联盟，与沈北新区政府签订了合作共建框架协议；目前，学校已经与国网辽宁电力公司、中航沈飞集团等国企签订协议，分别共建8个二级学院。全校已经与大唐集团、佳兆业集团等80多家企事业单位签订了产学研合作协议，为聚集社会资源保障学校双创教育奠定了坚实的基础。

学校与沈北新区共建大学科技园签字仪式，
为聚集社会资源保障学校双创教育奠定坚实的基础

2. 聚集社会、企业多方力量，为学校硬件建设和学生创新创业获得了雄厚的资金支持

学校是教育部产学合作协同育人项目实施高校。近两年，校企共建实验室3个，获得企业捐赠设备价值超1 000万元。搭建平台3个：与华府青创空间、车库咖啡等企业合作共建创新创业教育基地；由辽宁工商联青年企业家协会投资20万建设创业就业综合服务平台；由北京神州泰岳教育有限公司投资80万共建创业实训基地。学校还拓展社会办学资源，新建了36个校外大型实习实训基地和生产性实训基地。

3. 以科研项目创新和创业项目孵化为牵动，推动学生创新创业真抓实干

学校依托广泛的校企合作平台，设立了大学生创新训练、创业实践、毕业设计创新创业训练、校企合作创新创业训练等项目，建立起创新创业项目资源库，积极促进大学生科技创新项目、专利成果的转化工作；学校与北京络捷斯特公司设立"长风物流创新实验班"，与北京神州泰岳教育有限公司签订创新创业"提升计划"等项目，引导大学生结合专业领域培养职业兴趣。近年来，学生累计参加校内创新创业项目853项，省级项目317项，国家级项目145项，参与学生覆盖全校所有专业；有307项教师科研项目吸纳学生参与，共有1 232名毕业生参与了教师的科研项目。

学校与辽宁省大学生就业局、工商联青创商会、移动公司共建辽宁省青年创业就业服务平台，通过“校社、校地、校企、校友”四方协同育人培养学生的创新创业能力

五、通过创新创业“五链融合”，推动学校综合教育改革

1. 聚集辽宁“一带五基地”经济发展战略需求，通过提高具有创新精神和创业能力的应用型人才的培养质量，服务辽宁经济发展的“产业链”

学校构建的专业设置服从产业链需求的专业动态调整机制，确保了学校培养的学生适合企业和社会经济发展需求，尤其符合企业对双创人才的需求。只有根据企业人才需求的规格倒推，修订学校的人才培养方案，构建专业能力模块和创新创业课程模块，将创新创业融合人才培养全过程，才能确保学校培养的学生是完全融入辽宁经济“产业链”的，是符合企业需求、适销对路的。

国家电力投资集团与学校签署战略合作框架协议，
深入对接产业链需求，培养具有创新创业能力的优秀应用型人才

2. 通过专业教育与创新创业教育有机融合，发展“创新链”

创新创业教育的目标是广泛培养学生的创业思维和意识，在广泛培养上要做到 100%全覆盖。全校开设与专业相融合的创新创业课程、设置必要的课程学分、打通相近学科专业基础课程，开设跨学科专业的交叉课程，形成全面提升"应用型"创新创业人才培养质量的新机制；在普遍培养创新精神和意识的前提下，遴选 30%的学生进入到各类创新创业大赛和项目中来，培养学生的创业实践能力；最终，学校选择 10%的有潜质、有项目的学生，进行最后的孵化支持，给他们联系风投资金，进入到科技园办实体企业，完成真正的创企过程。

3. 通过整合学校科研资源和科研力量，形成"科研链"

学校始终坚持以应用研究为主，搭建了校院两级、多个不同层次的企校合作平台，通过校企合作带来具有现实需求和实际意义的科研项目。同时鼓励教师在自己的科研项目中吸纳 1～3 名优秀学生，亲自指导学生参加科研项目，进行创新创业训练。学校还要求学生的毕业设计项目要有 80%来自企业和社会实际需求，这样才能通过科研提升学生的创新创业水平和能力。

4. 通过打造"三地一园"双创能力提升平台，形成"创业链"

学校全力打造了 13 500 平方米的"三地一园"实践平台：依托校内工程实训中心建设了 6 000 平方米的辽宁省创新创业教育实践基地；依托大学生活动中心建设了 500 平方米的教育部校企合作项目创业实践基地；依托二级学院实验室、大创中心建设了 1 500 平方米的与专业相结合的创新创业实训基地。此"三地"作为创新创业的"前孵化器"，重在创新创业教育实践。"一园"即为学校大学科技园，依托科技园建设了 5 500 平方米的辽宁省大学生创业孵化示范基地，此为创新创业的"后孵化器"，重在成果转化、企业成长。

5. 聚集校政企"多方力量"，形成创新创业"资金链"

学校自身不断筹措资金，同时通过与政府、企业、社会、校友的广泛合作，建立多种类型的创新创业种子基金、风险投资基金。学校与沈北新区政府双方共投入创新种子基金 1 000 万元；引入北京神州泰岳科技股份有限公司、辽宁天动集团、辽宁省工商联青创商会等创业种子资金 1 000 万；引进国家级青创空间——华府青创空间科技成果转化种子基金 1 000 万，为学生创新创业提供了较为丰厚的资金支持，形成了"手握资金找创业项目"的良好态势。

彰显“一主两翼”特色
对标高水平应用型艺术大学建设

——大连艺术学院

一、发展概况

大连艺术学院（简称“大艺”）是经教育部批准的全日制省属普通本科高校，始建于 2000 年。学校坐落于国家沿海城市大连的金普新区，目前在校学生 12 400 余人。

学校始终秉承“一切为了学生，一切为了教学，一切为了学院发展”的办学理念和“明德、精艺、崇实、尚美”的校训精神，把建设特色鲜明、区域一流的高水平应用型艺术大学作为目标，始终高度重视创新创业教育工作，坚持把创新创业教育作为教育改革的突破口、重中之重。学校以服务区域经济发展需要为导向，以紧密结合人才培养为基点，凝练出以实践育人为特色的“一主两翼”的创新创业教育理念，大力实施“一三三四”体系建设，坚持用“敢想敢干”精神推进指导创新创业教育，形成了全校协同、面向全体、贯穿全过程、注重全面发展的教育特色，取得了体现办学理念、办学特色、办学功效、办学成果的创新创业教育丰硕成绩。学校先后获得国家级众创空间、全国深化创新创业教育改革典型经验高校、辽宁省首批创新创业示范高校、辽宁省大学生创业孵化示范基地、辽宁省大学生创新创业实践教育基地、海峡两岸文化创意产业高校研究联盟师资培训基地等荣誉。学校在 2017 年通过了教育部合格评估，还荣获了“辽宁省优秀民办学校”称号。

二、用“办党和人民满意的大学”的追求，凝练大艺“一主两翼”的建设特色

大连艺术学院有句全校师生都铭刻在心的追求和梦想之语，那就是“办党和人民满意的艺术大学”，因此学校在建设特色鲜明、区域一流的高水平应用型艺术大学过程中，凝练了“一主两翼”的创新创业教育发展理念，构建了“一三三四”的创新创业教育体系，完善了“文化＋艺术＋科技”三联动的人才孵化机制，以创新创业实践教学“五个一体化”模式为路径，将创新创业教育与区域文化经济发展同频共振，不断探索。学校抢抓创新创业教育国际化机遇，与法国亚眠国立大学、法国传媒出版教育集团、法国中法教育交流协会等签署共建创业孵化基地协议，拓展了国际化合作的空间，打开了创新创业国内、国际合作的两扇大门。

大连艺术学院开展创新创业教育国际化合作，与法国亚眠国立大学合作建立国际化创业孵化基地

（一）推进“一主两翼”的创新创业教育理念

学校凝练了体现大艺特色的“一主两翼”的发展理念。一主，即以始终坚持育人为本的办学宗旨为主；两翼，即做实做强文化创意园、实践教育两个创新创业教育重要阵地。学校高度重视做好顶层设计，以董事会重点部署，校长主抓，多部门联动，形成了高效的“全链条式”创新创业教育生态系统，切实保障了“机构、人员、场地、经费”四到位。

（二）构建“一三三四”的创新创业教育特色体系

学校主动适应新时代创新创业教育深化发展的需要，推进完善了“一三三四”的体系建设。

——坚持育人为本的一条主线。学校确立了对标区域发展需要，以培养应用型创新人才为目标的发展主线。

——发挥学校教师、企业导师、社会名师三支队伍的作用。学院重点建设专兼结合的创新创业教育教师队伍，聘请企业家、创业成功人士、专家学者等作为创业导师，邀请国内外著名专

家组建创新创业“专家智库”。

——建设好创新创业课程、文创园创新创业实践基地、专业社会实践平台这三个基地。学校围绕学生创新创业能力培养，突出做好“课程、文创园、实践平台”三个方面的重点建设工作，取得了优异的建设成果。

——全力做好教育、实践、竞赛、团队四个环节。学校积极组织开展各类训练和竞赛活动，重视学生创新创业社团的建设。学校注重跟进制度建设，创新教学管理。2017 年学生获得专利 105 项。

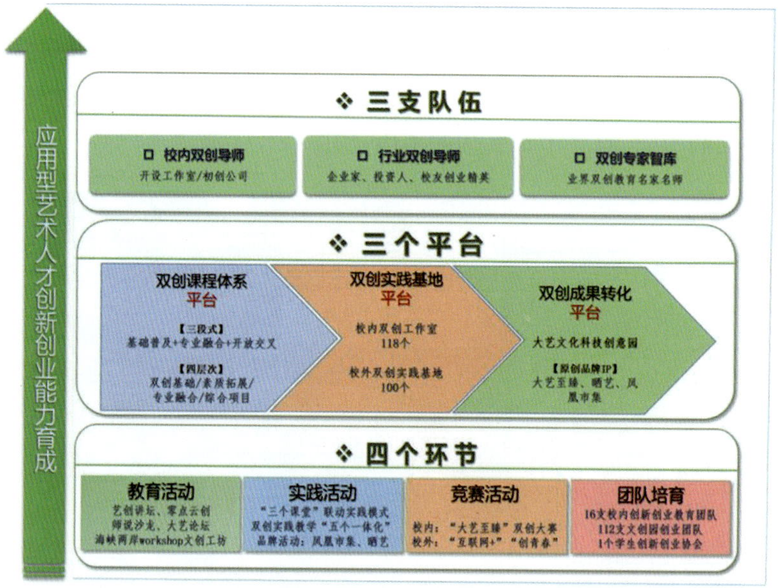

大连艺术学院“一三三四”的创新创业教育体系

三、用敢想敢干的情怀，打造“两翼齐飞”的建设成果

（一）文创园——艺术文化与科技创新创业之翼

大连艺术学院秉承“让创意插上文化与科技的翅膀飞向世界”的理念，于 2014 年建立了具有独立运营资质的文化科技创意园，为大学生创业就业搭建了建筑面积共 26 305 平方米的创新创业基地。几年来，园区形成了文化创意产业价值聚集业态，先后获得“国家科技部国家级众创空间”“辽宁省大学生创业孵化示范基地”“大连市科技企业孵化器”“大连市 A 级创业孵化平台”等称号。目前，文创园共有在孵化项目 96 项，正式工商注册企业 112 家(其中教师工作室 46 家)，2017 年实现文化产业产值 2 162 万。

学校构建了“文化＋艺术＋科技”三联动的人才孵化机制。以文化创意为核心，形成影视制作、VR 技术、电子商务、设计开发等产业链布局，培育面向全国大学生群体的“大艺至臻”“晒艺”两个文创品牌，已吸纳全国 20 多所高校校友加盟。完善了“创意—创业团队—孵化器—加速器”的全链条服务机制，实施文化、艺术和科技三个要素的联动发展。文创园文化创意创业平台“凤凰市集”，更是把创业与文化紧密联系交织在一起，凸显了三联动的功能和作用。

（二）实践教学——创新创业教育与人才培养结合之翼

大连艺术学院在艺术人才实践教学模式创建领域进行积极有益的探索，针对不同专业特征构建了多种实践教学模式。学校将实践教学融入专业教育，相继推出了被誉为“和平三部曲”的《汤若望》《樱之魂》《和平颂》和大型舞台原创剧《丝路·青春》，这些实践教学创新的力作和典范都展现了“五个一体化”的成果。

大连艺术学院实践教学创新成果

1. 以企业需求为导向，“产、学、研、用一体化”

学校确立面向文化产业升级为协同创新目标，开展校企深度合作，建设了 118 个校内双创工作室和 100 个校外双创实践基地，共建研发团队合作开发项目，共享课程资源和研发成果，共同组织订单式企业实训，共同实施研发成果转化，实现学生就业无缝链接。

2. 以文艺创新为宗旨，“学、做、创一体化”

学校组建了非物质文化遗产研究所、新闻与传播媒介研究所、辽宁省社科院艺术品投资研究中心分所，以及与社会企事业团体共建的东北亚艺术研究中心、艺术科技研究中心、艺术人类学研究中心等文化创新研究机构，通过学术成果支撑人才培养质量的提升。

3. 以能力育成为主线，“教、学、演一体化”

学校打造了各类艺术表演团、各类创意设计工坊、校园广播电视台、动画创作和 VR/AR 制作小组等创新创业实践团队，同地方文博单位、文艺剧团、旅游景区、中央电视台、辽宁电视台等多层次主体深入合作，把演出排练过程、设计创意过程、摄制编创过程与应用型、创新型的人才培养过程叠合，调动相关专业群落资源整合、协同创新，形成知识产权成果转化路径。

4. 以文化服务为载体，“校、社、团一体化”

学校鼓励师生参加社会文化服务，承接公共文化项目，以社团联合会、创新创业社团、民乐团、合唱团、舞蹈团等组织形式，增强师生服务社会的公民素质和综合能力。学校与 10 多个街道社区建立“种文化·结对子”的合作关系，组织建设“青年红色筑梦之旅”团队，服务美丽乡村建设。自 2012 年以来已连续 6 年承办政府文化惠民工程“春、夏、秋、冬——四季情韵音乐会”，该工程已成为大连最具影响力的城市文化品牌之一。

大连艺术学院学生受邀参加《激扬青春梦——2017 年“五月的鲜花”全国大中学生文艺会演》节目

5. 以竞赛成果为牵引，“展、演、赛一体化”

学校将竞赛作为贯穿创新创业教育、实践活动和创业团队建设的重要手段，近年来学生在各类大赛中获奖 311 项，其中国家级 178 项。学校每年举办“大艺至臻”创新创业大赛、“大学生创新创业训练计划项目竞赛”等，通过校内外大型展览、各类演出，为参加创新创业大赛的团队提供合作与展示的平台。

大连艺术学院 2017 年度“大艺至臻”创新创业大赛颁奖典礼

大连艺术学院不仅把高水平艺术大学作为梦想之路，而且把特色鲜明、区域一流的创新创业示范名校建设作为圆梦之路。发展中的大艺一定会初心不忘，越发敢为，用“10 年打基础，20 年出风采，30 年实现大艺梦”的建设成果为教育强国梦、伟大中国梦做出贡献。

秉持校训 突破传统
建设现代创新创业大学

——吉林动画学院

吉林动画学院（简称“吉动”）建校 18 年来，围绕国家创新驱动战略部署，将创新创业工作提升到发展战略高度，将创新创业文化提升到特色文化核心地位，将创新创业教育融入人才培养的全过程，围绕“出人才、出成果、出产品”的创新创业工作目标，形成“多元化体系、多类型项目、多渠道孵化”的创新创业特色，建设“永久创业、持续创业、联合创业、融合发展”的现代创新创业大学。

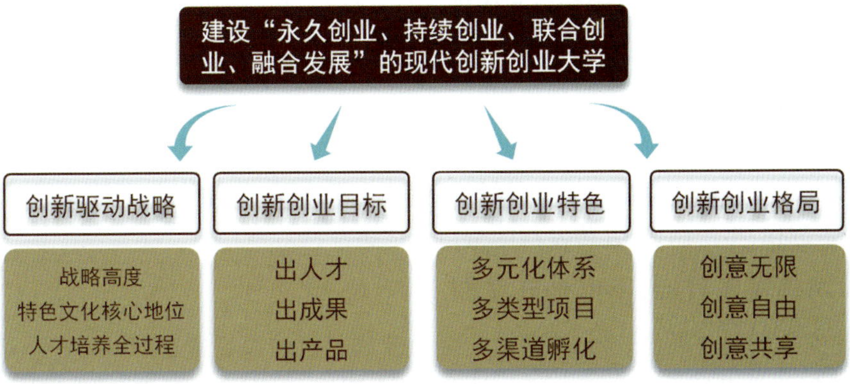

学校创新创业生态

学校是吉林省首批实施"国家级大创计划"的民办高校，首批地方本科高校整体转型发展试点单位，全国毕业生就业典型经验高校、全国深化创新创业教育改革示范高校，获全国民办高校创新创业教育示范学校综合奖。第三届中国"互联网+"大学生创新创业大赛中，学校斩获2项金奖和1项铜奖。

一、统筹组织领导，聚合多维资源，建立创新创业发展新机制

（一）构建顶层设计，强化组织领导

学校围绕"董事会制定战略，学校贯彻执行，学院具体落实"的管理架构，全力推进创新创业工作。董事会层面，成立"创新创业工作领导小组"，由董事长、校长担任组长，教学、科研、学生、创业、就业等体系校级领导担任组员；学校层面，成立"创意产业创新创业孵化平台"，作为创新创业工作组织统筹机构，其他职能部门明确职责配合工作；学院层面，实行"主要领导统管、专人负责"的管理机制，落实各项具体工作。最终形成了"三级联动、多方合力"的工作机制。

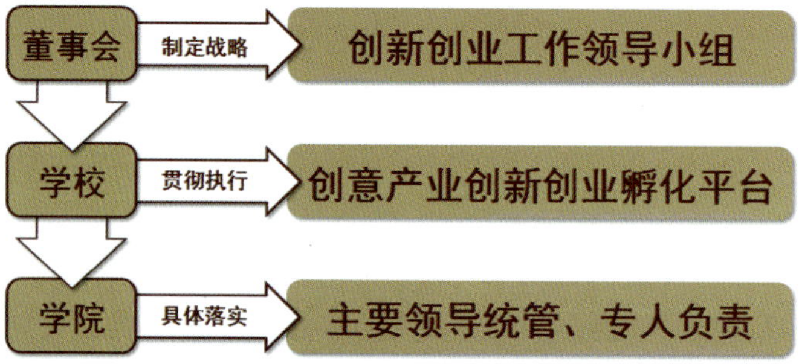

学校创新创业工作三级管理体系

（二）深化校企合作，聚合优质资源

围绕"学研产一体化"的办学特色和优势，学校建设吉林纪元时空等7家校缘企业作为校外实习实践基地，联合完美祖龙等10家行业领军企业，建立学产对接实践教学平台，实施"平台共用、人员互通、成果共享"的管理机制。

学校建立全球创业就业资源聚合的"互创世界"线上平台。围绕人才、业务、资金三大核心要素建立创业闭环系统，在动漫、游戏、影视等行业上游布局，带动产业下游发展，形成包括项目策划、剧本创作、生产制作、宣传发行的全产业链条。

（三）明确发展目标，不断创新机制

学校建立创新创业孵化平台，并向社会全面开放。通过大赛遴选、专家评审，将具备市场价值的创新创业成果纳入孵化平台进行转化，解决资源、资本、渠道、营销等多方面的创业难题，实施"项目考核机制、获奖奖励机制、孵化成果期权机制"三大激励政策促进创业团队发展。

随着互联网产业快速发展并与文化创意产业交叉融合，结合文创产业特点和文创类创业

团队、项目的发展共性，学校在原有创新创业体系的良好基础上，构建全新创业模式的“众创型战略合作体”。以股权、期权为利益链，通过学校与创业团队利益共享、风险共担、独立运营、共同经营的创业机制，降低学生的创业风险，提升学生的创业成功率，形成可持续发展的创业团队和创业合作机制，共同铸就吉林动画学院生态型创业平台。

学校创新创业孵化模式

二、坚持精准对接，强化创业教育，构建人才培养新模式

（一）“三个注重”培养方案是双创教育的顶层设计

学校按照“三个注重”（注重专业核心能力培养、注重创新创业能力培养、注重学生个性化培养）的指导思想将创新创业能力培养放到能力架构的突出位置。人才培养方案按照“六化改革”（模块化课程、项目化载体、实战化平台、团队化教学、产品化成果、多样化评价）的整体思路进行全面修订，形成了“本科基础通修、专业平台可选”的培养方案。构建“育人为本”的素质培养、“应用为要”的专业课程、“能力为重”的实践教学、“通专协同”的创新创业教育、“四维一体、相互融合”的新型课程体系。实现了人才培养的“四个有效对接”，即培养规格与从业要求对接、课程体系与能力培养对接、教学过程与产业实践对接、学生能力培养与创新创业对接。

（二）“三次选择”精准机制是双创教育的根本保证

学校全面推进“大一大二选专业，大三大四选职业”的精准人才培养战略，建立“三次自主选择”的培养机制，即“大一选类型、强基础；大二选方向、定模块；大三选平台、强实践；第 8 学期强化就业创业”的人才培养的多向路径，使学生实现由兴趣向专业过渡、由专业向职业转变、由职业向创业转型的全环节的专业学习、实践体验。

（三）“通专协同”课程体系是双创教育的坚实基础

学校将通识教育植入创业教育，培养学生的批判性思维、逆向思维、市场思维、创新创业意识，塑造创新品质和创业潜能。将创新创业类项目、原创项目、参展参赛项目纳入培养方案。设置了 8 学分的创新学分（必修），激发学生创业的自主性。将专业教育植入创业教育。

（四）“多元双能”师资队伍是双创教育的重要保障

坚持“内外并举、专兼结合、学产并重”的建设思路，形成了“校外业界精英引领、校内骨干

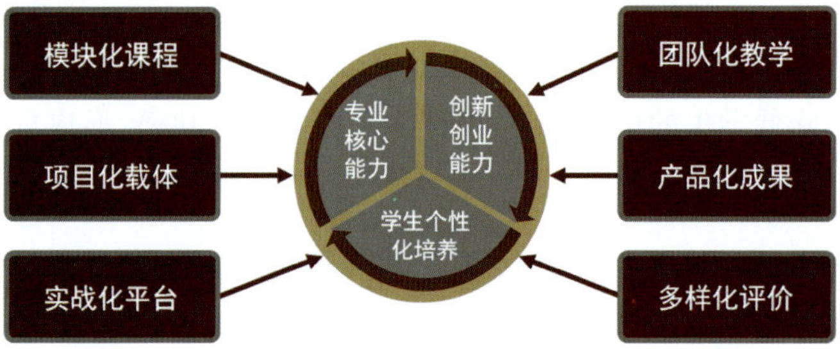

学校"六化"创新创业课程体系

教师支撑"的多元创新创业教师队伍体系。学校现有项目指导教师 102 人，近三年累计指导国家级、省级创新创业项目 300 余项，获省部级以上创新创业大赛奖项近 40 项，其中 87 人经过省、校级培训获得创新创业师资证书。

三、厚植创业土壤，凝练吉动特色，打造双创服务新生态

（一）"瞄准痛点"，设定上不封顶的创新创业扶持经费

为解决学生创业面临的资金瓶颈问题，学校于 2009 年设立 200 万元大学生创业基金，支持学生在校创业；"十二五"期间，作为"国创"计划实施单位，学校在吉林省专项经费 100 万元的基础上，按不低于 1∶1比例配套，支持创新创业教育工作；2016 年，学校调整资金投入方式，设立"吉林动画学院文化创意产业孵化基金"，基金额度提高到 1 000 万元，对优秀项目成果经费投入不设上限，满足项目转化资金需求。

（二）"共建共管"，建立立体完善的创新创业制度体系

学校对教学管理、平台管理、创新创业导师队伍建设、学生学分转换、校企合作等制度予以保障；加大"全平台、开放式、项目制"政策扶持，将创新创业与专业实践有机融合。建立董事长创业奖学金、创业标兵等奖励机制；出台了创新创业项目、项目团队、开放式项目制等管理办法。

（三）"纵横联动"，构建全面覆盖的创新创业服务体系

学校建立了教学、实践、创业"三段递进、四平台共享"的联动服务模式。在学产实践教学平台建立指导服务体系；在创新创业孵化平台建立转化服务体系；建设动画游戏渲染与存储、影视后期、设计类公共服务平台等技术设备服务体系。在"互创世界"建立线上资源对接服务体系。

（四）"全员创业"，形成内外结合的创新创业联动效应

2016 年，学校成立"吉林动画学院校友创业联盟"。一方面，助力校友创业。为具有创业意愿的校友搭建创业平台，提供创业资金和服务保障。另一方面，助推联合创业、融合发展。实行学校带动校友、校友帮扶在校生的联合创业机制。实现了"区域互动、全域联动"的机制。

学校全面启动“开放式项目制”，向学生家长和社会各界发出“创业召集令”，向社会开放资源、提供创业资金和服务保障。

四、学校的社会影响显著提升

近三年，海外媒体、中央电视台、《中国教育报》、《中国文化报》等 50 余家媒体报道学校的特色办学。2017 年 12 月，《中国文化报》对学校办学成果进行了专题报道(《不忘初心 牢记使命 把吉林动画学院办成“双一流”大学》和《传承民族优秀文化 筑梦国家动画振兴——吉林动画学院五年创新变革纪实》)；特别是，2018 年 4 月 18 日，《中国教育报》头版“学习贯彻十九大精神 写好教育奋进之笔”栏目以《一所改变“传统”的大学》为题，对学校“学产融合”办学模式进行了专题报道，教育部官方网站、人民网等网络平台相继转载，这是对学校特色办学的高度认可。

面向龙江 精准定位
为东北振兴培养和吸引创新创业生力军

——东北农业大学

一、学校概况

东北农业大学(简称“东农”)1948 年创建于哈尔滨,始称东北农学院,是中国共产党在解放区创办的第一所普通高等农业院校,是黑龙江省人民政府与农业部省部共建大学,是一所“以农科为优势,以生命科学和食品科学为特色,农、工、理、经、管等多学科协调发展”的国家“211 工程”重点建设大学和“世界一流学科”建设高校。

学校现有全日制在校生 27 134 人,拥有国家首批“卓越农林人才教育培养计划”试点项目 2 个,国家级大学科技园 1 个,国家级人才培养模式创新实验区 2 个,国家级大学生校外实践教育基地 4 个,教育部、农业部农科教合作人才培养基地 4 个,科技部创新人才培养基地 1 个,全国高校学生科技创业实习基地 1 个,建校至今累计培养各级各类学生 24 万人,其中既有一批站在世界科技前沿的“创新型”人才,也有一批遍布全国的“复合型”人才,更有一大批活跃在黑龙江省和全国农业生产一线的“应用型”人才。

学校始终以服务龙江全面振兴为己任,培养了一批具有现代社会意识、开阔视野、创新能力和乡村情怀的复合型人才,打造了一支“懂农业、爱乡村、爱农民”的“三农”人才队伍,为党和国家实施乡村振兴战略提供了人才支撑和保障,成为引领现代化新龙江建设农业领域的开拓者和排头兵。学校创新创业教育工作结合学校整体战略部署，始终坚持对创新创业教育模式和创新创业生态体系的深耕细作，大力倡导在东农学习创新创业本领，扎根龙江干事创业的创新文化，主动适应国家创新驱动发展战略及龙江振兴发展需求，提出“学在东农，创在龙江”的创新创业工作理念，扎实推进创新创业教育改革，积极与政府、社会共同搭建吸引、留住人才的事业平台，形成了以提升人才培养质量、服务区域经济社会发展为目标，能够覆盖全体学生、具有鲜明农科优势的创新创业教育模式。

二、创新创业工作特色

(一) 创新创业教育与专业教育深度融合，形成了具有农科院校特色的学生创新创业教育模式

学校立足区域经济社会发展，坚持“立德树人”的根本任务，以人才培养为中心，科学制定人才培养方案，通过系列教学改革，积极探索专业教育与创新创业教育的有机融合路径，形成了具有农科特色的学生创新创业教育模式。

教育部部长陈宝生 2017 年到学校调研大学生创新创业工作

(1) 科学修订人才培养方案，将创新创业教育融入人才培养全过程。以学科为基础分类，跨学院培养与分流，跨学院、跨学科、跨专业设置专业选修课程，增强学生选课自由度。邀请行业专家、用人单位、毕业生共同参与制定课程体系和实践体系，将创新创业教育渗透到专业教育教学各个环节。制定创新创业能力培养计划，培养学生创新创业思维，努力培养理想信念坚定、眼界胸怀广阔、具有创新精神和实践能力、适应未来职业和社会发展需要的各类卓越农林人才。

(2) 以“卓越农林人才培养”为目标，创新人才培养模式。建立人才分类培养体制，依托涉农优势学科专业，推进按类招生与培养和本硕博贯通培养工作。在 14 个专业类、37 个专业实施大类招生与培养，拓宽专业领域，在专业教育基础上突出创新创业能力的培养。在 8 个专业

学校本科生荣获 2017 年"挑战杯"全国终审决赛东北三省高校唯一特等奖

设置本硕博连读班，培养适应现代农业需求的拔尖创新人才，为拔尖班学生配备学术导师，要求拔尖班学生至少完成一项大学生创新创业训练计划项目、参加一项科技竞赛等，将创新创业教育融入专业教育。

（3）改革优化课程体系，助推创新创业教育与专业教育有机结合。制定《东北农业大学公共课程改革工作方案》，赋予学生更多选择权，增加学生创新创业课程选课自由度。2017 年，学校在 646 门专业课程中确立创新创业知识点，引入 117 门国内名校优质慕课，立项建设在线课程 40 门（现已建成 23 门，其中 1 门课程获批国家级精品在线开放课程）。学校通识教育选修课程设 10 个学分，涵盖人类文明与历史、哲学与社会学、文学与艺术、科学与技术、经济与管理、国学与文化、创新与创业 7 个子模块。学生自主选择 5 个模块，每个模块最低修读 2 学分。近 2 年，创新创业模块每学期开出课程 30 门左右。

（4）以"激励政策"为手段，鼓励教师深化创新创业教学改革。实施系部调整，实现系、专业、教学团队"三位一体"，投入专项建设经费。设立课堂教学质量奖，在职称评审和岗位聘任中，课堂教学质量奖项等同于省级科技或教学成果奖，累计三次获得一等奖的教师，被授予"东北农业大学终生课堂教学质量奖"，并在教师岗位定级中上浮一级。明确教师指导学生创新创业、科技竞赛在岗位评聘、职称晋升、业绩及工作量考核中予以认可。

通过不断探索尝试，学校创新创业教育成果荣获国家级教学成果二等奖两项，学校多次在黑龙江省创新创业工作交流会上就创新创业教育工作做典型发言，教育部部长陈宝生、黑龙江省委书记张庆伟专程来校开展调研考察。

（二）服务地方经济，为学生创新创业就业拓展空间，培养和吸引学生留省创业就业

学校以服务黑龙江省经济社会发展为导向，紧密结合黑龙江省作为农业大省优先发展水稻、玉米、大豆等优势产业的战略规划和加快发展"互联网＋农业"的工作部署，积极发挥农业

校党委副书记、创新创业学院院长陈延良在第三届中国“互联网+”
大学生创新创业决赛现场亲自指导项目参赛

高校学科优势，促进农村一二三产业融合发展，多渠道增加农民收入，搭建学生创新创业平台载体，拓展学生就业创业空间。

(1) 积极探索总结“立足三农、服务龙江”可推广、可复制的“东农模式”。围绕“北方寒地现代化大农业”的作业特点，加强校地、校企、校农合作，开展了“大学+地市政府+基地+农户”“大学+合作社+企业”“大学+龙头企业+基地+农户”等8种形式合作，与52个县市(农场)、国内120余家农牧企业签订校地、校企合作协议600余份，共建校企研发中心21个、校外实习实训基地222个，为学生开展创新创业实践活动提供实践载体，推广玉米、大豆、水稻、蔬菜等优良作物品种和实用技术93项，累计推广面积7 390多万亩，新增经济效益76亿元以上，为黑龙江农业供给侧结构调整提供了技术保障，服务龙江经济发展。

(2) 围绕区域特色产业发展，共建服务示范基地。学校先后完成了向阳和阿城2个校内核心试验示范基地建设和望奎、嫩江、建三江、852农场、大庆经济开发区5个校外综合试验示范基地建设。其中，学校与大庆经济技术开发区合作，联合构建“政产学研推”一体化农业协同创新科技示范园区，园区设计了现代农业孵化示范区、高新技术成果孵化区两个部分，依托示范区，学校重点开展新型农作物种植试点示范和有机肥料及土壤改良试点示范等；依托孵化区重点将新型农机装备、食品加工、生物肥料等领域成熟度高、产业化前景好的高新技术成果入驻经济开发区孵化。通过建设服务示范基地，有效拓宽了学生进行创新试验和创业孵化的实现路径。

(3) 构建“教育、实训、服务”三位一体的创新创业生态体系，培养和吸引学生留省创业就业。通过深化创新创业教育改革，组织实施高水平创新创业竞赛、SIPT大学生创新实践训练项目、千名导师助力万名大学生就业创业、“互联网+农业”龙江绿色食品营销等工作和开展创业指导服务，学生创新创新意识显著增强，创新创业能力逐步提升。毕业生留省就业创业人数逐年攀升，留省就业率2016年、2017年连续两年达到45%以上，培养出一批愿意扎根龙江干

学校成立大学生创新创业训练指导中心为学生提供创业咨询服务

事创业的创新创业人才。2016 届本科毕业生唐志宏本是一名湖南生源地的特困生，现已在哈成家立业，创办默深科技有限公司，带动 100 多人就业。学校鼓励和引导毕业生留省工作得到省委省政府嘉奖。

学校“超级蚯蚓”项目参加 2017 年第三届中国“互联网十”大学生创新创业大赛终审答辩

学校创新创业工作不但得到学生的好评，还得到黑龙江省教育厅、人民网、东北网等政府部门和新闻媒体的肯定，被誉为“龙江高校创新创业领域的东农现象”。

三联三融 四位一体
构建地方综合性大学创新创业教育体系

——扬州大学

一、学校概况

扬州大学是江苏省人民政府和教育部共建高校、江苏省属重点综合性大学，是全国首批博士、硕士学位授予单位，全国率先进行合并办学的高校，被中央领导同志誉为“高校改革的一面旗帜”。学校现有普通全日制本科生 25 000 多人，各类博、硕士研究生 11 000 多人。现有一级学科博士学位授权点 22 个，一级学科硕士学位授权点 47 个，博士后流动站 14 个。化学、植物与动物科学、工程学、农业科学、临床医学、材料科学 6 个学科的 ESI 排名进入全球大学和科研机构前 1%，10 项成果荣获国家科学技术奖。学校师资质态持续优化。现有教职员工 5 900 多人，其中博、硕士生导师 3 100 多人，中国工程院院士 2 人。学校办学的目标定位是“国内一流、国际知名、特色鲜明的高水平研究型大学”。

长期以来，学校高度重视创新创业工作。扬州大学创始人、近代著名实业家和教育家张謇先生倡导的“学必期于用，用必适于地”的教育理念，与创新创业精神高度契合。学校秉承“坚苦自立”的校训，将深化改革作为推动学校创新创业教育的突破口，把提高教育教学质量作为创新创业改革的出发点和落脚点，在体制、机制、制度、政策上不断完善，在人员、机构、场地和经费上给予充分保障。

扬州大学校园风光

学校创新创业工作指导服务成效显著，依托大学生创业苗圃，帮助学生开展创新创业活动，涌现出一批成功的创业典型，形成了良好的工作基础。结合学校“规模大、校区多、学院多、学科全”的特点，坚持聚焦创新引领创业、聚力创业带动就业，在促进毕业生高质量创业就业方面取得很好成效，形成了“校内资源有序联合、校地校企深度联结、第一第二课堂有效联动”“创新创业双创融汇、专业创业相互融合、学科交叉渗透融通”，集思维、品格、知识、实践于一体的“三联三融、四位一体”地方综合性大学创新创业教育体系。

二、创新创业工作典型特色

学校结合地方综合性大学的特点，坚持把创新创业教育贯穿于人才培养全过程，围绕“三联三融、四位一体”的创新创业教育体系，深化面向全员教育、分层分类培育、以点带面扶育、注重基因涵育，大力促进创新创业教育工作，形成了契合需求、典型突出、成效明显的地方综合性大学创新创业教育特色。

(一)“四位一体”体系：面向全员，融入全程，全力提高学生双创素养

学校坚持创新引领创业、创业带动就业，以推进素质教育为主题，以提高人才培养质量为核心，以创新人才培养机制为重点，把创新创业教育贯穿于人才培养全过程，面向全体学生，全面构建、系统推进了思维、品格、知识、实践“四位一体”的创新创业教育体系。

通过传授科学双创思维方法，培养学生学习、研究和应用知识的能力。开展研究性教学改革，实现课堂教学由讲授为主到指导学生独立地学习与研究为主，由知识传授为主到以培养能力为主。通过拓展双创综合素质，培养学生创新创业的欲望、胆识、信心、眼界，塑造学生突出的双创品格。注重文化引领，有重点、分层次举办创新创业讲座论坛；注重示范引领，组织开展

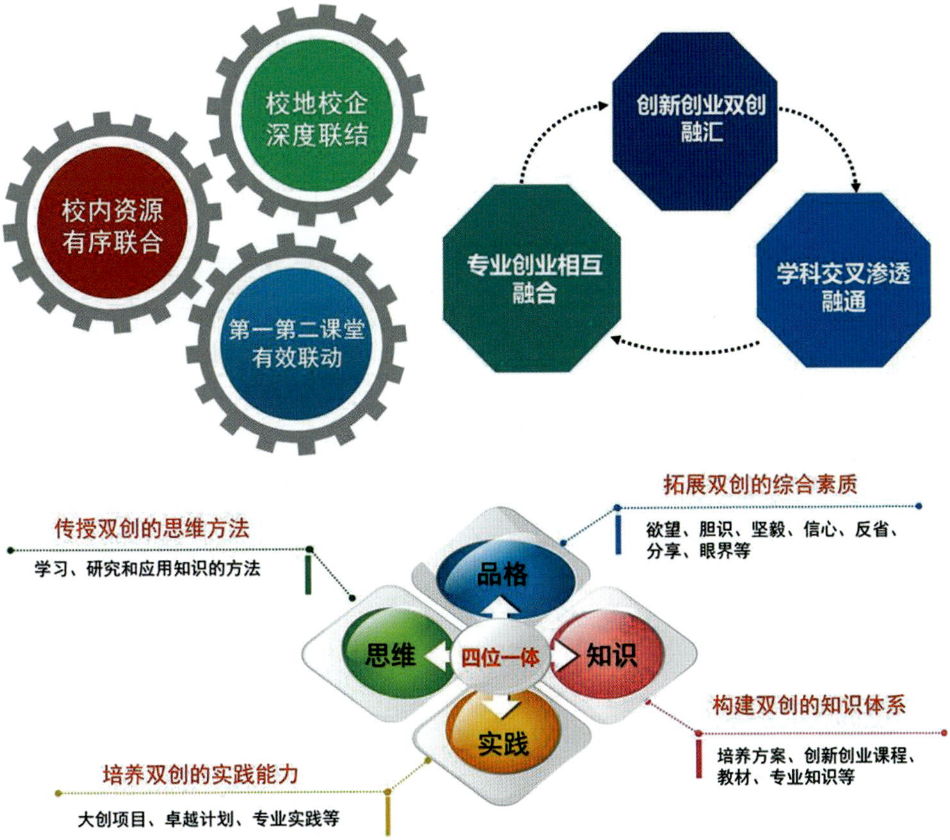

"三联三融、四位一体"创新创业教育体系

丰富多彩的校园活动，鼓励学生跨学科、跨专业、跨学院、跨校区开展创新创业活动，营造了浓郁的创新创业文化氛围。通过构建科学的双创知识体系，培养学生过硬的专业素养。修订人才培养方案，为学生制定个性化的培养计划；以信息学院等学院为试点，开展大类专业人才培养方案的制定和招生工作；结合综合性高校特点，开设创新创业教育课程 27 门，编写出版创新创业教育教材 12 本，并广泛应用于创新创业课程教学中。通过强化双创实践环节，提高学生创新创业能力。建立"大创"计划校级网络管理平台，形成国家、省、校、院四级"大创"项目实施管理体系。连续四年有项目入围全国大学生创新创业年会，王天奕同学的项目荣获第九届年会"最佳创意奖"。

（二）国际质量认证：对标管理，资源联合，助力专业创业融合

2017 年下半年，学校根据国家质量监督检验检疫总局、国家标准化管理委员会发布的 2017 年第 11 号"中国国家标准公告"《高校毕业生就业指导服务规范》（GB/T 33667—2017），主动提高双创工作站位、提升基础工作品位，率先在全国高校中依据 ISO 9001:2015《质量管理体系要求》的要求开展"扬州大学毕业生就业指导服务规范"的编制工作，使基础工作和传统工作的开展更加标准化、程序化和规范化。通过编制《质量管理手册》《质量管理体系文件——作业指导书就业分册》《质量管理体系文件——作业指导书创业分册》等相关质量管理文件，以

图文并茂的形式，将学校就业指导服务和创业实践过程中开展工作的内容、要求、方法等进行规范化、系统化的解读，相关岗位的教师按照“ISO 9001 质量管理体系”标准高起点工作，促进教师夯实创新创业指导服务基础，为学生更好地开展就业指导服务和创业实践指导服务。

ISO 9001 质量管理体系认证证书

多家媒体报道“质量管理体系认证工作”

（三）双创系统培养：课堂联动，点面共振，给力学科交叉融通

2015 年，学校组建“扬州大学创新创业实验班”并招生。实验班分为“创新实践班”和“创新创业班”两种模式，学籍管理按原专业，双创培养单独编班，制定个性化的人才培养方案，推进实施“一制三化”（导师制、个性化、小班化、国际化），促进拔尖创新创业人才的培养。目前，实验班已成功招收 3 届 6 个班级共 207 人，通过实施精细化教育、差异化培养、实践能力和人生意志培训、科研创新导向、跨文化（专业）强化、多元化考核等，积极探索创新创业教育新模式。创新 1501 班团支部被评为全国高校“活力团支部”。

不同学科门类、不同专业特点的班团也在创新创业热潮中争奇斗艳。在医科类学院中建立了以“100 位新中国成立以来感动中国人物”、杰出校友吴登云命名的“吴登云实验班”，创新育人模式，创造职业生涯发展新业绩；在农科类学院中结合专业优势与地方合作建立了“张家港班”“常熟班”，为地方培养“农村区域发展”专业学生，满足新时代农村发展对创新人才的迫切需求。此外，学校还积极发挥学科专业优势，通过“研本 1+1”活动，发挥研究生在学术创新能力上对本科生的导向作用，推进学生的创新创业工作。

（四）双创实践平台：校地联结，一园多区，致力创新创业融汇

为进一步提升“普及创新创业教育，营造创新创业氛围，孵化创新创业项目，培养创新创业人才”的创新创业工作力度，结合学校“规模大、校区多、学院多、学科全”的特点，采用“1＋N”一园多区模式，加强创业苗圃的软硬件建设，充分发挥大学生创业苗圃的示范效应，为创客提供更加优质和快捷的服务。苗圃坚持“育人为本”，在实践中形成了“创新创业教育与专业教育相融合、创新创业导师与专业导师相联合、创新创业活动与专业文化相结合”的教育模式；坚持“项目为王”，在实践中形成了“课堂学习—创意生产—实践锻炼—项目孵化—市场运行”的“珍珠链式”项目孵化体系；坚持“创客为主”，在实践中形成了“激发双创意识—开展双创实践活动—投身双创项目实战”的“金字塔型”创客培养体系。

大学生创业苗圃外景

（五）工作成效

近年来，学校创新创业工作取得了显著成效，毕业生就业率稳定在 96％以上，学生升学、自主创业人数稳步增长，创新创业工作赢得了社会广泛赞誉。学校先后被教育部认定为“全国首批深化创新创业教育改革示范高校”“全国高校实践育人创新创业基地”“2018 年度全国创新创业典型经验高校”“江苏省大学生就业创业指导站”；大学科技园被评定为“国家级科技企业孵化器”“国家级备案众创空间”“江苏省省级大学科技园”和“江苏省省级众创空间”；大学生创新创业培训中心被评为“江苏省创业示范基地（创业培训实训示范基地）”；大学生创业苗圃被江苏省人力资源和社会保障厅评定为“省级大学生创业示范园”“江苏省大学生创新创业示范基地”。

立足学科专业 面向产业行业
构建深度融合的创新创业人才培养新机制

——浙江理工大学

浙江理工大学是一所以工为主,特色鲜明,优势突出,多学科协调发展的省属重点建设大学。在120余载的发展历程中,形成了“求知求实、创新创业”的优良办学传统。学校的创新创业工作起步较早,基础较好。2008年,学校获得全国创业教育示范高校;2009年、2010年荣获全国创业教育先进集体;2012年获评全国毕业生就业典型经验高校50强。

国家双创战略提出后,学校加大力度推进创新创业工作,于2015年成立实体创业学院,并获评浙江省示范性创业学院。在此基础上,学校凝练出以育人为本为宗旨、创新驱动为方向、深度融合为抓手、多维协同为手段、文化引领为支撑的“5C”创新创业教育理念,构建了“三化三式”创新创业人才培养体系,即全程化、立体式教育教学体系,一体化、开放式培育训练体系,生态化、垂直式孵化实战体系。

学校将创新创业教育工作深度融合于学校人才培养、科学研究、社会服务等任务中,通过长期探索与实践,形成了立足学科专业,面向产业行业,专创、科创和产创深度融合的创新创业人才培养新机制,具有鲜明特色。

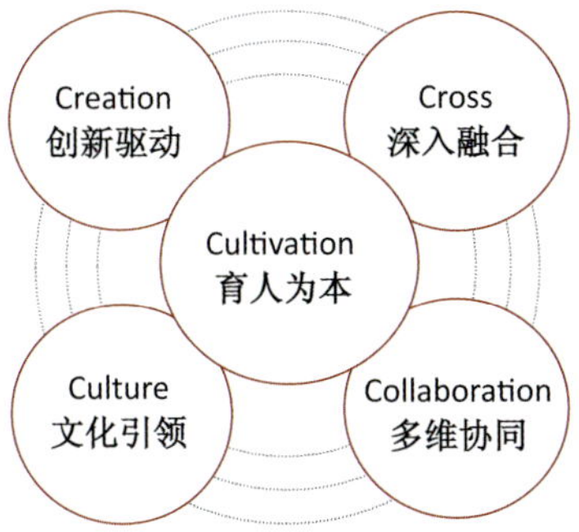

"5C"双创教育理念

"三化三式"双创人才培养体系

一、以学科专业为基础，探索专创融合的双创教育教学新路径

学校结合鲜明的学科专业特色，通过"三创三改"，将专业教育与创新创业教育无缝衔接、有机融合，探索出一条专创融合的创新创业教育教学新路经。

"三创"是指推出三项创新举措。一是在全国率先将创新创业作为一个特长潜质类别纳入"三位一体"综合评价高考招生选拔体系，《中国教育报》对此进行了专门报道。二是建立贯穿本科和硕士两个阶段的创新创业人才培养机制，对有成熟创业项目的学生，经选拔可免试攻读专业硕士。三是在本科人才培养过程中，创设专创深度融合的"创业致远班"，依托专业学院学科专业特色，进行基于学科专业的创新创业教育和能力训练，实现专业教育与创新创业教育的深度融合。

"三改"是指推进三项改革。一是推进人才培养机制改革。全面推进弹性学制、设置创新创业学分、学分转换、保留学籍休学创业等改革，在机制上为学生创新创业提供保障。二是推进课程体系与建设改革。构建由创新创业通识课程、专业创新创业课程和创新创业实践课程组成的三层面立体式专创融合课程体系，强化课程、教材和网络资源建设，在教学主渠道上为系统化创新创业教育提供保障。三是推进教育教学方法改革。制定并实施《课堂教学创新行动实施方案》，扩大分层分类教学，提高小班教学比例，开展教育教学方法改革，注重创新创业素质考评，在教学方式方法上为创新创业教育提供保障。

专创融合的创新创业教育有效提升了人才培养质量。根据浙江省教育评估院调查数据，近3年学校毕业生职业发展与人才培养质量、毕业生对母校的总体满意度稳步提升。服装、艺术设计类专业学生连续获得新人奖、汉帛奖等国内外服装设计大奖，在包括德国IF、红点等国内外工业设计重要赛事中成绩显著。服装学院连续获得中国服装设计师协会最高育人奖。杭派品牌女装中由学校毕业生创立或担任主设计师的近70%。"基于多维协同的服装创新创业人才培养探索与实践"等4个项目获得2016年省高等教育教学成果一等奖。2017年学校第三次获评"挑战杯"课外科技作品竞赛全国发起单位，成绩位列全国第27名。

二、以地方研究院为纽带，构建科创融合的双创协同育人新模式

学校在与新昌、上虞等地方政府合作共建地方研究院过程中，利用地方研究院作为纽带所形成的立体式科技成果转化服务体系的优势，打造科创融合和产学研用共同体，形成了一个目标引领、双导师指导、三套机制保障、四位一体协同的科创融合创新创业协同育人新模式（“1234”模式）。

一个目标引领指以解决工程问题为主要目标，引领学生创新创业能力提升。双导师指导指学校导师和聘请的企业导师共同介入人才培养全过程，双方合作开设课程，共同确定研究课题、指导研究工作和考核。三套机制保障指完善人才培养、教师激励和学生激励机制，为科创融合的协同育人提供保障。在人才培养机制方面，通过修订培养计划和课程体系，保障学生有足够时间在企业实践锻炼并认可其取得的成果。在教师激励方面，将成果转化、横向课题等纳入教师职称评聘、聘期考核等评价体系。在学生激励方面，校企双方共同为学生提供助研津贴和待遇，地方政府出台政策鼓励学生在当地就业创业。四位一体协同指科研团队主导、科研项目承载、创新平台支撑、龙头企业助推的科创融合协同育人体系。研究院组建以专业教师为核心、研究生和卓越工程师班本科生为主体的团队进驻企业，以面向企业实际的科研项目为载体，开展产学研合作开发，通过地方研究院对接各类科研实验室、技术转移机构、企业研究院等创新平台和资源，在龙头企业助推下全面开展项目研发。

科创融合的创新创业协同育人模式激发了教师产学研合作和带领学生创新创业的热情，如学校国家科技发明二等奖获得者李加林教授，利用科技成果转换创业，其产品多次作为“国礼”赠送给美国总统特朗普、俄罗斯总统普京等重要外宾，李加林教授也被称为“国礼大师”，受到党和国家领导人接见。科创融合的创新创业协同育人模式将学生放到企业一线，使人才培养过程与为企业解决实际问题和科技创新融为一体。以新昌研究院为例，近 3 年进入研究院的学生与企业联合发表论文 200 余篇，获得授权发明专利 100 余项，大部分学生毕业后留在合作企业工作或在当地创业，中央电视台《焦点访谈》栏目、《光明日报》等多家主流媒体对此进行过报道。教育部专门在新昌召开“深化专业学位研究生教育综合改革试点工作专题调研”现场会，浙江省人大副主任毛光烈、副省长成岳冲等领导多次表扬这种做法，国务院副总理刘延东同志为此专门作了批示。

三、以产业行业为依托，打造产创融合的双创孵化实战新体系

为推进创新创业孵化实战与社会接轨并充分利用社会资源，学校结合学科专业特点，对接与之匹配的产业行业资源、平台和渠道，深化与企业政府合作，共建立足学科专业、面向产业行业的纵向垂直型众创空间和孵化器，通过校企（地）空间共建、资源共享、价值共融，打造产创深度融合的创新创业孵化实战新体系。

以时尚产业为例，学校依托服装、设计等学科专业优势和卓尚服饰公司的产业行业优势，合作共建面向时尚产业的纵向垂直型“尚＋众创空间”，开启了打造产创融合创新创业孵化实战新体系之路。一是空间共建。由卓尚服饰提供场地设施，学校推荐优质创客团队和项目，双方共同设立“尚＋众创空间”理事会，负责重大事务决策。二是资源共享。学校利用学科专业优势，共享师资、课程、实验室等资源，卓尚利用产业行业优势，为创业团队提供产品打样、生产、仓储、销售渠道等产业链资源，并提供资金支持（设立专项基金 600 万元）和项目指导。通过资源共享，创业团队降低了资源整合成本，加速了项目落地和发展。三是价值共融。双方共建空间的目标是打造校企合作开放型时尚人才培养平台和对行业具有重大影响的时尚创新创业培育孵化中心，促进行业顶尖的时尚创新创业人才培养，并通过路演、沙龙、高峰论坛等活动强化价值认同和文化融合。截至目前，空间孵化项目总数超过 50 个，接待包括教育部思政司考察团等参观访问 50 余批次。在空间培育孵化的学校研究生朱建龙创业团队，为两届世界互联网大会设计礼仪及志愿者服装，并参与 G20 杭州峰会的礼仪服装设计，受到浙江省委书记车俊及省长袁家军接见。在孵项目杭州林曦文化创意有限公司估值超过 2 亿元。

学校创业学生朱建龙向省委书记车俊介绍项目

学校创业学生朱建龙向省长袁家军介绍项目

截至目前，学校已与杭州梦航合作共建面向文化创意产业的“汇梦空间”；与上虞市政府合作共建面向纺织、机械产业的“上虞工业技术研究院众创空间”；正与浙江华鼎合作共建“菲妮迪时尚产业园大学生孵化器”，打造服装、设计产业纵向垂直型孵化平台。通过校企（地）空间共建、资源共享、价值共融，学校致力打造的立足学科专业、面向产业行业的纵向垂直型孵化实战体系渐趋成型，成效已现。尚＋众创空间、汇梦空间和上虞工业技术研究院众创空间均入选省级众创空间，其中汇梦空间同时入选国家级众创空间。

不断深化
创新创业教育改革的“三三三”模式

——浙江工商大学

一、学校概况

浙江工商大学创建于1911年，是中国最早创办的商业专门学校之一。百余年来，学校秉承商科办学传统，坚持特色办学之路，办学水平不断提高。学校拥有9大学科、6个一级学科博士点、47个二级学科博士点、16个一级学科硕士点、92个二级学科硕士点、16个硕士专业学位门类，设有3个博士后流动站。2015年，学校成为浙江省人民政府、商务部和教育部共建大学。2017年，学校成为浙江省重点建设大学。

为适应时代巨变，学校确立了“经管为主、工商融合、多科交叉、协调发展”的“大商科”人才培养理念。汲取新时代浙商精神，学校以培养具有国际视野、人文情怀、专业素养的应用型、创新型、复合型“大商科”人才为目标，着力推进创新创业教育不断取得新突破。2017年，学校被教育部认定为全国深化创新创业教育改革示范高校。2018年，学校被浙江省发改委认定为“省级双创示范基地”。同年，学校创业学院获评浙江省普通高校示范性创业学院。

二、典型经验

（一）三融合：双创教育的路径选择

1. 学科交叉，“工商融合”

学校加快加强“大商科”建设，为浙江“大湾区”“大花园”“大通道”建设提供智力支持。学校推进学科交叉和“工商融合”，例如工商管理类专业突出培养创业者和经理人两类“新浙商”，食品科学等工科专业培养管理型工程师等。2004 年起，学校设立章乃器创新实验班，培养创新拔尖人才，累计毕业超 2 500 人，40%以上毕业生进入国内外一流大学继续深造，现大多已成为商界精英。

2. 分层分类，“专创融合”

学校推进专业教育、通识教育和双创教育的深度融合。面向全体学生，在必修课中突出创新创业教育，开设“创业管理”等 16 门双创相关的专业课程；构建了包括“创新・创意・创业”等六大模块的通识教育体系，强化商业、技术、人文等素养培育。针对学有余力的学生，学校创建“4211”创业教育 MOOC 体系，并在全国首创“创业管理微专业”，面向校内外开放，实现形式创新、学分浓缩、跨界融合、O2O 认证。学校依托“创业管理微专业”及系列课程，建成浙江省首个线上创业学院。

学校“创业管理微专业”课程群界面

2013 年起，学校设立创业实验班，通过个性化人才培养方案着力培养创业骨干人才，打造创业教育改革特区。目前，创业实验班学生在校 229 人，毕业 146 人。

3. 创新引领,“研创融合”

学校拥有教育部省部共建人文社会科学重点研究基地等 3 个国家级基地,建有浙江省 2011 协同创新中心等 10 余个省级研究基地、重点实验室和创新平台及 1 个浙江省新型高校智库。高质量的学科平台为师生共创提供了研究基础,学校鼓励学生入课题、入平台、入基地、入智库,倡导和扶持师生共创,既推动双创人才培养,实现“研创融合”,又加快科技成果转化,实现校地校企协同发展。

基于“研创融合”的浙商大双创基地建设模式示意图

(二) 三激活:双创教育的机制举措

1. 多层次激活

(1) 激活课堂教学

学校每年划拨约 100 万元用于推动教学改革和创新,增强学生学习的自主性、能动性、创造性。学校建有 1 门国家级精品在线开放课程、8 门省级精品在线开放课程和 28 门校级精品在线开放课程。其中,“创业管理微专业”系列课程中的“商务沟通与谈判”“创业企业财务管理”两门课程成为浙江省首批省级精品在线开放课程,数量居浙江省高校第一。

(2) 激活学科竞赛和双创项目

学校通过“一院一赛”制 、校企联合培育等手段完善各级学科竞赛与双创项目的联动机制。2017 年,学生参与各类学科竞赛(含双创项目实践)的覆盖面超 50%,有 700 多人次在国家级或省级竞赛中获奖,在第十五届“挑战杯”全国大学生课外学术科技作品竞赛中,获一等奖二等奖各 1 项、三等奖 4 项,连续七次蝉联全国“挑战杯”发起高校资格。2018 年,学校获国家级创新创业训练计划项目立项 60 个,在 “创青春”浙江省第十一届“挑战杯”大学生创业大赛中获 4 金 8 银 7 铜,学校获得杰出贡献奖;在第四届浙江省“互联网+”大学生创新创业大赛中，获得 3 金 4 银 6 铜，学校获得集体奖。

（3）激活学生实习实践

学校开放 3 个国家级、12 个省级实验教学中心等各级实验教学中心，推进实习实践训练。学生既可在校内进行科学实验和虚拟仿真实验，也可在校外基地进行实习实践，还可与企业合作进行产品研发。

2. 多主体激活

（1）激活教师教学的积极性

学校设立每年 90 万元的平台激励经费和 60 万元的基层教学组织激励经费，激发学院、基层教学组织、教师培养双创人才的活力。学校通过评选“教学卓越奖”、组织“青年教师教学创新大赛”、设立 150 万元优课优酬激励经费等方式，鼓励教师以课堂创新实现创新课堂。学校强化双创教育成果在教师职称评聘、岗位聘任、评奖评优中的作用，并纳入高层次教学科研成果考核。

（2）激活社会精英的参与性

学校整合校内、政府、校友、企业等资源，在杭州东西两翼打造了基于“商创”的示范性创业基地。在杭州城西校区，学校利用约 3.2 万平方米的校产资源，联合 12 位知名校友、当地政府、著名企业，募集 3 000 万元共建“浙商大创业园”；发起成立“浙商大资本”创投基金，首期 1 亿元已认缴到位；联合校友和社会企业出资 800 万元共建混合所有制的“浙江工商大学创客商学院”，这是浙江省最早成立此类学院的高校。通过“创业园区＋创投基金＋创客商学院”三位一体的创业孵化链，打造市中心老校区升级改造的“浙商大模式”。2018 年 2 月 5 日，浙商大创业园与蚂蚁金服、阿里云等知名企业荣膺“2017 年度西湖区企业经济发展贡献奖”并获得首期政策奖励 300 万元。

2018 年 1 月 23 日，浙商大创业园正式开园

在下沙校区，学校利用近万平方米的校产资源，联合校友企业共建基于“一园多点、有核无边”空间布局的“浙商大学生创业园”，建有创意空间、众创空间、创客孵化器等多个功能区，无缝对接周边高校、孵化器、产业园等，实现“创业课程＋创业大赛＋创业投资＋创业中介服务”的有机链接，有机嵌入杭州市“城东智造大走廊”“中国（杭州）跨境电商综合试验区”“钱塘江金融港湾”“大创小镇”四大发展布局，优化杭州产业转型升级引擎，助推校地校企协同发展。

学校聘请企事业单位高级管理人员担任“学业实务导师”，组织“实务精英进课堂”。学校聘请蚂蚁金服原董事长彭蕾、贝因美集团创始人谢宏等27位创业成功校友以及浙江省创业投资集团执行总裁胡永祥、杭州天畅网络科技有限公司董事长郭羽等16位创投精英担任创业导师，共同完善创业教育实施方案，指导教师团队和学生创业项目。

（3）激活学生自我发展的主动性

学校要求每位学生在校期间除双创类课程必修学分，还必须获得至少1个创新学分和2个素质拓展学分。学校规定：学生发表论文、参加竞赛获奖、取得发明专利等可替代毕业论文（设计），且优先获得研究生入学推免权。学校大力扶持以双创教育为主题的各级学生社团300余个，形成创业教育社区。

学生社团举办“创业者说”活动

3. 多通道激活

（1）激活第二校园培养通道

学校与牛津大学、清华大学等百多所著名大学建立学生互访合作，帮助学生体验不同文化、不同地域的双创教育。学校将双创课堂搬进杭州市高科技企业孵化器等企业，由相关专业人士为学生讲解实务。

（2）激活校际联合培养通道

2017年，以浙江省钱塘江金融港湾建设为牵引，学校联合浙江大学等14所高校成立“钱塘江金融港湾高等教育联盟”。学校作为该联盟理事长和秘书长单位，推动省内高校金融相关专业学生跨校选课，实现精品在线开放课程、实践基地等资源的共享共用。

（3）激活校企政协同培养通道

学校探索集“政产学研创”为一体的创新创业人才培养模式。2017 年，学校与中国（杭州）跨境电子商务综合试验区签订战略合作协议，成立“中国（杭州）跨境电商学院”。学校联合阿里巴巴等 23 家跨境电商企业及 13 所高校，“多力合一”为杭州培养跨境电商人才。

2017 年 11 月 24 日，学校与中国（杭州）跨境电子商务综合试验区签署战略合作协议，并成立中国（杭州）跨境电商学院

（三）三到位：双创教育的组织保障

1. 思政教育内化到位

学校全面贯彻党的教育方针，坚决落实立德树人根本任务，构建了“八个坚持、八个融入”的思政工作体系，将思政教育贯穿双创教育全过程。

2. 顶层设计贯彻到位

学校成立双创教育工作领导小组，由学校党委书记、校长任组长，从培养目标、课程体系、师资队伍、管理机制和评价体系五大关键环节系统指导双创教育，推进双创教育体系建设。

3. 工作机制执行到位

2005 年，学校成立章乃器学院；2014 年，学校在浙江省较早成立独立建制的创业学院，并与章乃器学院合署。学校将原本分散的双创教育职能整合起来，每年投入 1 500 余万元系统培养双创人才。

构建“全过程 全方位 一体化”的创新创业育人体系 培养高素质应用型人才

——合肥学院

一、基本情况

合肥学院是一所在“改革中诞生、开放中成长、创新中发展”的地方本科院校，其前身是创办于 1980 年的合肥联合大学。创办之初，实行“适当收费、不包分配、按社会需求设置专业、后勤社会化”的办学模式，被誉为中国高等教育改革的“小岗村”。1985 年学校成为中德共建示范性应用型高校。

2003 年学校率先开展应用型人才培养模式改革，在全国发挥示范引领作用，被誉为“全国同类型院校第一方阵的排头兵”。教育部以“安徽现象，合肥模式”为题总结推广合肥学院经验。2009 年学校获国家级教学成果二等奖，2014 年获国家级教学成果一等奖，2015 年获第四届全国教育改革创新特别奖。

2015 年，中德两国总理共同视察学校，李克强总理宣布：“中国政府决定在合肥学院设立中德教育合作示范基地、基金。”教育部、安徽省共同制定《中德教育合作示范基地和合作基金建设方案》报国务院，中德青年学生创业孵化中心是该方案的重要内容。

二、典型做法

(一) 深化人才培养模式改革,将创新创业教育融入人才培养全过程

(1) 创新创业教育纳入人才培养方案。学科前沿、研究方法融入专业课。提高实践教学学分占总学分比例,设置综合性、创新性实验。大学二年级暑假设置认知实习学期。各专业基于学科竞赛和创新创业项目开发创新课程,设立学生创新学分。校企共同制定人才培养方案,打破校企边界。实行校企学分置换。

(2) 构建能力导向的模块化课程体系。改"知识输入导向"为"知识输出导向"。增加"关键能力"模块,培养学生适应职场、适应市场的能力。校企共建企业课程和双师型课程。引入Workload(学习负荷)概念。

(3) 改革创新创业教育考核评价体系。创业基础必修课,采用"N+2"过程考核方式,考核内容凸显学生创新创业能力的考查,总评成绩由40%的过程考核、10%的课堂笔记与50%的期末考核共同构成。

(二) 大力推进产教深度融合,营造校企协同育人的创新创业环境

(1) 建立企业案例库,开展模拟企业场景的实训。开展实践教学改革,建立企业案例库。开展模拟企业场景的实训。工程实训题目来自企业真实问题,学生完成一个真实的企业项目,校企导师联合评定成绩。

(2) 合作开发真实项目,强调"真题真做"。校企导师结合生产实际,合作开发真实项目。毕业设计(论文)选题要求来源于企业实际问题,学生在实验、实习、工程实践和社会调查等实践中完成。学生毕业设计(论文)选题"真题真做"率达到50%以上。鼓励教师应用性研究项目吸收学生参与研究。

(三) 第二课堂纳入培养方案,系统化推进创新创业教育全员覆盖

(1) 搭建第二课堂实践平台。以各类科技竞赛和创新创业活动为载体,以校企共建实践基地、协同创新平台、省级校企合作实践教育基地、国家级大学生校外实践教育基地等为支撑,依托各类第二课堂实践平台,制定创新创业能力培养计划,建立创新创业档案和成绩记载系统,创新实践平台覆盖所有本科专业。

(2) 融入人才培养方案。2005 年将第二课堂纳入人才培养方案,各本科专业人才培养方案必须含有第二课堂 12~16 学分,其中创业理论 6 学分,创新创业第二课堂实践活动 6~10 学分。创新创业实践活动覆盖各专业,学生参与率 100%。

(四) 围绕激发创新创业活力,实施孵化器与教育基地一体化建设

(1) 通过创业沙龙和服务平台,加强创业指导与交流。建有校内外大学生创业共享服务平台。对入驻大学生创业园的创业团队,确定创业导师,开展"一对一"指导与服务,开展创业交流。

（2）依托学生创业公司，打造微型创业教室。要求每个入驻创业园的创业公司必须承担创业教育职责，创业团队学生不仅仅是创业者，自身也是学生创业导师。

（3）把创业课程和创业基地有机结合。把创业基地作为创业教育的案例教学平台，每个学生必须在创业基地完成至少2个课时的真实案例教学。2017年，各专业3 000多人在创业基地完成了2课时的现场教学。

（五）健全完善保障评价机制，建立全方位创新创业教育服务体系

（1）完善促进创新创业教育的制度建设。成立“合肥学院创新创业教育领导小组”，将创新创业工作列入学校重点工作，每学期开展研究部署创新创业工作。同时把创新创业工作作为一项重要指标，纳入系部年度考核，权重占比达7%。学校出台一系列文件，给予师生创新创业制度保障。改革教师考核评价机制，支持教师投入创新创业指导工作。

（2）系统建立资金保障。加大投入，支持创新创业教育教学，资助学生创新创业项目。2017年投入440多万元用于创新创业工作。近三年，累计投入2 931余万元建设14个与专业紧密结合的学生创新实验室，已建成9个。

（3）打造双能型师资队伍。通过“双聘双挂”等方式强化“双能型”师资队伍建设，充实校内外创新创业教育教师队伍。制定“双能型”师资认定标准，注重引进具有企业背景和实践经历教师，实施教师能力提升计划。建立创新创业专兼职教师队伍。与安徽省新兴产业协会等深度合作，建立“企业导师”制。

（六）发挥对外合作交流优势，构建开放式的创新创业教育平台

（1）发挥中德青年学生创业孵化中心平台作用。中心总面积1.2万平方米，投资2 000万元升级改造，已投入使用。既为中德青年学生创业提供孵化平台，也为创新创业教育的国际比较研究提供案例。

德国前总统、全球中小企业联盟全球主席克里斯蒂安·武尔夫
为“中德青年创业孵化中心”揭牌

（2）打造创新创业教育合作平台。一是打造省级合作平台，2008 年成立安徽省应用型高校联盟，开展创新创业教育深度合作。二是打造长三角地区交流平台。2012 年成立长三角地区应用型高校联盟（担任常任主席单位），建立创新创业教育合作交流机制。承办长三角地区高校创新创业教育改革研讨会。三是打造国际交流平台，担任中国教育国际交流协会应用型高校国际交流分会理事长和秘书长单位，促进中德应用型高校创新创业教育的深入交流。

“高校创新创业教育与创业支持”——第十届中德应用型高等教育研讨会

（3）形成创新创业教育校际交流机制。引进国（境）外优质的创新创业资源，提升学校创新创业层次和水平。近 5 年邀请 211 人次德国专家来校进行教师能力培训和讲座。3 位德国教授常驻学校指导学生创新创业。积极借鉴台湾高校学生“从创新到创业”、教师持有创新股份等经验。

三、取得成效

（一）能力显著提升

近五年学生获省级以上奖 2 403 项，其中国家奖 779 项，如“西门子杯”中国智能制造挑战赛全国总决赛特等奖（第一名）等，多种奖项为省内高校首次获得。获省级以上大学生创新创业训练计划项目 1 991 项，获省级“互联网＋”大学生创新创业赛奖项 41 项，国家级铜奖 6 项。

学生创新创业能力的提升，带来就业率稳居全省前列，2017 届初次就业率全省第一，年终就业率 98.20％。企业评价毕业生“下得去、留得住、用得上、离不开”，被誉为合肥市“工程师的摇篮”。

学校学生梁佳获得 2018 百度“EasyDL 不可思议创意开发大赛”第一名

(二)典型不断涌现

近年来,学生自主创业人数逐年递增。2017 年,当年自主创业人数 86 人,参与创业毕业生人数 172 人,自主创业人数占当年毕业生人数 2.3%,参与创业毕业生人数占当年毕业生人数 4.5%。毕业 5 年以内的毕业生已有 600 余人实现了一定规模的创业。

(三)产生显著影响

学校 2017 年 1 月获批教育部“深化创新创业教育改革示范高校”、安徽省级“创业学院”,是首批国家级大学生创新创业训练计划实施高校、安徽省创新创业教育示范校。2018 年,学校获评全国普通本科类高校团学创业教育 45 强。

(四)形成示范推广

2015 年 8 月,教育部在学校召开长三角地区高校创新创业教育改革研讨会暨大学生创新创业成果展示会,学校在会上做专题报告。全国 31 省市自治区教育厅(委)高教处处长集体现场考察学校创新创业工作。

2015 年长三角地区创新创业教育改革研讨会在学校召开

全国 527 所高校、1 000 余批次高校来校调研。超过 300 所高校来校考察交流创新创业工作。

安徽省教育厅大学生创新创业办公室和秘书处设在学校,依托学校资源开展对全省大学生创新创业相关工作的指导和研究。

2017 年 5 月 6 日,教育部陈宝生部长来校视察调研,对学校创新创业工作给予充分肯定。

“三个面向”打开学生去往基层创新创业的通路

——安徽科技学院

一、学校概况

安徽科技学院位于美丽的淮河之畔——蚌埠市，拥有蚌埠龙湖校区和凤阳校区，是一所办学历史悠久的地方性应用型本科高校。经过 68 年的建设和发展，学校现有 18 个教学院（部），66 个本科专业，涵盖工、经、管、理、文、法、农、医等学科门类，形成了以新兴工科和优势农科为重点，多学科相互支撑、协调发展的应用型学科专业体系。现有全日制本科生、专业硕士研究生 17 300 余人。

近年来，学校积极顺应创新创业教育发展形势，不断深化创新创业教育改革，着力提高创新创业型人才培养质量，成功构建“5344”长效工作机制，已经形成创新创业教育全保障、全过程、全覆盖和全方位工作体系，涌现出一大批全国自主创业典型、全国十佳大学生村官、中国大学生自强之星、国家科技创新创业人才、全国农村青年致富带头人和全国创新创业基层人物提名推荐等典型人物，先后获评（批）全国毕业生就业 50 所典型经验高校、教育部全国高校实践育人创新创业基地、全国高等学校创业教育研究与实践先进单位、全国 KAB 创业俱乐部及创业教育基地、全国青年创业教育先进单位、首批安徽省普通高校大学生创新创业教育示范校、首批安徽省创业学院、首批省级众创空间和省级大学生创业孵化基地。

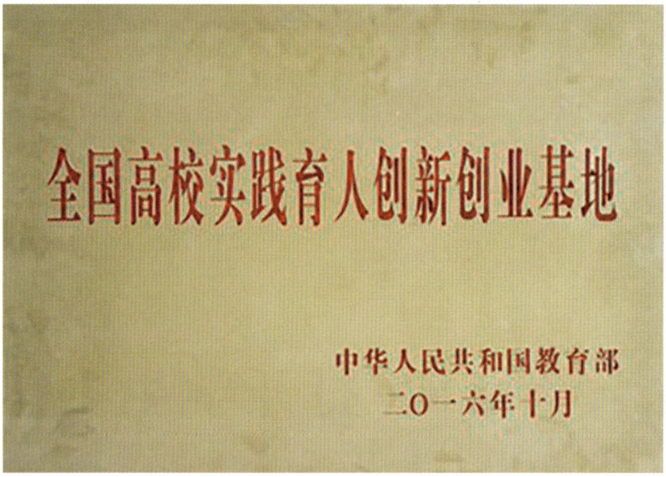

学校荣获全国高校实践育人创新创业基地

二、学校创新创业工作典型特色做法

（一）面向基层引领学生创新创业“方向路”

一是面向基层培养创新创业型人才的办学目标从未动摇。2008 年，学校基层创业典型人物呈“井喷式”涌现，2006 届毕业生杨俊森和 2007 届毕业生苗娟还先后受到党和国家领导人接见。学校 2009 年召开的第一次党代会和 2014 年召开的第二次党代会，都明确坚持面向基层培养创新创业型人才的办学定位。

学校第二次党代会再次将创新创业教育纳入顶层设计，
明确确定坚持面向基层培养创新创业型人才的办学定位

二是引导学生面向基层创新创业的工作理念从未改变。学校长期坚持“个人成长与奉献国家相结合、个人发展与服务社会相结合、个人创业与基层就业相结合”的工作理念，抓实教育和引导工作。“面向基层创新创业”作为重要内容写入年度本科教学质量报告和就业质量报告，“完善创新创业教育人才培养体系，积极引导学生面向基层就业创业”为学校 2016 年“综合改革方案”24 个项目之一，“深化创新创业教育改革，大力培养应用型创新创业人才”为 2017 年综合改革重点推进工作。

三是引导学生面向基层创新创业的实践做法从未中断。2010 年以来，学校从新生入学开始，通过入学教育和专业导论课讲授积极引导学生到基层创业就业。这一就业创业指导课一直讲到学生毕业，贯彻四年本科教育。近三年，通过“一院一品文化节”、选树基层创业典型和优秀校友事迹报告会等活动，共选树 57 名基层创业典型，先后邀请 43 名基层成功创业校友来校做宣讲报告，学校师生形成了“面向基层创新创业光荣，面向基层创新创业大有作为”的共识。

（二）面向基层筑牢学生创新创业“本领路”

一是以基层创新创业型人才培养为目标选“苗子”。学校 2006 年面向全体学生开展创新创业教育，2010 年将创新创业教育纳入人才培养方案，设置创业教育 3 个课程模块，安排 9 个创新创业学分，2015 年进一步优化创新创业型人才培养方案；开展“三段式、三层次”创新创业教育，以基层创新创业型人才培养为目标，分层次、阶段性普选“苗子”；在高年级学生中推行专业挂职基层锻炼制度，连续 11 年选派 400 余名在校学生挂职基层行政村科技副主任和中小企业经理助理，让“苗子”在基层一线经历实践打磨。生命科学专业学生杨俊森在校期间挂职凤阳县大庙镇三杨村科技副主任一年，毕业后主动回到家乡创办“歙县绵潭村枇杷专业合作社”，帮助村民致富，成为全国十佳大学生村官。

二是以创新创业培训和竞赛为平台搭“梯子”。学校系统开展创新创业培训和实训，近三年累计培训 4 089 名学生，组建创客联盟、KAB 俱乐部等 14 个创新创业学生社团，每年开展创客沙龙、创业指导等各类培训 50 余场，参与学生 5 000 多人次，开办安徽省首家创业实验班，学期两年，共招收 50 名学生进行重点培训；积极组织学生参加全国“互联网＋”等国家级、省级大学生创新创业大赛和学科竞赛，近三年，获得国家级、省级及行业类比赛奖励 623 项，其中全国“互联网＋”大学生创新创业大赛国家级铜奖 3 项，省级金奖 4 项、银奖 13 项、铜奖 15 项，学校连续三年荣获安徽省“互联网＋”大学生创新创业大赛优秀组织奖。

三是以创业孵化基地为载体播“种子”。学校借助占地总面积 2 120 平方米的大学生创业孵化基地，采取削履适足的“三器”模式面向全校学生年均遴选近 20 个创业团队进行孵化。第一步是面向所有学生普选好苗，打造选苗起步器；第二步是移苗至创业园，打造移苗孵化器；第三步是安排指导教师和创业成功人士进行对接指导，打造扶苗加速器，确保“种子”萌芽直至开花结果。投资 2 656 万元扩建面积 21 050 平方米的花卉、蔬菜、食用菌等创业实践孵化基地，近三年，共接纳学生实训 15 000 余人次。学校先后拿出近亿元与有关企业联合创建校外产学研基地 152 个，凭借校产结合的“基层一线阵地”，与 400 多家企业联合为学生开展情景式、实景式创业实践实训，保证了近 20％的在校学生能够在基层一线真刀真枪磨炼创业本领。

（三）面向基层铺设学生创新创业“成功路”

一是面向基层实施双元创新创业教育模式。学校推进从教师教学生学的单向教育模式向

2015 年，现任教育部科技司司长、时任教育部就业指导中心
主任雷朝滋一行视察学校的大学生创业园

师生协同创业的双元教育模式转变，师生协同开展项目论证，协同制定融资方案，协同推进项目实施。动物科学学院毕业生吴忠毕业后回到家乡郎溪县凌笪乡承包 4 万平方米的荒山，创办稻草帽生态畜禽养殖场，学校创业导师先后 13 人次赴安徽省郎溪县，与吴忠协同开展项目论证，跟踪进行技术指导。2016 年，养殖场年产值 800 多万元，净利润 100 万元。

二是面向基层实施双课堂教育模式。学校推进从校内课堂灌输式教育模式向社会实景式教育模式转变。近两年，共开设 95 门创新创业必修课，开设“森途学院资源库”“智慧树”“超星尔雅”“安徽省创业服务云平台”等在线选修课程 5 门，引进 KAB、网创、创业模拟实训等培训课程。在此基础上，学校采取“校企联合办班”培养，与相关企业联合开办“隆平班”“德力班”等 20 个特色冠名班，把创新创业教育课堂搬进企业，采取“产学研用合作”培养，通过与地方企事业单位产学研用结合，把创新创业教育课堂搬到基层一线。双课堂教育模式有力地提升了学生的创新创业实践能力。

三是面向基层推行双师互教制度。学校安排校内教师与校外导师共同帮扶学生进行创新创业，尝试推行“双师互教”制度。自 2010 年起，采取“两进、一培、一参与”（进企业，进基地，培训技能，参与产学研用合作）做法，打通专业教师帮扶学生进行创新创业的实践通道。近三年，有 421 名教师通过这一渠道获得“双能型”认证。从 2010 年起，学校采取“引聘结合”方式，从社会聘请 266 位企业家和知名人士担任校外创业指导老师，仅 2017 年就安排校外 35 名创业导师与校内教师共同帮扶学生创新创业。

四是面向基层推行双基地互训制度。学校建有 14 个创新创业实践孵化基地，总面积 17 001 余平方米，全部免费供学生使用。学校秉持“蓄水养鱼”理念，2017 年共有学生近 6 000 人（次）在校内创新创业实践孵化基地进行实训，有 21 个学生创业实践团队入驻学校大学生创业园。学校将创新创业教育实训纳入校外产学研基地互训计划，近三年共遴选 11 个创新创业项目入驻校外孵化基地，96 名创业学生得到系统培训。机械工程学院 2014 级学生王越亚创业团队在学校大学生创业园孵化一年后，又接受校外孵化基地培训，2016 年 6 月成立蚌埠皓越模型科技有限公司，当年营业额就突破了 70 万，他的速度公园淘宝网店项目，还荣获全国第六届大学生电子商务“三创”总决赛一等奖和最佳创业奖。

创新创业指导教师开展现场教学

中央电视台、《人民日报》、《光明日报》和《中国教育报》等中央媒体赞誉学校是“创业人才的摇篮”，面向基层培养创新创业型人才的做法得到了社会的普遍认可。学校毕业生在华东地区很受社会欢迎，一些涉农专业毕业生在毕业的前一年全部被用人单位预定。河北农业大学、湖南文理科技学院、安徽财经大学、阜阳师范学院等 11 所高校先后来校考察交流创新创业工作。

人民日报
RENMIN RIBAO

今日导读

扎根田野志创业
——安徽科技学院三名大学生到小岗村创业纪事

光明日报
GUANGMING DAILY

户口迁到农村、贷款建起大棚……安徽科技学院大四学生王中华、苗娟、周盘龙在学习之余到小岗村种蘑菇，上演了——
大学生农村创业“三人行”

新农村建设中的知识分子

《人民日报》《光明日报》等中央媒体多次报道学校的创新创业工作

投身“双创”新时代
培养“致用”新人才

——三明学院

一、学校概况

三明学院是2004年5月经教育部批准成立的省属普通本科高校，办学历史可以追溯到1903年陈宝琛创办的全闽师范学堂。学校位于海峡西岸福建省新兴工业城市、中国优秀旅游城市——三明市，占地面积约88万平方米，各类建筑面积约37.05万平方米，全日制在校生14 054人。学校立足三明，面向海西，服务于地方经济社会发展，构建了以工为重、以师为精，工、管、文、理、艺、教、经等多学科协调发展的学科专业体系。学校坚持“地方性、应用型、开放式”办学定位，致力于培养有创新精神、创业意识和创新创业能力的高素质应用型人才，打造“产业伙伴”“地方智库”“人才高地”。

作为福建省示范性应用型本科高校、福建省首批创新创业教育改革示范校和福建省首批五所示范性产业学院，三明学院一直探索符合自身办学定位的转型发展之路，弘扬“致用”文化传统，实施“特色立校、人才强校、创新活校”发展战略，致力于培养产业人才、师范人才、双创人才，把深化创新创业教育改革，作为推动内涵发展与质量提升的重要抓手，作为促进大学生更高质量创业就业的重要举措。学校依托村镇绿色发展学院精准服务“三农”，为山区精准扶贫、乡村振兴战略提供高校服务，通过开放办学、产教融合不断集聚优势资源，以“致用”理念培养创新创业人才，为三明这座全国小微基地城市示范培育创新动能。学校先后获评福建省首批深化创新创业教育改革示范高校、首批福建省大学生创新创业示范园区、全国大学生 KAB 创业教育基地。学校创新创业教育优势资源不断集聚，人才培养质量不断提高，承办了福建省首期全国大学生创业实训营，2018 年 1 月 2 日《中国青年报》以“三明学院：创新协同，开放绿色，投身创业新时代”为题，用整版篇幅全面报道学校创新创业教育的典型做法和显著成效。学校立足地方产业需求、立足学科专业建设，持续整合创新创业资源，培育源源不断的双创人才，投身创新创业大潮，发挥创新创业典型经验高校的引领示范作用。

创业实训营 3 中国青年报
2018年1月2日 星期二

平均每天获得1个省级以上竞赛荣誉，不到两天有1个专利获授权，创新力每天都在迸发

三明学院：创新协同 开放绿色 投身创业新时代

《中国青年报》专版报道学校创新创业教育

二、学校创新创业工作典型特色

(一)主要做法

1. 坚持理念撬动,全员动员聚焦双创

学校传承1873年致用书院“经世致用”办学文化,延续1903年全闽师范学堂百年师范教育的办学实践,形成三明学院独具特色的“百年致用、闽师之源”创新创业基因。一直以来,学校以“会应用、有后劲、好就业、能创业”的高素质应用型人才培养为目标,坚持“三贴近”①、办强应用校的工作思路与做法,将创新创业教育基因与培养现代大学生的创新精神、创业意识和创新创业能力紧密结合,融入大学管理和教育全过程,创新大学内部治理机制和育人模式,构建现代大学治理体系。先后形成343应用型人才培养模式②,以及专业群、产业学院、项目驱动创新班和应用型教学团队“四位一体”的应用型人才培养模式2.0版,打造了“一心双环”③的双创工作运行机制和服务帮扶体系。

2. 坚持要素推动,全程融入培养人才

学校系统化构建创新创业教育课程,实现创新创业教育融入专业课程体系、融入实践能力培养、融入服务地方发展的“三融合”模式。建立了通识课程、专业课程、实践课程为一体的三明学院创新创业“三原色”课程体系,开设“创造性思维与创新方法”等27门课程。以“互联网+”“创青春”“挑战杯”等创新创业大赛为抓手,对优秀项目进行“催熟”,促进落地孵化,三年来,共推送各类“创新、创意、创业”项目7 535项,累计22 142人次参与,获国家级奖项109项,省级177项;其中,机电学院代表队在2017年世界机器人大赛中脱颖而出,斩获大学组无差别2VS2格斗项目总冠军。将大学生创新创业与地方经济发展需求相结合,拓展创新创业资源,构建创新创业平台,推动企业深度参与学校创新创业教育全过程,实现与地方服务发展相融合。以专业群、产业学院为基础,以地方产业关联的项目为载体,打造绿色村镇发展学院,组建项目驱动创新班,建成“设计+”福建省众创空间,把大学生创新设计过程与地方发展需求结合,转化为大学生创新创业项目63个。2017年,“设计+”众创空间创业大学生李克军的作品“灵活的斧子”摘得具有“设计界奥斯卡”之称的德国“红点奖”。

3. 坚持内外联动,全力开源协同育人

学校联合地方政府、行业企业、高校等多方资源建立创新创业校校、校企、校地“三协同”的

---

① “三贴近”:坚持贴近地方产业实际、坚持贴近人才培养实际、坚持贴近学校建设实际。

② 343应用型人才培养模式:顶层设计“3结合”:专业设置与产业需求结合,课程体系与职业能力结合,学习过程与产业实践结合;教学过程“4抓手”:以实务为抓手促进教学内容改革,以职业能力为抓手促进实践教学改革,以各类地图为抓手促进学生有效学习,以多样评价为抓手促进考核方式改革;第二课堂“3转变”:活动内容向项目化转变,活动要求向课程化转变,成果认定向学分化转变。

③ “一心双环”:“一心”即,由校党委书记、校长任双组长,分管教学、学生工作的校领导分别任副组长的创新创业教育工作领导小组。“双环”即,以教育教学为内环,由教务处牵头推动课程体系、教学改革、师资队伍等内部要素建设;以创新创业实践为外环,由校团委牵头推动创新训练、竞赛孵化、创业实践等第二课堂建设。

"一心双环"双创工作运行机制

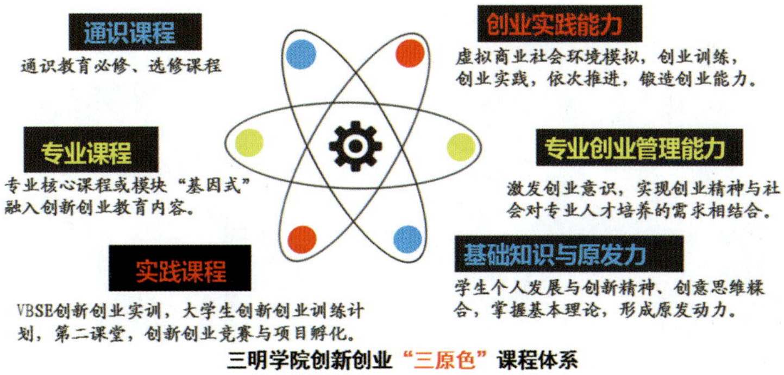

创新创业"三原色"课程体系

生态系统。发挥北京大学、厦门大学等省内外合作高校的教育资源、课程资源，实现北京大学创业训练营落地学校，培训覆盖师生两千余名。学校以此为支点，撬动三明市 1 000 万元双创专项经费，共建三明生态创新创业学院。借助运行 8 年的闽台高校联合培养人才项目，开展与台湾 15 所姊妹校常态化的交流互动，推动教育教学改革和创新创业教育。以产业需求和学生需要为导向，建成智能制造、数字创意等 9 个产业学院，参与学生人数超过 2 300 人，形成"一院一县"互动发展格局。紧盯三明龙头企业三钢集团，合作共建"闽光学院"，为三钢定制研发的国内首套辅助砂轮片自动在线更换设备，更换砂轮片可节约 2/3 的时间，据测算一年即可为三钢增效 3.8 亿元。协同运营福建省大学生创新创业基地（三明）和三明市电子商务创业培训中心暨三明市大学生创新创业园，开展返乡大学生电子商务创业培训项目 14 期，近万名电商行业从业人员受益。

4. 坚持服务催动，全情投入精准帮扶

通过教师队伍保障、场地经费保障、创业孵化帮扶、导师指导帮扶构建“四个保障”服务体系，为大学生创新创业提供优质的指导服务。建立内培外引机制，提升教师实践应用能力，建立“双师双能型”教师队伍。实施《中青年教师实践能力培养暂行办法》，选派中青年教师参与行业企业的创新实践，促进教师提升解决实际问题的能力。实施《校外兼职教师聘用与管理办法》，聘请企业家、创业人士、优秀校友作为兼职教师，建立“双师双能型”教师队伍。柔性引进近 50 名具有行业背景和创业经历的台湾博士参与创新创业教育课程教学。2017 年以来，实施一课双师制，业界师资参与各专业约 1/3 的专业课程教学，学生创新思维和能力素质得到较大提升。依托省教育厅支持的 500 万双创经费，改造校内 2.4 万平方米的商业街，建成 2.2 万平方米荆东园区，与 0.5 万平方米的下洋园区、0.9 万平方米沙县生态工贸园区，建成总计 3.6 万平方米的“一园三区”大学生创新创业基地。发挥荆东园区孵化器功能、下洋园区加速器功能、沙县园区创业示范功能，整合国家、省、地方、园区扶持政策，引入上市机构——华普教育科技，提供一站式服务。

省大学生创新创业基地揭牌运营

（二）工作成效

近三年，学生获得授权专利 548 件，2017 年中国大学有效专利排行榜 500 强中，学校排名 359 名，领先省内同类高校。近五年，22 141 人次参加各类创新创业竞赛、课外学术科技竞赛，获得省部级奖项 905 项，居省内前列。近三年，年终就业率保持较高水平、居省内前列，分别为 95.82%，98.72%，98.19%。2018 年，在第四届福建省“互联网＋”大学生创新创业大赛中学校报名2 107 项，居全省高校前列；2018 年，在福建省“创青春”大学生创业大赛中，学校 6 项作品入围决赛，获得 5 项金奖，取得历史性突破。

学校双创工作得到省内外兄弟院校和社会的广泛认可，得到《光明日报》、《中国教育报》、

《中国青年报》等多家全国级主流媒体报道，厦门大学、福州大学、金陵科技学院、温州大学等70 多所高校来校考察交流。

（三）经验与特色

1. 高位对接借力发力

借助北京、广东等地一线城市校友分会资源，建立校友创业联盟，聘请 41 名校友担任创业导师。2017 年，北京大学创业训练营这个全国最大的公益创业教育与扶持平台加盟三明学院，学校高位嫁接北大教育资源、人才资源、课程资源，高水平帮扶大学生创业者解决实际问题，举办 10 期培训班，2 000 多名师生受益。

2. 闽台互补厚植优势

主办首届海峡两岸应用型本科教育发展论坛、发起成立海峡两岸高校应用型教材建设联盟，合编教材 30 本；与台湾大叶大学、义守大学共建海峡汽车工程研发中心等 4 个研究机构；举办 2015 国台办重点项目——海峡两岸青年大学生创新设计大赛等两岸交流活动十余项；从转型的顶层设计到教学改革再到创新创业成果，闽台合作成为转型路上学校“弯道超车”的助推器，持续为学校整体转型注入真经活水。

3. 服务地方绿色发展

构建产教融合绿色教育体系，培育绿色学科专业优势，将“绿色发展理念与绿色实践能力”作为核心能力培养。助力乡村绿色发展，实施《绿色教育实施方案》，立足当地生态资源，选择乡镇作为大学生创新创业实训基地，创建村镇绿色发展学院，打造农业龙头企业（产品）、乡村旅游和生态文明建设示范点，鼓励大学生到基层到农村社会实践、精准扶贫。服务乡村振兴，“设计服务三农”团队通过课程植入服务，专业服务区域经济，在泰宁县、明溪县等 7 个县 13 个村开展 760 余人次的创新设计实践，获省五四青年奖章。

红色引领 创新驱动 多方保障 协同育人 打造新时代地方高校创新创业教育新体系

——南昌大学

南昌大学是国家“双一流”计划世界一流学科建设高校，是江西省唯一国家“211 工程”重点建设高校，是教育部与江西省部省合建高校，也是江西省高水平大学整体建设高校。

一、基本情况

南昌大学是一所“文理工医渗透、学研产用结合”的综合性大学，设有人文社科学部、理工学部和医学部，拥有 12 个学科门类的 123 个本科专业，现有全日制本科学生 35 660 人，各类研究生 14 864 人，国(境)外学生 963 人。建校以来，学校共培养了 40 多万优秀人才，为国家和地方经济社会发展作出了重要贡献。

(一) 学生就业率在省内名列前茅，就业创业质量逐年提升

学校承担了每年江西省 8%左右毕业生的就业创业指导、服务和管理工作，近 3 年就业率稳定在 86%～90%，位居江西省前列。2017 年自主创业比例同比去年新增 1.5%。

(二) 创新创业文化氛围浓厚，人才培养质量显著提高

近三年，每年参加各类竞赛的学生达上万名，获国际、国家级奖励 1 800 余项。在连续三届全国大学生“互联网＋”创新创业大赛中斩获 1 金 5 银 5 铜，并获首届最佳人气奖及第一、二届先进集体奖。

近三年学生发表论文 807 篇，申请专利 104 项，孵化创业企业 120 家，培育学生团队 205 个。学生获省级以上创业典型表彰 340 余人次，获评江西省首届十佳大学生创新创业标兵和标兵提名奖各 1 人。

（三）创新创业工作见成效，产生广泛社会影响和示范效应

2014 年，学校荣获国家级教学成果二等奖 3 项。近年获批中国高等教育学会双创专项重点项目 1 项、教育部产学协同育人项目 33 项，11 名教师入选全国首批“万名优秀创新创业导师人才库”。此外，学校承办如 ASC 世界大学生超级计算机竞赛等国际大赛等多项重点赛事工作。

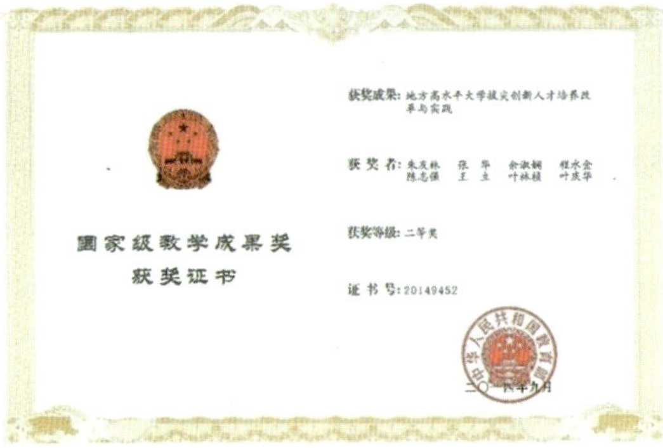

2014 年度国家级教学成果二等奖

超算大赛闭幕式

学校参与中国高校创新创业教育联盟和中国大学生创新创业实践联盟的组建，并当选为实践联盟副理事长单位。在 2015、2016 年中国大学创业竞争力评级中，学校分别排名第 25、35 位。获批“全国首批深化创新创业教育改革示范高校”“全国实践育人创新创业基地”“江西省大众创业万众创新示范基地”“江西省优秀创新创业基地”等。

二、典型特色

（一）深化改革，创新思路，构建“全覆盖、多层次、个性化”创新创业教育教学体系

1. 修订人才培养方案

修订 2016 版培养方案，完善“创新创业学分”、确定个性化人才的培养目标和分层次的课程体系，实现思政教育、创新创业教育与专业教育相结合，融入人才培养全过程。

2. 创新人才培养模式

一是加强拔尖创新人才培养。2014 年成立“前湖学院”，开设综合实验班，实行“三化”“三制”“三融合”模式；2015 年成立“际銮书院”，来自综合实验班、本硕实验班、国学实验班共 147 名学生成为“际銮书院”首批新生。前湖学院首届综合实验班 91 名学生现已毕业，获省级以上奖励 116 项，其中国家级奖励 53 项；发表论文 52 篇，获专利 3 项；毕业后继续深造的有 72 人，

其中985高校58人，211高校7人，出国深造7人。

前湖学院毕业典礼

二是加强应用型人才培养。建立健全国家、省、校三级卓越教育计划。依托14个国家级、14个省级、10个校级卓越人才培养计划项目，举办如东软实验班、江铃实验班、航天实验班、医学实验班、中法实验班、ACCA国际会计班等卓越计划班。

三是加强复合型人才培养。推行跨学院、跨专业及校际联合人才培养模式。开设23个双学位、37个辅修专业以及特色实验班，近三年获得辅修专业学位者达3 500多名；开展了“2+2”跨学院、跨专业培养，与伦敦玛丽女王大学联合举办国内唯一临床医学（生物医学）双学位联合培养项目；积极开展与国内外大学学分互认、学位互通、联合培养工作，选拔组织千余名学生赴国外开展学习交流。

3. 深化创新创业学分改革和课程体系

一是丰富创新创业学分内涵。2012年“创新学分”正式纳入本科培养方案，2016年进一步拓展设置“创新创业学分”，完善创新创业学分评价体系、管理体制和运行机制。截至目前，共有33 719人次学生通过相应考核获得学分。

二是强化创新创业通识教育。将“大学生创新创业基础”、“大学生职业发展与就业指导”等课程纳入I类通识课程体系，将“KAB创业教育”培训和竞赛类课程纳入学校II类通识课程体系，覆盖全体在校学生。

三是构建创新创业课程体系。学校构建由“通识课+跨学科基础课+专业主干课+跨专业选修课+创新创业学分课”组成的学科交叉融合、专业互通集成的多学科一体化课程体系。

四是加强创新创业教材和课程建设。组织编写通识教育、创业+专业教育等各类创新创业教材，并引进MOOC课程。共开设创新创业课程209门，创业+专业课程11门，更新基础、专业创新实验（实践）课程498门。

4. 完善人才培养机制

2012年实施学分制收费与选课、创新学分转换和弹性学制；实施班级导师制；实施三学期制，将传统春秋两学期（20+20周）变更为春夏秋三学期（18+X+18周）。

5. 深化教学方法和考核方式改革

成立南昌大学在线大学，现已建成 MOOC 课程 21 门并上线运行，其中 3 门入选首批“国家精品在线开放课程”。改革学生成绩考核方法，实现授课全过程考核。改革考试考核内容和学业评价，探索非标准答案考试，由过去百分制改为 A、B、C、D、F 等级制。

（二）加强整合，构建支撑平台，打造“开放共享、协同育人、互补联动”的创新创业生态系统

1. 加强“院—校—社会”三级实践平台建设，形成“教育—实践—孵化—转化”完整的创新创业人才培育链

一是校内创新创业训练平台。建有 10 个基础实验中心，46 个专业实验室，29 个大学生创新创业基地，15 个学生工作特色基地，其中国家级高校实验教学示范中心 5 个、国家级虚拟仿真实验教学中心 2 个。此外，37 个研究所（室）（含国家级重点实验室或工程技术研究中心 8 个）全面向学生开放。

二是校外创新创业实训基地。共建立校外实习实训基地 596 个，年接纳近万名学生。联合相关企业成功申报 4 个国家级工程实践教育中心，另获批 2 个国家级大学生校外实践教育基地。

三是校院两级创新创业孵化空间。“星火众创”于 2016 年获评“国家级众创空间”，成为省内唯一集国家级、省级、市级三级众创挂牌的示范。此外，“汇智创客空间”为江西省首个校企合作创客空间，曾获“江西众创”“洪城众创”荣誉，现已在二级学院建成六个分区。

四是创新创业成果转化平台。依托学校、政府和社会资源建设的南昌大学科技园于 2004 年获评国家大学科技园，现总占地面积 343 万平方米，总建筑面积 25 万平方米，建有九大服务平台。于 2012 年考核为 A 类（优秀）国家大学科技园，2013—2015 年度连续 3 年被评为 A 类（优秀）国家级科技企业孵化器，为大学生、创新人才和团队、初创期企业的创新创业提供了完善的硬件设施服务。

2. 加强实践，文化育人，形成“红色引领、科研提升、教学相长”的创新创业校园环境

一是以井冈山精神引领创新创业活动。全面实施“星火引航计划”工程，传承红色基因。以井冈山精神作为学生创新创业活动践行的价值标准。

二是以高水平科研提升创新创业活动。学生早期接触科研，积极参与国家科研计划项目和承担国家大学生创新创业训练计划，以高科技成果助推创新创业，在“互联网＋”、“挑战杯”等各类创新创业大赛和创业实践中取得了卓越成绩。

三是以多样化教学促进创新创业活动。建立国家—省—校三级创新创业训练计划（含科研训练），近 3 年共支持项目 3 200 余项，其中国家级 180 项。学校推进“一院（至少）一赛”品牌计划，并成立大学生创业协会等各类学生社团 233 个，依托“三学期制”，确保参加创新创业实践活动的学生达 100％。

（三）建立了“多学科交叉、文理工医渗透、科教研用协同”教育体系

结合重大战略性产业方向，依托“一流”学科建设，并与社会、企业合作，形成一站式创新创

业孵化生态系统，助力学生创新创业。如在全国“互联网＋”大学生创新创业大赛中学校金奖项目“护理专家”来自江西省机器人与焊接重点实验室、银奖项目“VR 手术专家”和“IRR 智能康复助手”来自江西省信息工程重点实验室、“益生有你”来自食品科学与技术国家重点实验室。

（四）红色基因铸入创新创业教育，构建育人一体化新模式，打通育人“最后一公里”

1. 党支部与双创基地共建

2015 年在南昌大学机器人创新创业基地成立学生党支部。目前基地累计跨专业培养学生 700 余名，获国家级特等奖、一等奖 22 项，其他省部级以上奖励 100 余项，申请发明专利 5 项，累计毕业学生创办科技公司 5 家。获全国“小平科技创新团队”和江西省“龚全珍式向上向善好集体”等荣誉称号。

创新创业团队投身科学研究 1

创新创业团队投身科学研究 2

2. 社团志愿服务与公益创新创业并行

依托南昌大学国家级临床医学实验中心 2010 年成立的急救知识与技能宣教大学生志愿服务社团——南昌大学 3S 救护会，面向校园乃至社会进行科普宣传 300 余场次，并开展多形式“互联网＋”科普，受众人次超过 20 万。获全国大学生优秀社会实践队、全球大学生创业世界杯优胜奖等荣誉与奖项。

3. 师生同创共助红色扶贫

生命科学学院以江西省特种水产产业技术体系、南昌大学重点实验室 20 多年科研技术为核心，组建“稻渔工程”团队，积极参与第四届中国“互联网＋”大学生创新创业大赛“青年红色筑梦之旅”活动，深入革命老区、贫困地区，带动贫困农民脱贫致富。现已在 15 家龙头企业落地，技术服务面积达 4 224 万平方米，辐射示范带动约 6 667 万平方米，合作企业年产总值近 6 亿元，受益贫困户达 763 户 2 119 人。多家社会媒体对该团队进行报道。

实施“三创合一”教育
全力推进创新创业工作

——景德镇陶瓷大学

景德镇陶瓷大学是全国唯一一所以陶瓷命名的多科性本科高校，是全国首批31所独立设置的本科艺术院校之一，是教育部“深化创新创业教育改革”示范高校、江西省首批“转型发展试点”高校、教育部“卓越工程师教育培养计划”高校。现已发展成为全国乃至世界陶瓷文化艺术交流、陶瓷人才培养和科技创新的重要基地。

一、学校概况

1. 历史沿革

学校前身是1910年创办的中国陶业学堂；1947年设置专科建制的江西省立陶业专科学校；1958年设置普通本科建制的景德镇陶瓷学院，隶属原轻工业部；2013年获批博士学位授予权；2016年更名为景德镇陶瓷大学。

2. 校区及学院设置

学校现有三个校区，占地约133.3万平方米。设有材料科学与工程学院、陶瓷美术学院、设计艺术学院、艺术文博学院等10个本科教学院(部)，以及研究生院、国际学院、创业学院、继续教育学院和1个独立学院。全日制在校生2万余人(含独立学院)，其中博士生50人、硕士研究生1 300人，留学生近百人。

景德镇陶瓷大学湘湖校区大门

3. 办学特色

学校以“弘扬中华陶瓷文化、振兴中国陶瓷工业”为使命，践行“诚朴恕毅”的校训精神，致力于培养“为陶瓷业服务的尖兵”，打造了“艺术设计与陶瓷文化、陶瓷材料工程与机械、陶瓷经济与管理”三大特色专业群，形成了“人才培养突出实践能力，学科专业坚持艺工并重，科学研究注重行业需求，艺术创作不断开拓创新”的鲜明办学特色。

4. 办学成就及行业地位

长期以来，学校为社会培养了 6 万余名陶瓷专门人才。毕业生动手能力强、基础扎实、作风朴实、勇于创新、敢于创业，广受社会欢迎，造就了一大批著名陶瓷艺术家、设计师、科技领军人物和企业家，创造了科达机电、箭牌、金意陶、简一陶瓷、欧神诺、道氏制釉等一批陶瓷著名品牌，深刻影响着中国陶瓷业的发展，被业界誉为“陶瓷黄埔”。在广东佛山，学校万余名毕业生扎根，撑起中国建陶业的一片蓝天；在江西景德镇，5 000 余名毕业生加入“景漂”大军，成为瓷都景德镇“打造与世界对话的城市”的生力军。学校艺术类毕业生人才辈出，艺术流派与风格鲜明，在国内外艺术界崭露头角，成果显著，备受关注，形成了独特的“陶院现象”。

5. 创业工作现状

近年来，学校大力深化创新创业教育改革。学校主动响应党中央、国务院“大众创业、万众创新”的号召，以培养创新型应用型人才为目标，植根陶瓷行业，发挥特色学科专业优势，“立足江西，服务行业，面向全国，走向世界”，坚持“创意引领创新、创新推动创业、创业带动就业、创业带动创业”，设立了创业学院和创业学院党总支，提出并探索实践了创意创新创业“三创合一”人才培养新模式，将创新创业教育贯穿人才培养的全过程。

学校创新创业教育改革取得显著成效，在全国、江西省具有很大影响力。毕业生就业率连续多年位居江西省高校前列，2011 年至今自主创业率连续七年名列江西省高校前茅；2011 年、2016 年教育部简报两度推介学校教育改革创新举措；2015—2017 年中国“互联网+”大学生创新创业大赛，学校取得 1 金 2 银 4 铜的优异成绩；相继涌现出① 校友为 2014 年北京 APEC 会议、2016 年 G20 杭州峰会设计国家首脑餐具用瓷；② 2015 年中国“互联网＋”大学生创新创业大赛中金奖及最佳创意奖“指尖上的陶艺”项目；③ “用于污水处理的高性能陶瓷分离膜”项目获首届全国科技工作者创新创业大赛金奖（江西唯一）；④ 2 篇论文入选 2015 年“中国百篇最具影响国际学术论文”；⑤ 学校与广东宏宇集团合作攻克陶瓷世界难题——大红墨水等为代表的一大批创新创业典型。

获奖证书

唐丽萍 高维 黄万云 马力 邹涛：

你们的作品《指尖上的陶艺》在首届中国“互联网+”大学生创新创业大赛中荣获金奖。

指导教师：章义来 李超

特发此证，以资鼓励。

主办：
教育部 国家发展和改革委员会
工业和信息化部 人力资源和社会保障部
中国共产主义青年团中央委员会 吉林省人民政府

中国“互联网+”大学生创新创业大赛组委会
二〇一五年十月二十一日

《指尖上的陶艺》荣获首届中国“互联网＋”大学生创新创业大赛金奖

学校创新创业工作得到广泛赞誉。2017 年，学校被教育部评定为全国第二批深化创新创业教育改革示范高校，参与发起并成为全国大学生创新创业实践联盟常务理事单位，被江西省发改委认定为首批省级大众创业万众创新示范基地，被江西省教育厅评定为江西省大学生创新创业示范基地，《创意创新创业“三创合一”人才培养模式的探索与实践》项目获得江西省教学成果一等奖；章义来教授被评为江西省大学生创新创业优秀导师。2017 年 10 月，新华社以“为陶瓷行业培养创新创业型人才”为题对学校创业学院院长陈斌进行了专访报道。近年来，《中国教育报》、《江西日报》、《中国青年报》、中国新闻网、江西新闻网、江西省人民政府网等近百家媒体广泛宣传报道学校创新创业教育。

二、学校创新创业工作的典型特色

1. 凝练提出，探索实践“三创合一”人才培养新模式

近年来，学校凝练提出、大力探索实践了创意创新创业“三创合一”人才培养新模式。2015 年，在江西省“互联网＋宣传工作”现场推介会上，学校作为全省“互联网＋大学生创业平台”先进单位在会上作典型发言，时任党委书记郭杰忠在介绍学校的经验做法中首次提出了“三创合一”教育。“三创合一”教育就是把创意、创新、创业三者有机融合在一起，以“创”为核心，创意引领创新，创新推动创业，创业带动就业，创业带动创业，创业激发新的创意创新，构建创意生态，培养创新能力，推动创业实践，培养创新型应用型人才。

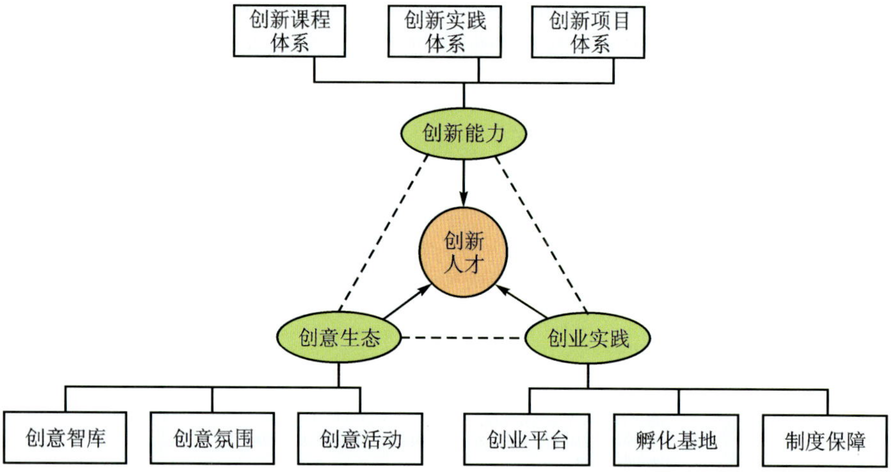

创意创新创业“三创合一”的人才培养模式示意图

学校始终围绕陶瓷、专注陶瓷，坚持理论与实践、科学与艺术相结合，创新精神与市场需求、创业能力与职业要求相衔接相统一，做强“艺术设计与陶瓷文化、陶瓷材料工程与机械、陶瓷经济与管理”三大特色专业群，精心培养从陶瓷材料、产品设计到管理的全产业链高水平“三创”人才。

2. 整体设计，建立和健全创新创业工作机制

学校成立了创意创新创业“三创合一”教育工作领导小组，建立了教务、学工、团委、科研、创业就业等部门齐抓共管的创新创业工作机制。2015 年学校成立了以党政一把手为组长，分管相关工作的校领导为副组长，成员涵盖党(校)办、人事、教务、财务、创业、就业、科研、学工、团委等部门及各学院的创意创新创业“三创合一”教育工作领导小组，领导全校“三创”教育工作，同时下设以分管校领导为主任、教务处处长和创业学院院长为副主任的办公室，落实和推进“三创”教育工作。

设立了专门部门负责创业工作。2016 年 6 月，学校以正处级建制设立了创业学院，与毕业生就业创业服务指导中心合署办公，专门负责全校大学生就业创业工作。创业学院下设大学生就业创业指导中心、毕业生就业工作办公室，对全校大学生就业创业活动实行指导服务、精准帮扶。

研究制定了创新创业系列政策文件。近年来学校制定了《关于实施创新教育 培养创新型应用型人才的若干意见》《创新型应用型人才培养试点方案》等规章制度，使得创新创业工作有章可循、规范运行。同时，做好工作规划，分阶段落实推进创新创业工作。

3. 整合资源，积极广泛开展创新创业实践

一是充分利用基地办学优势开展创新创业实践。将景德镇的博物馆、御窑遗址、陶瓷作坊、创意集市以及教师个人艺术馆、工作室纳入育人大课堂，教师工作室或实验室每年为 1 000 多名学生免费提供创意设计、创新研究、创业实践指导。

二是校政企联合共建了一批创业孵化基地和创意集市，将学生创意创新产品引入市场。

2011 年以来，学校在校内外共建或自建了 5 个各级大学生创新创业孵化基地，其中与景德镇市劳动就业局共建了国家级大学生创业孵化示范基地——景德镇大学生陶瓷创业孵化园。近三年来，共有 125 个学生创业团队入驻了校内外大学生创新创业孵化基地，带动 1 100 余人就业，实现产值 1.2 亿元；由学生自发兴起的乐天陶社创意集市成为展示学生创新设计、创意产品的重要窗口，以及景德镇市重要的文化旅游品牌。

学校与景德镇市劳动就业局共建了国家级创业示范基地
——景德镇大学生陶瓷创业孵化园

三是帮扶解决大学生创业实际需求。成立了“大学生创业洽谈及产品展示中心”，每年为 200 多名学生免费提供洽谈、会议、接待、产品展示和项目推介服务。

四是打造高水平实训基地。2015 年，学校被人力资源社会保障部评为第五批国家级专业技术继续教育基地；2016 年，学校被文化部列入中国非物质文化遗产传承人群研修研习培训计划首批参与院校名单；国家艺术基金项目开设了多批高级研修班，面向全国公开招收学员。近三年，学校为全国各地培训了 780 余名陶瓷高级专业技术人才。

五是倡导成立了“陶瓷产业卓越人才培养联盟”。2017 年学校发起，国内 20 余家知名陶瓷企业参与成立了“陶瓷产业卓越人才培养联盟”。以此为依托，深入开展大学生创意集市、校企共建创新人才培养基地、校企联合指导毕业设计（论文）等形式多样的创新创业实践。

4. 凝聚力量，大力实施“党建＋”创业

2016 年 12 月，学校在江西省高校中率先设立了创业学院党总支，大力实施“党建＋”创业。目前，创业学院党总支下设了 3 个创业毕业生党支部，吸收了 28 名创业毕业生党员。通过创业毕业生党支部的工作活动，凝聚了创业毕业生党员力量，建立了创业毕业生党员的交流机制，采访编印了景德镇陶瓷大学创业毕业生党员创业故事集，发挥了创业毕业生党员在创新创业工作中的先锋模范及传帮带作用。

面对新的发展机遇和竞争形势，学校将继续全面深入学习贯彻习近平新时代中国特色社会主义思想和党的十九大精神，主动响应党中央、国务院“大众创业、万众创新”的号召，秉承百年办学传统，抓住一流学科、一流专业的建设机遇，不断提升学科专业认可度和学校办学声誉，

学校在全省高校中
率先成立创业学院党总支
设置创业毕业生党支部

学校设立创业学院党总支，下设 3 个创业毕业生党支部

坚持“创意引领创新、创新推动创业、创业带动就业、创业带动创业”，大力推进创意创新创业“三创合一”教育改革和人才培养，为陶瓷行业和经济社会发展培养更多优秀的创新型应用型人才，朝着建设世界知名的高水平陶瓷大学的发展目标迈进，努力把学校建设成为陶瓷高水平人才培养基地、行业技术进步发动机和中华陶瓷艺术与文化高地。

“四色融合”构建区域特色双创教育体系 推动形成各类教学要素“为创而动”育人新格局

——江西师范大学

江西师范大学是教育部、江西省人民政府共建高校和中西部高校基础能力建设工程高校，位于素有“物华天宝、人杰地灵”美誉的江西省省会南昌，对江西的政治、经济、文化和社会发展有较大影响，被江西省人民政府确定为优先发展的省属重点（师范）大学。学校是博士学位授予单位和全国第一批学士、硕士学位授予权单位。设有 23 个专业学院，1 个独立学院（科技学院）。现有 9 个博士学位授权一级学科点，63 个博士学位授权二级学科点，30 个硕士学位授权一级学科点，16 个硕士专业学位授予点，87 个本科专业。学校现有瑶湖、青山湖两个校区，占地面积 233 万余平方米，全日制本科生近 3 万人，博士、硕士研究生 5 000 余人。

近年来，学校积极因应创新创业时代主题，立足国情省情校情，激活大学创新创业基因，推动各类教学要素“为创而动”，构建了“红色引领、蓝色创新、绿色行动、金色保障”这一具有江西区域特色的“四色融合”创新创业教育体系，创新创业人才培养取得显著成效。《教育部工作简报》2017 年第 5 期以“江西师范大学构建区域特色创新创业教育体系”为标题，单篇全文报道学校创新创业教育经验和做法。学校 2011 年荣获全国毕业生就业典型经验高校 50 强，2013 年跻身全国“挑战杯”竞赛 50 强，2015 年进入中国大学创业竞争力百强高校，2016 年于全省率先获批全国高校实践育人创新创业基地和全国首批深化创新创业教育改革示范校，2017 年参加第三届中国“互联网＋”大学生创新创业大赛团体总分跻身全国 20 强并荣获全国先进集体奖。李克强、赵乐际等中央领导先后莅临视察学校创新创业教育基地。

一、红色引领，打造价值导向体系，铸就学生创新创业的精神品质

习总书记说："人无德不立，育人的根本在于立德"。江西师大注重把博大的家国情怀、坚定的理想信念、顽强的意志品德、强烈的责任担当等创新创业基因融入学生的价值观，牢牢铸就学生创新创业的精神品质。

一是挖掘红色资源的双创教育功能。江西是中国革命的"四大摇篮"，孕育了伟大的井冈山精神、中央苏区精神，这些精神的灵魂，就是要坚定执着追理想，实事求是闯新路，这也正是创新创业者所必备的意志品质。学校发挥江西红色资源优势，开设"井冈山精神"等通识教育课程，并将井冈山斗争史作为"创业基础"第一课，打造创新创业教育红色课程模块，并组织开展红色阅读、红色体验、红色宣讲等系列活动，回顾和体验红军创业历程，让广大学生在传承红色基因中体悟社会责任，树立家国情怀，张扬敢创个性，锤炼顽强意志。

汇编出版红色论文集

二是借力师德教育的双创教育功能。"师者，人之模范也"。学校发挥师范院校的师德教育优势，努力把有道德情操、有仁爱之心等师德要素，转化为广大学生创新创业的道德品质，通过开展课堂教学浸润师德、主题活动强化师德、实践教学践行师德、校园文化熏陶师德、师德答辩检验师德"五位一体"的师德教育活动，使广大学生能够做到明大德、守公德、严私德，学校涌现出"全国大学生自强之星标兵"肖玉玲、"全国大学生践行社会主义核心价值观先进个人"曾祥钰等一批先进典型。

三是发挥思政工作的双创教育功能。学校发挥思政工作的强大优势，努力把社会主义核心价值观内化为广大学生创新创业的思想品质，通过思想政治工作清单制度、"党建＋人才培养体系改革"、思政课"一定二化三结合"改革实践创新等，实现从"思政课程"向"课程思政"转变，引导学生树立正确的世界观、人生观、价值观，牢牢把握青年学生的成长方向。

二、蓝色创新，打造人才培养体系，强化学生创新创业的能力素养

蓝色创新，即深度创新。这里的深度创新，既包括对人才培养体系的深度创新，也包括对学生深度创新能力的要求和培养。江西师大对标双创教育要求，深度创新人才培养体系，使广

大学生具备良好的创新创业知识结构和较强的深度创新创业能力。

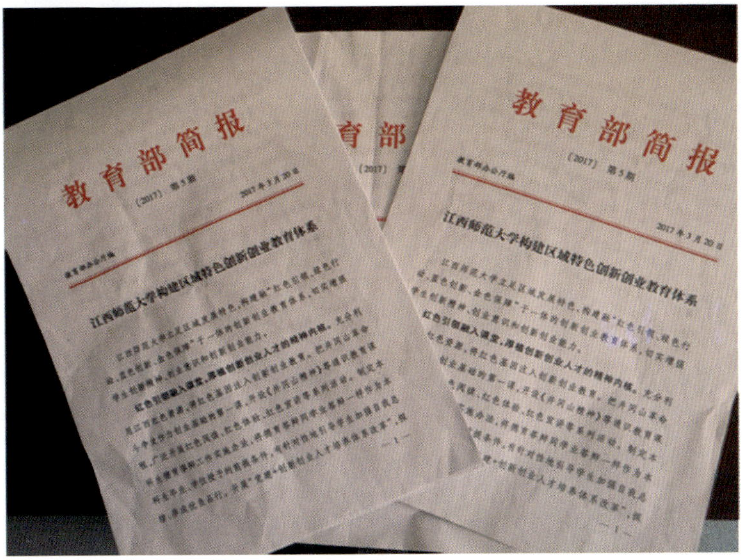

教育部简报单篇全文报道学校创新创业教育工作经验

一是构建创新创业立体化教育课程。构建了一个由普及课程(创新创业基础(必修)课程，不少于 2 学分)、选修课程(“社会调查与研究方法”“创业经济学”“创业案例研究”“创业管理与咨询”等 27 门创业类选修课程)、实践课程(10 个创新创业实践课程学分)、网络课程(慕课、在线开放课程)组成的多层次、立体化的创新创业教育课程体系，实现大学生创新创业教育“四年不断线”，让全体大学生都能接受创新创业教育和训练，具备较好的创新精神、创业意识和创新创业知识与能力。

二是推动创新创业教育融入专业教育。修订人才培养方案，把创新创业能力作为四种能力之一列入人才培养规格要求，制定体现创新创业教育内涵的专业教学质量评价标准。实施人才分类分型培养，把 87 个专业分为学术型、应用型、综合型 3 个专业类型(分别确定不同的目标规格，学术型专业重点提升学术创新能力，应用型专业重点提升创业就业实践能力，综合型专业重点提升创新创业综合能力)，构建多样化人才培养体系，促进学生多样成长。比如，正大学子应用型高原班——“金牌讲解班”被时任分管教育副省长朱虹誉为江西旅游界的“黄埔军校”。

三是强化教师创新创业教育教学能力。每年投入 30 万元专项经费用于双创师资队伍的培训，联合专业培训机构举办师资培训班、训练营，近三年来 100 多位老师取得中高级职业、创业指导师资格证。刘志华和谭菊华分获全国创业指导课程大赛和全国创新创业论文大赛一等奖，两人均被教育部聘为全国就业创业培训指导特聘专家。此外，学校还通过校企合作、校友联络等方式聘请泰豪集团董事长黄代放、泰康人寿总裁刘经纶等 150 余企业界人士担任创新创业导师。

获批全国首批深化创新创业教育改革示范高校

学校每年投入 500 万元用于教师教学能力提升，成立教师发展中心、实施新兴教学法青年教师全员培训、推进教学范式改革，引导广大教师积极运用启发式、讨论式、探究式、项目式、案例式、参与式等教学方法，着力提高课程教学效果，培养学生的批判性和创造性思维能力。15 位教师获得国家级教学名师、全国优秀教师等国家级教学荣誉称号，10 位教师入选教育部高校教学指导委员会委员。

三、绿色行动，打造实践育人体系，提高学生创新创业的实践能力

绿色行动，这里的“绿色”主要是指实践教学内容、平台和教学安排的立体生态。江西师大把实践教学贯穿教育全过程，着力为学生提供丰富的创新创业平台和机会，显著增强大学生的创新创业体验和能力。

一是构建立体实践教学体系。学校构建了“两条主线（师范类和非师范类专业）并行，三大平台（实验实训室平台、校内第二课堂平台、社会实践平台）齐用，四大模块（实验（实训）模块，实习（见习）模块，论文（设计）模块，科技创新等活动模块）展开，四个阶段递进”的“二三四四”实践教学体系。例如，在实践教学安排上注重梯度递进，先基础实践，后专业实践，再综合实践。基础实践，重在帮助学生掌握分析和解决问题的科学方法；专业实践，重在提高学生解决实际问题的实践能力；综合实践，重在培养学生的创新创业精神和能力，提高学生的综合素质。

二是组织丰富的双创实践活动。学校自主建设 138 个专业实验室（仿真实验室、训练中心）和占地 6 400 平方米的瑶湖众创空间、2 000 平方米的鹿鸣文创园，与社会共建校外实习实训基地 386 个，可提供实习实训岗位 11 000 余个，确保学生实践有平台、实训有岗位、实习有保障。在此基础上，学校制定了面向全体学生的“普惠式”创新创业训练计划，每年投入 500 万元专项资金设立“大学生创新创业基金”，打造学生创新创业团队 200 余个，设立创新创业课题 1 100 余项，举办创新创业大赛 2 次，开展双创教育活动 100 余场，并在工商管理等 5 个专业试

点举办创新创业实验班和创业精英班，使创新创业成为师大校园的一道靓丽风景。近三年，学校获批国家级大学生创新创业训练项目计划共 100 项，立项总经费达 100 万元。

参加第三届中国“互联网＋”大学生创新创业大赛荣获全国先进集体奖

三是开展生态文明实践活动。策应国家生态文明实验区重大发展战略，利用江西绿色生态的品牌优势，学校打造了全国实践育人创新创业基地——环鄱阳湖生态文明实践育人基地等一批“人才培养、创新研究、创业示范、社会服务”“四位一体”的生态文明实践育人基地，并以地理科学、生命科学、旅游管理等专业学生为主体，开展“百县大调研”、鄱阳湖科学考察、生态治理和环境保护等“绿色使者”系列生态文明实践活动，提升青年大学生的生态文明素养和绿色创业能力。例如，鄱阳湖区生态环境保护与监测研究团队 2014 年获全国大学生“小平科技创新团队”称号，蓝天环保社团 2017 年成为全国唯一荣获世界自然基金会颁发“世界生命湖泊最佳保护实践奖”的高校环保社团。

四、金色保障，打造支持服务体系，确保创新创业教育开展

没有强大的保障支撑，就难有优秀的双创教育。江西师大倾其所有，为双创教育保驾护航。

一是强大的政策支持。学校成立以书记校长为组长的创新创业教育领导小组，设立正处级创新创业指导中心，该中心每年专项经费 500 万元。建立实施创新创业学分积累转换、弹性学制、保留学籍休学创新创业及跨专业培养创新创业人才等制度，并在全省率先出台《创新创业竞赛奖励办法》，提高师生参加双创竞赛活动的奖励力度，明确师生双创竞赛成果的认定等级，有力地推动广大师生参与创新创业教育和竞赛活动，从而形成各类教育教学要素为“创”而动的育人局面。

二是有力的创业扶持。从场地、资金、政策、指导等方面构建形成完整的创业扶持体系，并依托学校国家级大学科技园以及重大科研平台，推动建设“师大学生创业专区”，为学生创业提供政策解读、项目对接和培训实训等指导服务。

国家级众创空间:江西师范大学瑶湖众创

三是良好的典型示范。通过教师、学生和校友创新创业典型,引领带动学生积极参与创新创业。这样的典型可信、可亲、可学。比如廖维林教授创办的西林科公司,带领学生一起干,年上缴税款 4 000 多万元。再比如鹿鸣文创园,催生了江西芒果青年集团,该集团年产值超过 3 亿元,先后为 6 000 余位学生提供了创业就业机会,其创始人姚智德就是学校一名创业大学生。

构建“五导五全”体系 全面培育创新创业人才

——山东科技大学

一、学校概况

山东科技大学建校于 1951 年，是一所工科优势突出，行业特色鲜明，工学、理学、管理学、文学、法学、经济学、艺术学等多学科相互渗透、协调发展的山东省重点建设的应用基础型人才培养特色名校，是山东省人民政府与国家安全生产监督管理总局共建高校。学校在青岛、泰安、济南三地办学，总占地面积 243 万余平方米，建筑面积 146 万平方米，资产总值 39 亿余元，教学科研仪器设备总值 6.8 亿元。

学校设有二级教学科研单位 32 个，独立学院 1 个；博士后科研流动站 9 个，博士学位授权一级学科 10 个，博士学位授权二级学科 40 个，硕士学位授权一级学科 26 个，硕士学位授权二级学科 121 个，硕士专业学位类别 10 个；85 个本科专业。国家重点（培育）学科 1 个，山东省立项建设一流学科 3 个、自筹经费建设一流学科 1 个、培育建设一流学科 1 个；另有省市级重点学科 20 个；工程学学科进入 ESI 全球排名前 1%。

学校现有全日制在校生 41 000 余人，其中研究生 5 800 余人。教职工 2 800 余人，其中教授 268 人，中国科学院院士 3 人，中国工程院院士 1 人，国家高层次人才特殊支持计划人选 1 人，国家“千人计划”人选 4 人，国家杰出青年基金获得者 2 人，长江学者特聘教授 1 人，“百千万人才工程”国家级人选6人，国家有突出贡献的中青年专家7人，享受国务院政府特殊津贴人员56人，“泰山学者优势特色学科人才团队领军人才”2人，泰山学者攀登计划专家、特聘专家及青年专家23人，山东省有突出贡献的中青年专家22人，省级教学名师12人，教育部创新团队2个，山东省高校创新团队2个。

近五年，学校承担国家级科研课题349项，省部级项目961项。获得省部级以上科研奖励252项，其中获国家科学技术进步二等奖3项。授权国家发明专利962项。

二、典型特色

教育部发布《关于大力推进高等学校创新创业教育和大学生自主创业工作的意见》以来，学校以全面深化改革为动力，以“双一流”建设为契机，以创新创业教育为切入点，不断深化教育教学改革，构建了“五导五全”创新创业教育工作体系，着力培养“厚基础、强能力、重特色、高素质”的应用型创新人才，为服务国家发展战略和地方经济社会发展做出积极贡献。建成了国家大学科技园、国家高校学生科技创业实习基地、国家级众创空间、国家小型微型企业创业创新示范基地、山东省大学生创业孵化示范基地等，是山东省首批创业教育示范院校，山东省创新创业典型经验高校。

（一）以教育教学改革为指导，推进创新创业教育全融合

（1）优化课程体系，夯实“双创”基础。加强理论课程体系改革，形成了通识必修课平台、专业基础课平台＋专业课模块、通识选修课模块、专业拓展课模块、创新创业课模块“两平台四模块”新型课程体系；构建了基础实践、综合实践、创新实践三个层次和军训、实验教学、实习教学、工程训练、毕业设计与课程设计、科研训练与科技创新、社会实践七个模块的“三层次七模块”实践课程体系。开设11门线上和64门线下创新创业教育课程。

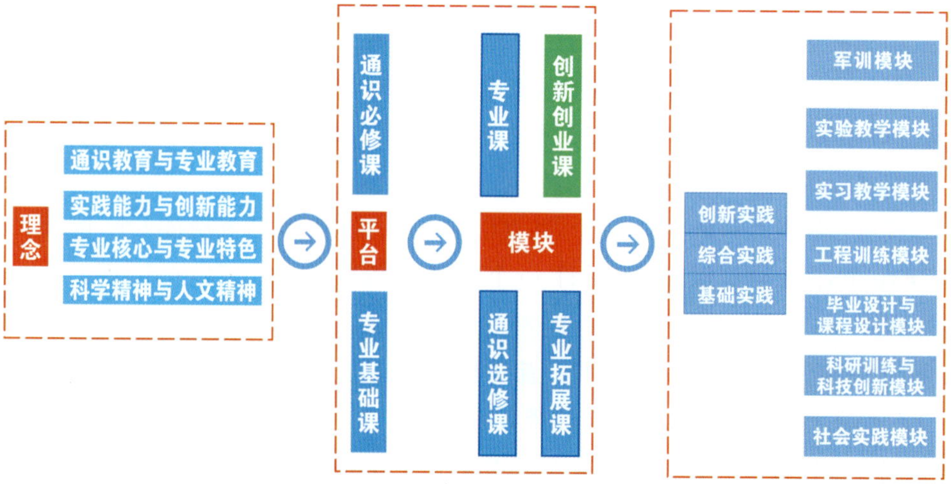

“两平台四模块”课程体系和“三层次七模块”实践课程体系

（2）创新人才培养模式，提升“双创”能力。实施“卓越工程师教育培养计划”，开展订单式培养、校企联合培养。修订人才培养方案，构建政校企协同育人机制。发挥学科优势，开展创新精英班、励志班教育。

（3）深化教学管理，注入“双创”动能。放宽修业年限至基本修业年限的 2 倍，支持学生休学创新创业，实施在线课程学分认定、创新创业成果学分转化制度。推进小班化教学，实现从“以传授为中心”到“以学习为中心”的转变。

（二）以科技创新活动为前导，推进创新创业教育全覆盖

（1）第二课堂成绩单驱动“双创”。设置学术科技与创新创业等 5 类课程，制定《第二课堂兑换学时折算标准》，学生参与创新创业活动和取得创新创业成果均可折算学分。

（2）学科竞赛带动“双创”。推行“一院一赛”“一专一赛”，支持学生参加“挑战杯”等高水平竞赛，学生参加科技创新活动覆盖面达到 86%以上。

（3）品牌项目拉动“双创”。打造“大学生创新创业训练计划项目、校友创新创业基金扶持项目、研究生科技创新项目、学生专利研究项目”四个品牌项目，推进“双创”开花结果。

（4）政策激励推动“双创”。将创新创业成绩纳入学生综合素质评价、教师岗位职责、学团工作考核等重要内容，综合施策激发师生参与创新创业的积极性。近三年，学生获省级及以上创新创业竞赛奖励 8 705 项；学校在 2017 年全国普通高校竞赛评估结果（本科）TOP 100 中排名第 42 名；在 2017 中国大学专利排行榜中，实用新型专利授权量居全国第 1 名，发明专利授权量居全国第 93 名。

全国大学生机器人大赛总决赛一等奖

（三）以服务经济社会发展为主导，推进创新创业教育全对接

（1）凸显煤炭特色，培养行业“双创”人才。依托煤炭学科专业优势，与山东能源集团等行业骨干企业签订战略合作协议，联合培养“双创”人才；教师依托科研成果创办高科技公司 103 家，带动培养“双创”人才。

（2）聚焦区域需求，培养高端“双创”人才。主动融入区域发展，助力青岛创新驱动发展战

浒苔打捞机器人入选全国创新创业项目展

略，新增海洋测绘工程等 5 个涉海本科专业，成立海洋工程研究院等高水平海洋工程研究创新平台，培养区域对口“双创”人才。

（3）瞄准新兴产业，培养亟需“双创”人才。推动与新兴产业融合，与阿里巴巴集团合作建设大数据学院，与腾讯集团合作共建人工智能学院，培养新兴产业亟需“双创”人才。

(四) 以系统过程培育为传导，推进创新创业指导全渗透

（1）强化师资队伍建设，提升“双创”指导能力。加强专兼职队伍建设，拥有各类创新创业老师 500 多名。近三年，选派 69 名优秀青年教师到企业挂职锻炼，组织参加各级各类创新创业培训 489 人次，取得创业指导师、职业指导师等资格证书 210 个。在《全国高校教师教学竞赛分析报告(2012—2017)》中，学校教师排名全国第 26 位。

（2）招生论坛联动，发掘培育“双创”种子。建设优秀生源基地 36 个，通过综合评价招生吸纳有较高创新精神学生入学，将发现双创种子前置到招生环节。构建校、院、系三级学术报告体系，近三年举办报告 1 130 余场，28 个大学生创新创业社团举办创业私董会等活动 240 余场，对 400 余名创客进行了一对一培养。

（3）建设“33N”信息化平台，实现线上线下互动。建设了大学生就业网、大学生创业指导网、大学生创新创业信息网 3 个网站，刘老师聊就业、山科大创业之音、科创志 3 个微信平台，依托二级学院网站、微信、微博等众多子网，大力宣传创新创业典型、创业政策，解答创新创业疑问。

(五) 以资源优化配置为引导，全方位支持创新创业

（1）校内平台共享，师生携手“双创”。面向全体学生开放学校各级各类教学、科研平台 96 个，各学院建设特色鲜明专门用于学生创新创业的实践基地 21 个。教师科研项目积极吸纳学生参与，师生共享平台携手“双创”，近三年 5 500 余名学生参与助研等工作。

（2）社会资源支持，政企共促“双创”。与潍坊、邢台等省内外 19 地市签订战略合作协议，

在华电集团等知名企业建成校外大学生创新创业、实习实践基地 396 个；争取北京中矿集团等 78 家企事业单位出资 500 余万元设立奖学金，校友基金会出资 110 万元资助学生创新创业，华为公司出资 24.9 万元资助学生科技创新。

（3）国科园区孵化，一站式服务“双创”。学校国家大学科技园专门为大学生开辟创新创业专用场地 1.2 万平方米，建设大学生创业孵化基地和 U 创空间。园区建立 7 大创业公共服务体系，为学生创新、创业提供“一站式”服务，构建起一体的孵化链条，帮助学生创业团队启动和快速成长。近三年，大学科技园入驻创业实体 133 个，其中大学生创业企业 32 个，大学生创业团队 46 个。

山科 U 创空间

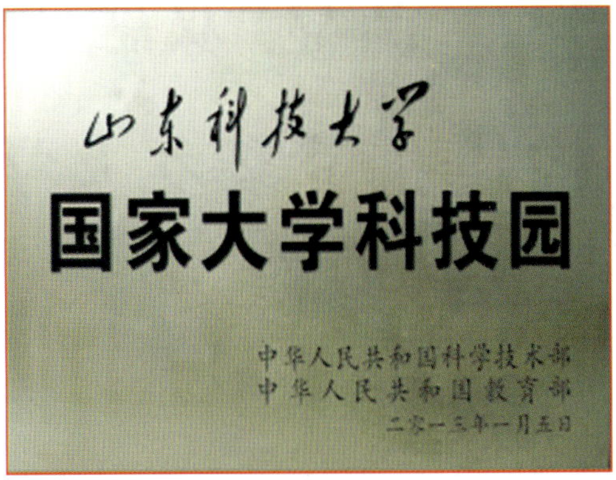

国家大学科技园

凸显“双融入 双驱动”特色 构建孔子家乡大学创新创业系统工程

——曲阜师范大学

曲阜师范大学创办于1955年，设学于孔子故里，是一所学科门类齐全、培养体系完备、师资力量雄厚、科研实力强劲、教师教育特色鲜明的综合性山东省重点大学。目前，拥有在校本科生32 835人，博士、硕士研究生3 798人；教职工2 234人，专任教师1 838人。拥有ESI世界前1%学科2个，山东省立项建设一流学科5个。设有本科专业87个，博士一级学科11个、博士专业学位授权类别1个，硕士一级学科25个，博士后流动站7个，国家和省部级重点学科、重点实验室、协同创新中心、研究基地等创新平台40个。

近年来，学校主动对接国家创新驱动战略，深入推进创新创业教育改革，完善创新创业教育体系，推进人才培养与创新创业教育的有机融合，显著提升大学生的创新精神和创业能力。2017年，学校先后入选“全国第二批深化创新创业教育改革示范高校”和“山东省大学生创业孵化示范基地”。

一、打造以“双融入、双驱动”为特色的工作体系

学校充分依托孔子故里的优秀历史文化和教育资源，秉承“学高身正、行胜于言”的教育理念、“躬行践履、经世致用”的创新创业精神，致力培养德才兼备、求是求新、敢为人先、追求卓越的高素质创新人才，形成“双融入、双驱动”的创新创业工作特色。

（一）将优秀传统文化融入双创教育

积极推进中华优秀传统文化创造性转化、创新性发展，弘扬儒家思想中倡自强、明义利、尚和合、主诚信等优秀价值理念，推动优秀传统文化融入“双创”教育。增加优秀传统文化在课程体系中的比重，开设传统文化类通识必修课程和创新创业类通识必修课程，深化思想政治教育课程改革，开展大学生“儒学＋创业”教育，提炼儒家文化中诚实守信、舍利取义等价值观植入到大学生的创业培育过程。

丰富传承优秀传统文化的实践教育活动，不断营造“儒 · 创”特色鲜明的校园文化氛围，开展了“孔子文化月”“儒家文化齐鲁行”等系列活动，举办了“国学与创业学”“儒商文化与创业文化建设”等讲座，营造了充满传统文化元素的创业文化氛围。

孔子文化月活动

（二）把双创教育融入人才培养全过程

修订人才培养方案，推进创新创业教育与专业教育的有机融合，把创新创业意识和能力培养渗透到课堂教学中、融入人才培养全过程，全校本科专业中创新创业教育相关课程达 1 088 门，占专业课程总数的 47.43％。完善创新创业类课程体系，面向全体学生开设“大学生创业通识”“大学生创新创业指导”等必修课和选修课，并纳入学分管理。完善激励机制，将创新创业教育成果纳入学生评先评优体系，出台了《学生科技文化创新奖励办法》和《曲阜师范大学本科生创新奖励学分认定办法》等奖励考核措施，2017 年共有 1 345 名学生获得创新创业奖学金，发放奖金 142.65 万元。

（三）以信息大数据驱动双创指导服务

学校依托与国家统计局共建的中国教育大数据研究院，成立了就业创业大数据研究中心。中心以学生历年就业创业资料为依托，对创新创业教育课程设置、创业学生管理、创业项目管理、创业服务内容提供、创业资源数据管理等进行初步架构，协助学校提供科学、系统、全面的学生创业相关基础资料统计整理运用工作。

2017 年，中心完成《曲阜师范大学在校生创新创业教育与服务调查研究报告》，对学校创业课程、实践、服务、评价等 63 项字段做出精准分析，并首次利用 Power BI 技术制作了动态可视化的创业数据分析报告，真实地反馈了学校在创新创业人才培养模式和方法上的正确性、先进性、合理性及存在问题，助力学校应用型、复合型、创新型人才培养。

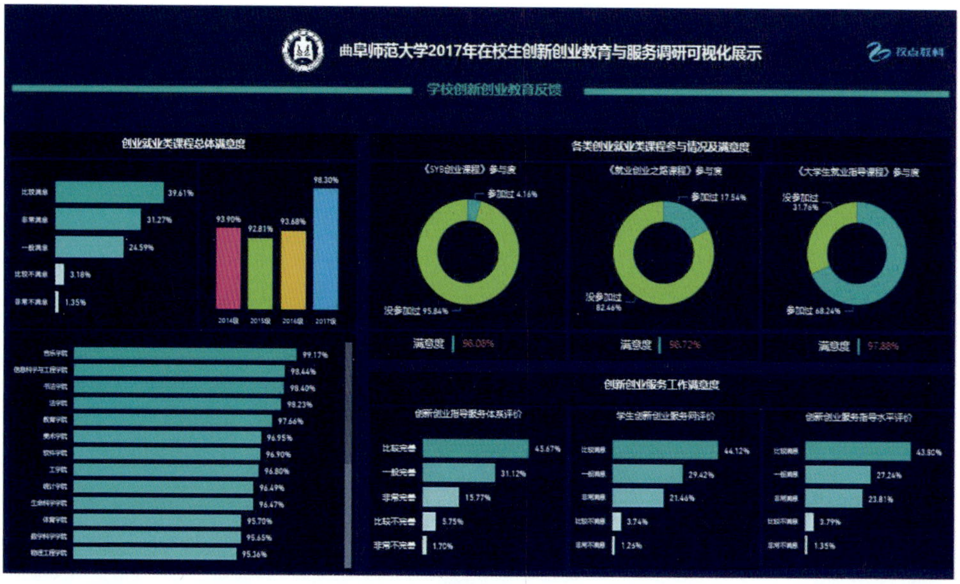

在校生创新创业教育与服务调查研究可视化报告

（四）以优质资源整合驱动大学生创业实践

2016 年，学校成立了曲阜师范大学校友创新创业联盟，联盟在搭建交流合作平台，助推校友企业协同发展的同时，开展了大学生创业教育、组织校园人才招聘等一系列工作，助力曲园学子创业就业；联盟吸纳了大量优秀校友担任校外创业导师，63 岁踏上创业之路的王秀君、"中国首位硕士村官"杨本伦等校友的创业事迹让即将走上创业道路的广大学子受益匪浅。目前，学校依托联盟企业在全国建立了 67 个就业创业实践基地，为学生创业实践提供载体。

2017 年，学校发起成立了日照高校就业创业教育联盟，联盟以促进日照 8 所高校就业创业工作共同发展、满足大学生的就业创业需求为己任，着力搭建招聘求职平台，不断丰富就业创业教育服务，广泛开展校园活动整合营销，大力促进校园品牌推广，热心帮助高校学生优质就业、成功创业，开展了"商业营销实战""职来职往就业大赛"等活动，锻炼了学生的创业实践能力。

二、形成以"创新精神"为核心的全程教育格局

（一）推进教研互哺，强化师生共创

学校自 2017 年春季学期起组织开设了科研专题研讨课，借力教师科研项目，加强学生创

新意识与创新能力的培养，要求教师依托本人主持的在研或结题五年之内的部级以上科研课题、博士论文，申报开设专题研讨课程，课程内容结合主讲教师所主持科研项目的最新研究成果，授课形式为 15 人以内的小型专题研讨实践班，授课学时由教师根据课程内容合理设定，一般为 18 学时，课程考核采用研讨报告、学术论文、创新实践项目等方式进行考查，达到教学科研互哺、教师项目转化。印发了《专业技术职务聘任管理办法(试行)》，把指导学生创新创业的相关成果和业绩作为教师晋升高级专业技术岗位的重要条件之一，激发教师的积极性和主动性，进而实现师生共创，提升创新创业能力。

依托教师科研项目的专题研讨课

(二) 实施小班教学，深化教法改革

推进“翻转课堂”“混合式”教学等课堂教学模式改革，开展 10～15 人的小班制教学，采用启发式、讨论式、参与式教学方法的课程占本学年开设课程总数的 91.38%；大力推行小班化教学，2017 年平均每学期开展小班化教学的受益学生达 27 898 人，占学生总数的 85.49%；改革考核内容和方式，采用综合应用答辩、撰写论文和调查报告、口试、自主出考题等形式对学生进行知识、能力检测。

(三) 突出师范特色，传递创新精神

扎实开展创新创业培育工作，从大一至大四分别开设创业通识、创业实训、创业进阶和创业实践系列课程，在学习过程中培养师范生创新精神，提高个人思维创新能力，同时增设大学生开放性实践项目、本科生科研立项项目，鼓励高年级学生从事教育科学、教育技术、学科教学等领域的研究与实践，提高师范生的科学研究与教育创新能力，为将来的教学工作打好基础。在此基础上，巩固扩大教师教育品牌优势，突出师范生创新创业教育培养，为中小学注入有生力量，推动创新精神、创业意识在基础教育阶段的传递与推广。

三、强化以“五创理念”为目标的多元化创业实践

学校以“五创”(创意、创新、创造、创业、创富)理念为建设宗旨，优化大学生创业基地的园

区布局，投资 2 100 万元，构建启梦区（创意激发与创业成果展示板块）、创梦区（思维训练与创新方案设计板块）、造梦区（产品创造与试点运行板块）、筑梦区（商业模式设计与创业实践板块）和圆梦区（小型创业路演与融资体验板块）5 个创业实践功能区，共计 10 100 平方米。

基地突出以创业驱动力理论为指导，创业要素理论为依据，从宏观层面使学生认识创新创业的趋势和整体面貌，让大学生在掌握创新创业基本知识和过程的同时，“理解”世界和自己，促进学生自主发展，解放学生的心灵。目前，基地累计入驻各类创业团队和实体 179 家，成功孵化了 53 家创业实体，2017 年被评为“山东省大学生创业孵化示范基地”。

基于“五创”理念的创新创业教育基地

深化创新创业教育改革
提升应用型人才培养质量

——山东英才学院

一、学校概况

山东英才学院创建于 1998 年，2008 年改建为普通本科高校，2013 年入选教育部应用技术大学改革试点战略研究单位，同年入选教育部全国毕业生就业典型经验高校，2014 年被山东省教育厅、山东省财政厅批准为“山东省民办本科高等教育特色名校”立项建设单位，2015 年通过教育部本科教学工作合格评估，2016 年被教育部授予全国高校实践育人创新创业基地，2017 年被山东省学位委员会批准为硕士学位授予立项培育建设单位。

学校拥有南北两个校区，占地 107 万余平方米，建筑面积 54 万平方米，资产总值逾 20 亿元，其中教学科研仪器设备 1.5 亿元，图书馆藏书 200 余万册。设有普通本专科专业 70 余个，在校生 18 000 余人。教职工 1 500 余人，专任教师 970 余人，高级职称教师占 32.9%，博士、硕士学位教师约占 73.3%。博士学位教师占比为 10%。

2005 年以来，学校狠抓内涵建设，努力实现规模、结构、质量、特色协调发展，取得明显成效：培育了全国民办高校第一门国家精品课程、国家教学名师、国家“万人计划”教学名师、国家级本科教学团队和国家级精品资源共享课；建有全国高校实践育人创新创业基地、国家级综合改革试点专业、国家级实验教学示范中心；拥有省级大学生创业孵化示范基地、省级实验教学示范中心、省级人才培养模式创新实验区、9个省级优势特色专业、2个省级卓越工程师教育培养专业、省级教学成果一等奖4项、二等奖8项。

学校入选国家级科技思想库、山东省高等学校协同创新中心、省级软科学研究基地，获批山东省“十三五”高等学校科研创新平台3个。近年来，主持承担省级以上科研项目128项，其中国家级课题35项，承接横向课题100余项，实现了国家自然科学基金、国家社科基金、全国教育科学规划课题全覆盖。获山东省社科优秀成果一等奖一项；转让发明专利一项；有5项重要软科学成果研究报告进入了政府决策。

毕业生就业率连续多年保持在93%以上，实现就业质量和就业率“双高”。2012年被授予“山东省高校毕业生就业工作先进集体”；2013年被教育部授予“2012—2013年度50所毕业生就业典型经验高校”，是当年全国唯一的民办高校。在国家统计局社情民意调查中心“用人单位对毕业生的满意度”调查中，学校位居首位。

近5年学生自主创业注册公司42家。毕业生张保松、崔恩斌先后获第二届、第四届“山东大学生十大创业之星”。在山东省共40名“创业之星”中，学校学生占2名。2016年12月，学校入选全国41所高校主导型实践育人创新创业基地。同年被中国民办教育协会授予“全国民办高校创新创业教育示范学校”。

二、创新创业工作特色

20年来，学校秉持“自强不息，与时俱进”的校训精神，闯出了一条艰苦创业的办学之路，形成了独具英才特色的人才培养体系。

特色一：构建“开放式、个性化”创新创业教育模式，培养创新创业人才

（1）坚持“进方案、进课程、进课堂”的创新创业教育理念。准确定位、错位发展，明确专业人才培养目标和规格，正向设计、逆向推导，修订人才培养方案，设置创新创业和劳动教育学分，将创新思维、创业意识和实践能力的培养贯穿人才培养全过程。

（2）优化以能力培养为导向的多层次、个性化创新创业课程体系。充分考虑学生个性化发展需求，设计不同层次基础课、跨专业综合类课程。按公共基础、学科专业基础、专业课、创新创业、选修课5个模块，坚持“两个统一”（全校统一公共基础课、按学科门类统一学科基础课）、“三个结合”（课内课外、线上线下、必修选修结合）和“四个不断线”（外语、计算机应用技术、实践教学、素质教育不断线）原则，构建课程体系。

（3）构建“三段式、个性化”人才培养模式。重构培养流程，将全学程8个学期分为“基础教育”“专业教育＋个性化选择”“综合提高”三个阶段，构建“三段式、个性化”人才培养模式。学生在一年级接受创新创业基础教育后，从二年级开始自主选择并参与创新创业实践项目及各类竞赛，实现创新思维、创业意识和实践能力培养贯穿人才培养的全过程。近两年参与创新创业实践活动的学生覆盖面在70%以上。

（4）打造专业化、专家化创新创业教师团队。依托创新创业教育平台，组建了57人的专

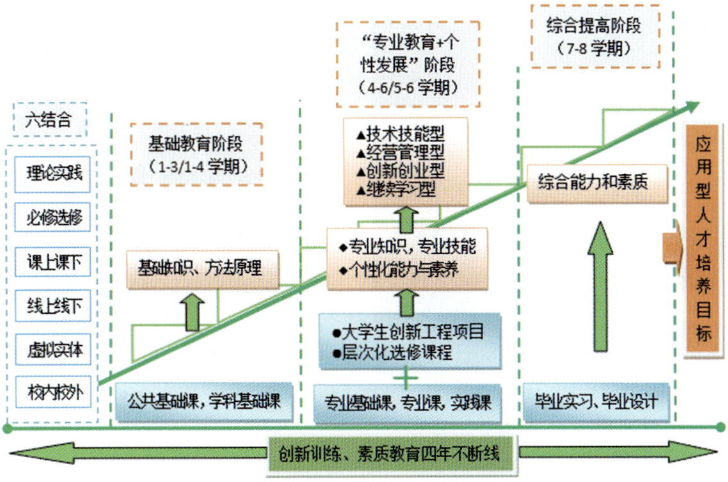

"三段式、个性化"人才培养模式

职创新创业教学和指导教师团队；依托国家级实验教学示范中心、省协同创新中心和省高校科研创新平台引进专家 101 名。教师参加专业培训 200 余人次，企业挂职锻炼 100 余人；从台湾 8 所高校聘任有博士学位的创新创业导师 80 余人，形成了"外引＋内培"的专业化、专家化创新创业教师队伍。

（5）健全部门联动、全员参与的创新创业教育工作机制。进行大部制改革，建立部门联动、全员参与，融创新创业实践、专业教育、思政教育和学生活动为一体的工作机制，将德育、劳动教育、创新创业教育融入教学全过程。实现教学活动、学生管理、创新创业实践相互渗透、同频共振、相互促进。

特色二：产教融合校企合作，打造创新创业协同育人平台

（1）共建产教融合创新基地。2015 年入选"教育部-中兴通讯 ICT 产教融合创新基地"，与中兴通讯公司共建行业学院，共同投资 1 500 万元，共建云计算、数据通信等 5 个实验室，共建云计算、通讯工程专业，共同承担教学和学生管理，共同安排学生实习和就业。2016 年入选教育部数据中国"百校工程"产教融合创新项目，与中科曙光按"中兴模式"共建大数据应用创新中心和曙光大数据学院。

投资 1 500 万元与济南高新区、费斯托（中国）有限公司共建"济南高新区中欧智造高技能人才培养基地"，联合开展"双元制"人才培养，为新旧动能转换重大工程提供人才保障。

与山东高速集团信博信息科技有限公司合作成立山东高速信息学院，联合培养智慧交通、智慧物流、移动互联、智能机器人、互联网营销等专业应用型人才。

（2）建立创业孵化示范基地。2009 年建立大学生创业孵化基地，使用面积 12 600 平方米，建成了集创业教育、创业实践、创业孵化、创业服务等功能于一体的大学生创新创业平台，可同时容纳 100 余个项目入驻孵化，2015 年获批"山东省大学生创业孵化示范基地"，现已累计孵化创业项目 175 个。

与中兴通讯
联合成立中兴通讯信息学院

与中科曙光
共建大数据应用创新中心

(3) 共建校外创新创业实践基地。与青岛海信、海尔创客实验室、腾讯云计算(北京)有限公司、百花创业营等153家企业和创业园结成合作伙伴,为学生创新创业实践提供延伸服务。2013年,学校与福田雷沃国际重工有限公司合作建设的实践教育基地被教育部评为"国家级大学生校外实践教育基地"。

特色三:注重大学生思政教育和创新创业教育相结合,引导学生投身国家建设和国防事业

(1) 全员育人,构建思政教育、专业教育、团学活动于一体的创新创业教育工作体系。充分发挥思想政治理论课的德育主渠道作用,优化课程体系和教学内容,探索建立整体性与层次性相结合、兼顾不同专业学生特点的教学内容体系;充分挖掘专业课程的德育教学元素,融入大纲,融入课堂;改革教学手段和方法,以激发学生主观能动性、充分利用课外学习时间为原则,以任务驱动、参与式学习为核心的混合式教学方法,通过教学设计,实现课内课外联动,第一课堂、第二课堂有机融合、相辅相成;将德育、劳动教育、创新创业教育融入教学全过程,实现教学活动、学生管理、创新创业实践相互渗透。

(2) 创新载体,营造浓厚的文化氛围。开展"奋斗的青春最美丽"、"传统文化进校园"、十大"自强之星"人物评选等活动。充分发挥好非物质文化遗产博物馆、中华文明万年纪文化长廊、"孔子学堂"等文化设施的育人功能。加强网络文明建设,创作一批网络文化作品,保持学校官方微博的影响力长期居于全国高校前列。举办大学生科技文化节、大学生社团文化节、大学生宿舍文化节"三节",挑战杯、国学达人、职业技能"三赛",英才讲堂、孔子学堂、青马课堂"三学堂"活动,为学生成长搭建平台。打造生态校园,建成"一苑、两山、三水、四广场、五花园"的文化景观布局。

(3) 建设基地,发挥"五馆三中心"的育人功能。学校先后投资1 000余万元建成"四馆一屋二学堂"(党史馆、国史馆、校史馆、非特质文化遗产博物馆、将军书屋、孔子学堂、英才讲堂),开展党史国情、校史校情、人文素质教育,开展"爱党、爱国、爱军、爱校"专题教育,引导学生树

立正确的世界观、人生观、价值观；充分利用宣传栏、校园广播、条幅等传统手段和学校官网、微博、微信等新媒体方式营造党建、团建和国防教育氛围。

西部计划志愿者欢送会

党史馆

学校“仁德、爱人”的文化环境，“知行合一、立德树人”的育人氛围，感染成千上万的英才学子，养成服务国家需要、献身西部建设的家国情怀。毕业生中先后有352名赴新疆、西藏、青海等地志愿服务和支教，2016年学校被新疆团省委评为全国10所西部志愿计划新疆项目重点招募高校之一。有738名同学应征入伍，投身国防建设，学校被评为“全国国防教育特色学校”。

发挥学科优势 集成创新资源
构建地方综合性大学创新型人才培养新模式

——郑州大学

郑州大学是国家一流大学建设高校、“211 工程”重点建设高校和“部省合建”高校。学校校本部现有 46 个院系、114 个本科专业，有 30 个一级学科博士学位授权点、2 个博士专业学位授权点、59 个一级学科硕士学位授权点、25 个硕士专业学位授权点、19 个工程硕士领域、24 个博士后科研流动站；现有教职工 5700 余人，在校生 7.3 万余人。

郑州大学

学校地处中原，悠久的办学历史和厚重的中原文化铸就了郑州大学独特的办学特色。一是学科优势突出。学校设有哲学、经济学、法学、教育学、文学、历史学、理学、工学、农学、医学、管理学、艺术学12大学科门类，各学科门类均衡发展，形成多学科交叉、相融互补的育人氛围。二是区位优势明显。河南省作为“一带一路”的战略支点和多个国家战略汇聚地，对创新人才的需求，亟待高校做出响应。基于对自身优势和客观历史机遇的准确认识和把握，学校围绕立德树人根本任务，形成了“立足河南、面向全国、走向世界”的办学理念和综合性研究型大学的办学定位，提出了“具有国际视野、创新精神、实践能力和社会责任感的一流人才”的培养目标，大力推进创新创业教育改革，促进与科技、经济、社会紧密结合，为建设创新型国家提供强大的人才智力支持。

学校被列入国家级卓越工程师、卓越法律人才、卓越医生教育培养高校，先后入选“2012—2014年度国家级大学生创新创业训练计划实施工作先进单位”、国家首批深化创新创业教育改革示范学校。

近年来，学校全面贯彻党的教育方针，充分发挥学科优势，不断集成双创资源，把创新创业教育贯穿于人才培养的全过程、渗透到教育教学各环节，积极构建“以思想引领为魂、以学科引领为本、以体系引领为纲、以要素引领为先、以改革引领为重、以实践引领为要”的“六个引领”创新型人才培养新模式，推进创新创业工作不断深入开展，形成了地方综合性大学创新型人才培养新模式。

一、重心下移，加大二级学院双创教育自主权力

学校院系众多、各院系专业背景差别大，创新创业教育存在难以一刀切、齐步走的困难局面。为此，学校加大二级学院自主权，以创新创业教育项目化运作为依托，鼓励各学院结合专业特点、依据自身资源，探索创新型人才培养的有效途径。

一是瞄准第一课堂，加大改革力度。

促进专创融合是构建创新创业教育生态体系的重要环节。学校瞄准第一课堂，鼓励学院加大教学改革力度，探索专创融合的有效途径，形成特色品牌并加以推广。

材料科学与工程学院探索形成的“三级创新人才培养体系”，就是以学生阶段性学习任务为依据，以学生创新能力进阶式培养为目标，面对本科一、二年级学生，实施以文献综述训练为基础的学术启蒙教育（由本科生自愿报名，研究生担任朋辈导师，定期指导），选育一批对科研感兴趣、有潜力的学生；面对本科二、三年级学生，实施以创新实验项目为载体的学术兴趣教育，选育一批有创新意识和能力的学生团队；面对本科三、四年级学生，实施以科研成果产出为目标的学术创新教育，依托各类大赛平台，进一步培养学生的科研能力、创新意识和团队精神，丰富学术科技创新教育成果。

信息工程学院自2005年探索形成了仿真企业运行行为的分段嵌入式创新创业教育模式，即在一、二、三年级三个阶段，分别结合通识教育嵌入IT企业行为的理念、结合岗位教程嵌入

企业岗位知识、结合仿真实训模拟企业运作，从而达到专业教育和创新创业教育并轨制教学，较好实现了专创有机融合。目前，该模式已经在信息工程学院、机械工程学院等六个学院推广。

物理工程学院根据人才培养需要，大胆进行课程改革，把原来在本科四年级开始的编程课程提前到本科一年级开始，并在实践中形成了独具特色的“赛学”教学模式，以赛促教、以赛促创，主要是大一大二依托学院的MATLAB设计比赛（大一）、单片机与电子设计比赛（大二）强化对学生专业基础知识技能的培养，大三大四依托大学生创新创业训练计划项目等大型赛事强化学生项目开发和创业能力培育。

二是紧盯树人核心，注重分类培养。

实施“拔尖人才培养计划”，注重学生个性发展，对学生实行分层次培养。除了在试点学院开设“理科基地班”“卢嘉锡英才班”“国学班”“钱三强英才班”“穆青实验班”等各类个性化实验班外，学校自2016年开始，还面向金融学、化学、生物技术等七个专业试点开设“国际化班”。国际化班部分专业课程聘请外籍教师任教、使用原版教材、实行双语教学。为国际化班学生配备导师，实行导师制和滚动淘汰制。国际化班学生进校后安排专门课程强化英语口语、听说培训。在校期间优先选拔国际化班优秀学生出国访学。

2014年4月，与中国科学院举行“钱三强英才班”合作协议签订仪式

此外，学校还在郑州大学医学科学院设立“国际化人才特区”，引入国际通行的理念、规则和文化，进一步建立健全与国际接轨的医学科研创新体系和创新人才培养体系。

三是关注育人实效，设立院系基地。

为完善学院育人功能，充分利用学院教学资源，学校自2016年起，依托重点实验室、教授工作室等，在院系层面建立了16个创新创业教育示范基地，作为大学生创新创业实践的苗圃基地，落实实践育人效果。创新创业教育示范基地建设实行“三三制”模式，即“一个基地至少有三个创业团队、一个团队至少有来自三个不同院系的学生”。学校定期对创新创业教育示范基地进行考核，考核结果与扶持资金挂钩。实践证明，在院系层面建立的创新创业教育示范基地，对创新型人才培养成效突出。

2017 年 6 月，学校举行大学生创新创业基地揭牌仪式

二、集成资源，在服务社会中共建合作育人机制

学校注重在服务社会中集聚创新资源、共建合作育人机制。通过探索共建产学研合作新型研发平台，构建联合创新、共育人才的长效合作机制，打通政产学研深度融合通道和人才成长通道，结合当地重点产业和重点领域需求，在科技成果转移转化、创新人才培养、科技企业孵化等领域充分发挥平台聚集效应，促进当地及周边地区产业结构转型发展，努力构筑面向企业一线的科技服务平台，推进政企校“三方联动”，实现“多赢”共同发展，进一步提升郑州大学创新型人才培养质量，为国家和区域经济社会发展提供强有力的智力和人才支撑。

当前，学校以构筑郑州大学地方研究院为载体，已与地方政府开展全面合作，共建校地、校企合作育人长效机制。如与郑州市政府联合共建郑州智慧城市研究院、郑州空港产业发展研究院，与郑州高新技术区共建产业发展与技术研究院，与许昌市、济源市、洛阳市先后联合共建郑州大学许昌研究院、济源研究院、洛阳研究院等。

三、注重考评，构建全方位的创新创业考评体系

学校出台了完善的创新创业考评评价体系，通过评估和激励，使创新创业教育工作形成有效运转的良性格局。

制定《郑州大学学院（系）工作目标绩效考核实施方案》，把创新创业工作与教学工作、科研工作、人才队伍建设、学科建设、国际化办学等工作并列，作为六项考核内容之一纳入院系年终工作的考核。

另外，教务部门、学生管理部门还联合出台了《郑州大学创新学分制度实施办法》，将创新创业学分的指标列入了奖学金、推荐免试研究生的有关条款。

2016 年 1 月，郑州大学与许昌市人民政府签订共建郑州大学许昌研究院协议

经过多年努力，学校创新创业氛围日渐浓厚，学生参加创新创业实践的热情不断得到激发，创新创业典型持续涌现。近三年来，学校获教育部批准立项国家级大学生创新创业训练计划项目共计 230 项，参与教师人数每年达 400 余人、参与学生 1 000 余人，另有 500 个项目列入校级大学生创新创业训练计划，参与学生 3 000 余人；在校备案创新创业团队项目 600 多个，其中 438 个团队获得省级等各类扶持资金 360 余万元，34 个已经注册公司；共有 5 600 余名（组）本科学生在科技创新、学科竞赛和科技发明中受到省级及以上表彰。

2017 年 6 月，首届中国高校创新创业教育联盟年会在学校举办

学校尽管在创新创业工作方面做了一些探索，也取得了一些成效，但还存在许多问题需要进一步探讨。比如地方综合性大学的发展空间源于与区域经济社会发展的契合度，如何以需求为导向，更好地释放学科活力，在全校范围内打造融合教育的有效平台，形成创新创业人才培养的软环境；如何进一步提升师资队伍创新创业教育的能力和水平，形成科学的创新创业教育路径及评价机制等都是需要长期探讨的问题。

突出“两个对接” 打造“四位一体”
地方师范院校创新创业人才培养体系

——周口师范学院

一、学校概况

周口师范学院是一所具有 45 年办学历史、办学特色鲜明、学科门类齐全、多科性协调发展的省属全日制普通本科高校。学校现有 21 个教学院(部),开设有 60 个本科专业,普通全日制在校生 2.5 万余人。

2012 年以来,学校明确了地方性、综合性、应用型、高水平的办学定位,全方位、高起点、深层次推进转型发展,应用型高校建设走在了河南省高校前列,先后入选河南省首批“示范性应用技术型本科高校”和全国产教融合工程百所本科高校。在创新创业工作方面,学校以培养高素质创新型应用人才为目标,更新观念、深化改革、搭建平台、完善机制、精准服务、强化保障,探索构建了“两对接、四位一体”具有地方师范院校特色的创新创业人才培养体系,实现了人才培养质量和社会服务能力的“双提升”,成功入选“2018 年度全国创新创业 50 所典型经验高校”,并先后获“国家级众创空间”“全国大学生 KAB 创业教育基地”“河南首批高校‘双创’基地”“河南省大学生创新创业实践示范基地”“河南省青年‘双创’示范园区”“河南省普通大中专毕业生就业创业工作先进单位”等荣誉称号,产生了良好的社会影响。

建立产教融合、校地校企合作机制，河南省教育厅和周口市人民政府
签署共同支持周口师范学院转型发展协议

二、创新创业典型特色工作

（一）突出"两个对接"，明确创新创业工作理念

（1）对接基础教育，培养高素质创新型师资。作为地方师范院校，多年来，学校坚守师范底色，坚持做精做强师范类专业，坚持教师职前培养与职后培训一体化，努力办好"接地气"的师范教育，不断提升师范专业服务基础教育能力，引领基础教育和教师教育创新发展。

（2）对接地方经济社会发展，培养高素质创新型应用人才。学校对接经济社会发展需求和国家新兴产业、区域支柱产业，调整优化学科专业结构，在做精做强师范类专业的同时，巩固提升改造文、理、艺专业，大力发展工学、经济学、管理学类专业，重点打造教师教育类、经济管理类、机械电子类、食品化工类、文化艺术类、计算机与网络工程类六大专业集群，着力提高创新型应用人才培养质量。

（二）坚持"四位一体"，构建创新创业人才培养体系

创新创业教育是一项系统工程。因此，学校遵照教育规律和人才成长规律，从"教育、实践、服务、保障"四个维度多措并举、扎实推进，构建实施了"四位一体"的创新创业人才培养体系。

1. 坚持四管齐下，构建"深融入、全覆盖"的创新创业教育体系

创新创业教育的关键是实现专业教育与创新创业教育的融合。基于此，学校从四个方面分层分类推进专业教育与创新创业教育的深度对接，覆盖教育教学各个环节和全体学生。

一是创新人才培养模式。修订人才培养方案，面向全体学生，开设创业教育指导课。实施

学校获批“河南省双创基地”“国家级众创空间”“全国大学生 KAB 创业教育基地”“河南省大学生创新创业实践示范基地”“河南省普通大中专毕业生就业创业工作先进单位”等荣誉称号

分层分类培育计划，针对专业特点、社会和学生需求，构建跨学院、跨学科交叉融合的培养新机制，全面开展了“(4－X)＋X”、工学交替、项目化教学、模块化教学等创新创业教育。

二是深化产教融合、协同育人。学校与多家企业联办了“科信班”“应用技术人才专项班”“思科班”，与企业联合培养“精细化工方向”本科生；与 30 家企业(行业)共同组建了集教学、实习实训、生产为一体的产教融合基地，实现了应用型人才培养与行业企业需求的紧密对接。

三是加强课程体系建设。构建了通识教育、专业教育、素质能力拓展、实践教学四大课程平台，开设了面向产业的创新创业课程 100 余门，将企业的创新成果嵌入专业课程体系。实施“互动式、小班化”课堂教学改革，大力推广问题探究式、案列讨论式、项目参与式教学。

四是开展创新创业实践活动。学校每年举办创新创业大赛、机器人大赛、程序设计大赛、数学建模大赛、英语竞赛、善建杯辩论赛、模拟职场挑战赛等多项学科专业赛事，积极组织学生参加全国和全省各类专业竞赛。支持鼓励学生参加创新创业类社团，成立有 KAB 创业俱乐部、大学生创客联盟等 6 个创新类、创业实践类社团，连续举办了 13 届社团科技文化艺术节和社团文化月。

2. 打造三大平台，构建“开放式、多元化”的创新创业实践体系

创新创业教育的基础是实践平台建设。基于此，学校坚持开放共享的原则，多元化多渠道推进创新创业实践体系建设，重点打造了三大平台。

一是打造高水平协同创新、应用技术研发平台。学校与国外大学、国内行业企业共建了 11 个省级科研平台、4 个协同创新中心。这些平台近年来承担国家和省部级科研项目 100 余项，吸纳了一大批具有创新精神的本科生参与研究。获国家授权专利 30 余项、发明专利 10 余项，催生了“六旋翼自主飞行器”“智慧农业系统”“植物营养液”“超微型 Web 服务器”“农用无人植保机”等一批拥有自主知识产权的创新成果。

二是打造开放共享的实践实训平台。学校与企业合作共建了 1 个国家级专业教学实践基地，6 个省级实验教学示范中心，436 个产教融合、学生创新实践实训基地，形成了校内外结合、

学校建设有 3 万余平方米的创新创业实践孵化场地，提供较为完善的软硬件设施和服务

分布合理、基本稳定的创新实践实训基地群。学校向本科生开放共享实验室，设立大学生科研创新基金项目，支持鼓励学生开展研究性学习、创新性学习。近三年，学生主持科研创新基金项目 292 项，发表或参与发表 SCI、EI 学术论文 60 余篇。

三是打造高水平孵化平台。学校成立了全省首家由高校主导的省级大学科技园、省级科技企业孵化器和省级商务创业基地，与郸城县人民政府共建了技术成果转移转化中心，3A 支点众创空间获批国家级众创空间。目前，各类双创平台在孵企业 68 家，其中孵化大学生创业企业 25 家，产值 2 900 多万元，带动就业人数 650 余人；在孵创业团队 65 个，获批扶持资金累计 522 万元。近三年，多项技术成果与香港联科、金丹乳酸、宋河酒业等著名企业成功对接、落地转化，合同经费和技术转让收入 1 000 余万元。

学校原创声乐节目《快乐的风》，在 2018 年全国第五届大学生艺术展演中
获艺术表演类一等奖并被确定为展演会歌

3. 加强两项建设，构建“专业化、精准化”的创新创业指导服务体系

创新创业教育的重要支撑是师资队伍和帮扶体系。基于此，学校重点加强两项建设，优化

创新创业服务指导。

一是加强“专业化”创新创业师资队伍建设。学校以提升专业教师、创新创业导师团、创业教育指导课专职教师三支队伍的教育教学能力为重点，出台了《“双师双能型”教师队伍建设实施意见》《“双师双能型”教师资格认定与考核暂行办法》，深入推进实施教师进企业行业、企业行业技术骨干进校园的“双百工程”，组织开展就业创业师资培训。目前，学校“双师双能型”教师达329人，外聘企业(行业)兼职教师150余人，为培养高素质创新型人才提供了师资保障。

二是加强“精准化”就业创业指导帮扶体系建设。学校积极推进就业指导、职业辅导和创业引导的一体化，开展了“两分一多”就业创业指导帮扶。两分：分层教育、分类指导。一多：多维度推进。在“两分”方面，针对不同专业、不同年级学生的不同特点和需求，对创新创业教育活动的目标、内容和方式进行分类，将第一课堂与第二课堂、学生的学业规划和职业规划有机结合，对创新创业项目和团队精心培育、精确选拔、精准指导、强力扶持。在“多维度”方面，为大学生创新创业提供法律、工商、税务、管理咨询、项目推荐、项目融资、项目孵化等一站式咨询和服务。

众创空间一角，学校搭建多种形式创新创业平台，其中省级创新创业平台6个

4. 强化四个保障，构建“全方位、立体化”的创新创业保障体系

创新创业教育有效开展的前提是建立全方位、立体化的保障体系。基于此，学校重点强化四个保障，凝聚创新创业合力。

一是强化组织保障。实施创新创业一把手工程，成立了由书记、校长任组长的创新创业教育领导小组，初步形成了学校整体规划、职能部门协调配合、二级学院具体落实、校内外协同育人的创新创业工作格局；成立了创新创业学院和大学科技园，配备了18名专职人员。

二是强化条件保障。学校开辟了3万平方米的创新创业实践孵化场地，提供较为完善的软硬件设施和服务；做好经费保障，2017年投入创新创业工作开展及扶持大学生创业经费约1 300万元。

三是强化机制保障。学校将创新创业工作置于转型发展战略全局的高度统筹推进，列入十三五规划。依法成立了资产经营管理有限责任公司和大学科技园有限责任公司，突破了师生创新、成果转化和产教融合的体制障碍。出台了周口师范学院《实践育人工作实施方案》《学生创新实践学分认定与管理办法》《大学生科研创新基金管理办法》等一系列管理制度。深化产教融合、校地校企合作机制，省教育厅和周口市人民政府签署了共同支持周口师范学院转型发展协议，学校与周口8个县市区签署了全面战略合作协议，与120余家省内外企业签订了校企合作协议，构建了“1＋1＋N”的校地校企合作新模式。

四是强化文化保障。学校深入推进实施创新创业文化培育工程，营造鼓励创新、崇尚创业、褒奖成功、宽容失败的舆论环境。积极选树先进典型，编辑印发了《周口师范学院毕业生就业创业典型人物事迹选编》。经常邀请专家和创业精英来校作专题辅导，举办创业讲堂、创业报告会、创业培训。2013年创办的“生涯发展面对面”咨询，已连续举办178期。

经过几年的努力，学校的创新创业工作成效显著。据社会第三方做出的《河南省高校毕业生就业、预警和重点产业人才供应2015年度报告》显示，学校毕业生就业竞争力指数在全省38所公办本科高校中排名第15位，位居全省8所本科师范院校首位；毕业生的创新能力位居全省公办本科高校第2位。近年来，学生在“挑战杯”全国网络虚拟创业大赛中连续两届荣获一等奖（全省高校唯一）；在“学创杯”大学生创业模拟大赛中总成绩位居河南省高校第一名；在“互联网＋”全国大学生创新创业大赛中获铜奖两项；原创节目《快乐的风》在全国第五届大学生艺术展演中获艺术表演类一等奖和优秀创作奖，被确定为全国第五届大学生艺术展演会歌，在开幕式和闭幕式上演出。师范专业毕业生连续7年在全省高校师范生教学技能大赛中获团体一等奖，团体成绩连续10年位居全省前三名。因考取“985”高校人数较多和一本上线率高而全国知名、享誉中原的河南省重点高中、河南省示范性高中郸城县一高、淮阳县中学、扶沟县高级中学的大多数骨干教师也是周口师范学院的毕业生。

打造创新创业科技服务共同体
构建产教融合校企合作新生态

——南阳理工学院

南阳理工学院创办于 1987 年,2004 年升格为本科院校。学校坚持植根南阳、立足河南、面向全国,走产学研用一体化和开放办学之路,致力于应用型人才培养,现有 19 个教学院部、52 个本科专业,普通本科生和留学生近 2.4 万人。学校先后获批国家应用型本科产教融合工程项目学校、教育部卓越工程师教育试点学校、全国文明单位、全国绿化模范单位、河南省示范性应用型本科院校、河南省整体转型发展试点学校、中原经济区最佳服务高校、河南省十大创新创业典范学校、河南省双创基地、河南省立项建设硕士专业学位授予单位;拥有国家级众创空间、教育部产教融合创新基地、教育部工程实践基地、省院士工作站、省博士后研发基地、省重点实验室、南阳协同创新研究院、南阳中关村领创空间等一大批科研平台。

一、厚植文化土壤,营造创新创业生动氛围

学校注重厚植创新创业文化土壤,致力于营造创新创业的生动氛围,让师生把创新创业成为大学校园的文化传统和自觉基因。学校将创新创业工作列入《南阳理工学院"十三五"事业发展规划》《南阳理工学院河南省示范性应用技术类型本科院校 2016—2020 年建设规划》,持续健全完善创新创业工作的顶层设计。学校制定《大学生创新创业行动计划》《大学生创业引领计划》《创新创业教育改革实施方案》《大学生创新创业工作实施方案》等,把创新创业教育纳

入人才培养方案中，实现专业教育与创新创业教育有机结合。

二、加强组织领导，形成一体化的工作体系

成立由书记校长任组长、相关副校长任副组长、相关职能部门负责人为成员的创新创业教育工作领导小组，定期研究、统筹部署创新创业工作，形成了统一领导、部门协调、齐抓共管、分工协作的创业就业联动机制。成立创新创业学院、设置创业就业教研室、孵化园管理科；教学院设置科级综合创新实训中心、校学生会设立职业发展部、班级设立职业发展委员，构建了"多级分层、全程覆盖、各司其责"的大学生创新创业指导服务体系。

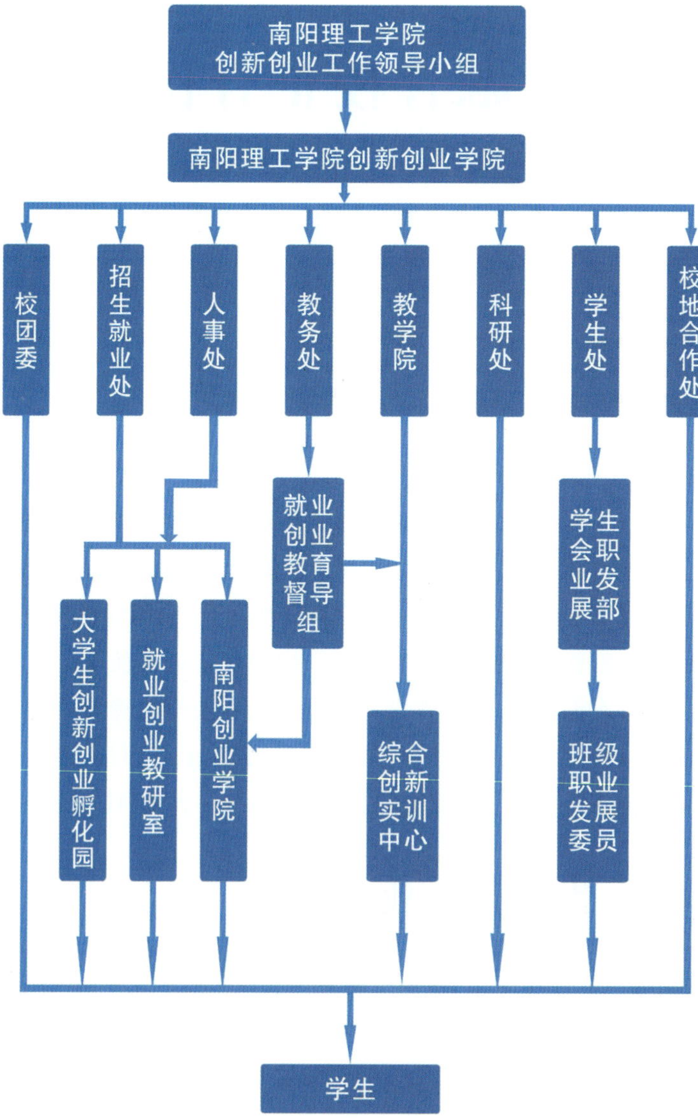

大学生创新创业教育服务指导体系示意图

三、打造名师团队，筑牢创新创业教育平台

1. 多策并举，塑造三支高素质师资队伍

努力提升由 24 名专职教师、90 名教学院书记副书记辅导员、67 名专业课程教师组成的创新创业教育 3 支队伍的教育教学和指导服务水平。通过"讲座＋实践＋咨询＋督导"的方式，3 年来，累计开展了教育指导讲座 527 场次，成效良好。

2. 深化改革，促进教学服务体系一体化

以深化教育改革为突破口，围绕人才培养模式改革、课程体系改革、教学管理体系改革等，大力开展以赛促创、以赛促教、以赛促练，实行启发式、参与式、嵌入式教学和行动导向教学法等。加大创新创业实践成绩比重，改革教师评价体系和职称评定方法，促进教学体系和服务体系一体化。以创新驱动建立专业应用创新型人才培养的共同体，使创新创业教育改革、创新创业人才培养与区域经济发展紧密结合。

2018 年 6 月，教育部专家组到学校实地调研创新创业工作

3. 引入 SIYB 体系，开展内源式创业教育

与华普亿方集团共建南阳创业学院，采用 SIYB 课程体系，纳入必修课程；汇聚专业教师、企业家、风险投资家 3 类导师，实施"创业项目辅导、创业资金对接、经营指导、创业咨询以及孵化苗圃的入园服务、公共服务和技术服务"，使入驻孵化园的 1 982 名学生均成为有辅导、有政策、有项目、有资金的"四有"创业者。

四、注重科技创新，构建创新创业实践平台

1. 组织学科竞赛，培养创新意识和创新精神

实施学科竞赛单项奖学金制度、创新创业学分转化认定制度等，引导、鼓励学生踊跃参与学术科技创新及学科专业竞赛；为学生参赛搭建优质平台，先后承办了首届中国大学生程序设

计竞赛、河南省ACM大学生程序设计竞赛、河南省第十届“高教杯”大学生先进成图技术与创新大赛等诸多赛事。

2. 加强校企合作,提升学生创新实践应用能力

组建121个协同创新联合体,每个团队有3～5名专业教师和若干名学生,师生共同参与创新研发、科技服务。大力推进校企合作、产教融合,将课堂移到企业、工程实景引入学校,校企共同制定培养目标,共同建设课程体系和教学内容,共同组建产教融合教师队伍,共同评价人才培养质量。建设国家级大学生校外(九州通)工程实践教育基地,共建中兴ICT产教融合创新基地,举办“宇通重工”“二机国贸”等30余个校企合作班。

五、整合资源,搭建创新创业孵化平台

2010年建成1 600余平方米的大学生创新创业孵化园;2014年企业捐建的20 000平方米的大学科技园投入使用;2015年由校友投资,建成4 000平方米三融众创空间;2016年与中关村e谷共建1 200平方米的中关村领创空间。由南阳市高新技术产业区建成了南阳中关村创新创业园,将8.62万平方米的科研楼和标准化厂房,作为三融众创空间的拓展区;2017年与阿里巴巴共建2 000平方米菜鸟驿站和12 000余平方米15个专业众创空间,开放89个实验室232个项目,已形成“众创+专创+开放实验室+科技服务项目平台”的工作格局。

2016年2月,河南省教育厅厅长朱清孟来校考察指导创新创业工作

六、发挥溢出效应,双创效益凸显

(一)工作成效显著

1. 双创研究硕果累累

承担省教育厅重点项目《地方高校众创空间在建设创业型大学中的作用研究》等16项,发

表论文 16 篇，其中 1 项获得河南省省级教学成果二等奖，入选全国高校毕业生就业创业指导成果展；3 位同志被推荐进入《全国万名优秀创新创业导师人才库》；2017 年学生参与教师科技创新项目 1 569 人次，获得专利 56 项，形成科技创新推广项目 79 个。

2. 双创大赛摘金夺银

3 年来，学校荣获各级各类双创大赛国际奖项 21 项，国家级奖项 211 项，省部级奖项 468 项。尤其是在 2017 年第八届“蓝桥杯”国际软件大赛中，学校学生与麻省理工、清华、北大等知名高校瓜分了赛事所设的 10 个一等奖，其中麻省理工获一等奖 3 个，清华 1 个，北大 1 个，学校 2 个。

3. 双创效益持续凸显

立足学科专业建设，面向产业市场需求，利用 121 个协同创新创业联合体，为学生搭建更大的双创舞台，创造更多的社会效益和经济效益。臧晋教授科研团队，带领师生历经 3 年校企联合科技攻关，与仲景大厨房股份有限公司共同开发的发酵型“仲景”香菇酱，获得国家发明专利 10 项，年销售额达 12 亿元。

同时，孵化一批大学生科技创新企业。在孵企业南阳中衡科技有限公司，依托学校设立研发中心，研发的焊接机器人项目在习近平总书记的祖籍邓州市落地生根，与农神公司合作，2017 年实现产值 2 800 万元，利税 530 万元；在孵企业南阳杨扬商贸有限公司，采用“学生在前台，教师作指导，企业作支撑”模式，带领 132 名学生协同创业，成功引领大学生创业，月纯收入 3 万元以上的有 9 人，超过 2 万元的 14 人；在孵企业河南维京电子科技有限公司，制造的 3D 打印机，热销国内外，被《央视财经评论》报道；出园企业她旅网络科技有限公司，获得天使投资 900 万元。

（二）溢出效应良好

得益于创新创业工作的卓有成效，就业工作持续向好，生源质量屡创新高，办学声誉不断攀升。在逐年严峻的就业形势下，带动毕业生就业率连年保持高位企稳，就业质量稳步提升，就业率连年位居前列。在全国各省、市、区的招生录取分数线连年攀升。在本科二批录取中，2015 年理科、文科分别超出河南省定分数线 30 分、22 分，2016 年理科、文科分别超出省定分数线 35 分、24 分，2017 年理科和文科分别超省控线 113 分和 95 分。

2016 年，学校的创新创业事迹被作为典型案例，写入国务院办公厅《督查报告》，李克强总理亲作重要批示。学校三融众创空间被认定为国家级众创空间和河南省政府首批高校科研院所双创基地，学校先后被授予南阳市大学生创业基地、河南省大学生创业教育示范校、河南省大学生创业实践示范基地、河南省省级众创空间、河南省创业孵化示范基地、河南省十大创新创业典范学校、河南省电子商务职业教育实训基地、河南省电子商务继续教育基地、南阳市电子商务人才培训基地、连续四届“河南省普通大中专毕业生就业工作先进集体”。《中国教育报》《教育时报》《河南日报》等媒体多次报道学校创新创业事迹，引起了广泛关注。

2016 年 4 月，国务院办公厅“双创”调研组到学校调研创新创业工作

（三）彰显创新创业工作特色

1. 理念新，发挥了典型示范作用

紧扣立德树人根本任务，坚持以创新引领创业、以创业带动就业，以提高人才培养质量为核心，以创新人才培养机制为重点，以专业教育与创新创业教育有机融合为方向，以师导生创为抓手，形成了一体化、全方位、全覆盖的创新创业工作体系，产生了良好的社会溢出效应，有效发挥了典型示范作用。

2. 起步早，形成了双创浓郁氛围

早在 2004 年，学校成立了创新创业孵化园，加大投入建设双创平台，树立创新创业典型，宣传创新创业事迹，坚持不懈抓双创，逐步形成双创浓郁氛围。

3. 模式新，激发了师生创新活力

经过多年探索和实践，形成了“1＋3＋X”教育创新模式，持续推进创新创业教育、实践、孵化 3 个平台建设，致力于打造创新创业共同体，构建了产教融合新生态，有效激发了广大师生的创新创业热情和内生活力。

4. 机制活，推动了工作深入开展

实施“两挂钩、三同步、四结合”的长效工作机制，与单位目标管理和干部评先评优两挂钩，与人才培养、就业、社会服务实现三同步，与教务、学生、团委、科研等部门的日常工作实现四结合，顺利推动创新创业工作的深入开展。

5. 保障全，奠定了工作坚实基础

建立健全教学、经费、人员、场地 4 重保障体系，足额划拨创新创业就业专项业务经费，每年投入达 1 500 万元，设立有创新创业基金 200 万，引入创投资金 10 亿元，支持创新创业项目成果转化，为创新创业工作取得成效奠定了坚实基础。

科学构建 多方协同
着力培养绿色工业双创人才

——湖北工业大学

一、学校概况

湖北工业大学是一所以工学为主、多学科协调发展的地方多科性大学。学校秉承“立足湖北、服务工业”的办学定位，深入推进“721”人才培养模式改革①、“135＋”学科发展战略②、“绿色工业”科技引领计划，在绿色轻工、智能制造、绿色建筑、工业设计等方面形成了明显优势和特色，取得了一批标志性成果。

在教育部、湖北省委省政府及各级部门的亲切关怀和正确指导下，学校主动服务地方区域经济建设，围绕“创新创业和实践能力强的高素质应用型人才”的培养目标，将创新创业教育融入人才培养工作全过程，形成了“12345”的双创教育工作思路③。

---

① “721”人才培养模式改革：“7”即针对70％左右的学生，培养实践能力强的高素质应用型人才；“2”即针对20％左右的学生，培养一专多能、能创新创业的复合型人才；“1”即针对10％左右的学生，培养拔尖创新人才和卓越后备人才。

② “135＋”学科发展战略，即围绕“绿色工业”发展这一条主线，重点打造“生物制造、新能源、先进制造技术及装备”三大领域和“绿色建筑、新材料、创意产业、产业生态发展及产品质量工程”五个特色方向。

③ “12345”双创教育的工作思路：“1”是以培养创新创业和实践能力强的高素质应用型人才为主线；“2”是着力提升大学生“创新”和“创业”两种能力；“3”是“创业理论”“创业实务”“创业实践”三段协同推进；“4”是“启蒙式”“众创式”“先锋式”“鹰才式”四种创新创业教育模式；“5”是同步建设“创新创业竞赛平台”“创新能力训练平台”“创业实务与咨询平台”“投融资平台”“孵化与加速平台”五类平台。

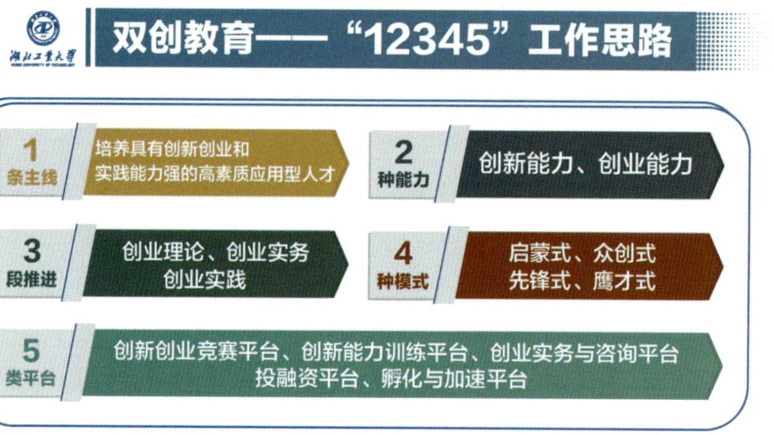

双创教育“12345”工作思路

学校先后获得首批“全国深化创新创业教育改革示范高校”“湖北省双创示范基地”“湖北省大学生创业示范基地”“湖北省大学生创业孵化示范基地”“武汉市众创空间”“武汉市大学生创业基地”“武汉市大学生创业学院”“湖北省省级校园科技企业孵化器”等荣誉称号。

二、典型特色

特色一:分层分类确保教育精准化,实战训练提升创业成功率

1. 具体措施

面向全体学生开展以唤醒创业意识、培养创新精神、激发创业梦想为目的的“启蒙式”教育后,对学生用测评系统进行分层,识别具有创业意愿的学生。为创业倾向性高的大学生提供更加系统和深入的创业教育,分类进入高度融合专业的创业教育模式学习:以艺术文学类为主的“众创式”教育模式;以经管类为主的“先锋式”教育模式;以理工类为主的“鹰才式”教育模式。

2. 工作方式

(1) 分层培养精准化。在学习借鉴 O * NET(职业信息网络)内容模型的基础上进行改良和校本化,开发形成创新创业人才选拔测评系统,实现按需教学、分层培养,达到教育精准化。

(2) 双创实践多元化。为学生提供多元化、多样化的双创教育实践实训:完善“实验教学—实习实训—毕业设计(论文)—创新创业教育—课外科技活动—社会实践”六元结合的双创实践教育体系,实施冬、夏季短学期实践等。

(3) 团队孵化链条化。校企双向协同,企业联合学校参与人才培养的全过程,重点培育熟悉行业产业发展趋势、具备敏锐的创新观察意识和积极进取的市场开拓能力的双创人才。

3. 特色成效

(1) 学生创新创业能力强。2017 年,由中国教育在线发布的中国高校创新人才培养暨学科竞赛评估结果,学校位列全国高校第 81 位。

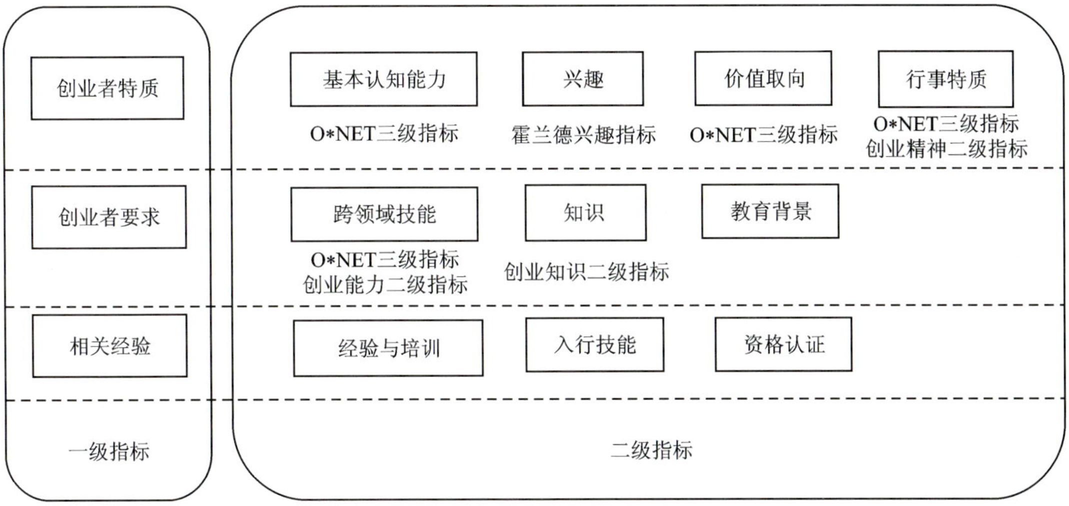

创新创业人才选拔和测评模型

（2）大学生创业企业存活率高于一般水平。大学生创业园自 2014 年成立，已成功孵化企业或团队累计 176 家，现在有 91 家企业存活，孵化成功比率超 50%，成功向武汉市等周边地区输送企业 50 家，其中天宇宜品产值过亿，洛奇教育集团产值近亿，武汉艺亦青、雅格等企业年产值突破 2 000 万，发展良好。

校长刘德富为首批教授级创业导师颁发聘书

（3）多项教学成果获奖。经过多年建设，2017 年学校在创新创业方面相关的教学研究获得省级教学成果一等奖 6 项、二等奖 6 项、三等奖 5 项。

（4）校领导在省级以上会议作典型经验交流发言。① 2016 年全省就业创业工作推进电视电话会议上，校长刘德富作题为《培养创新创业人才，努力实现高质量就业创业》的交流发言。② 在“2017 教育部产学合作协同育人项目对接会”上，校长刘德富作为唯一的地方高校发言人，介绍学校协同育人工作经验。③ 校党委副书记蔡光兴在2017全省本科高校大学生创业示范基地建设推进会上作典型发言。④ 校党委副书记蔡光兴作为唯一高校代表参加2016年湖北省就业创业工作座谈会。⑤ 副校长龚发云在“2016年湖北省高等学校就业创业工作会议”上作经验交流发言。

特色二：高度融合专业教育，打造艺术类学科的“众创式”教育模式

1. 具体措施

“众创式”教育模式，在专业教育中融合商科培训，依托艺术品集市的平台和艺术品经纪人制度，充分发挥互联网经济的优势作用。

2. 工作方式

“众创式”在课程中加开商务谈判、创业管理等几门商科知识，将创业精神融于专业教育。在创业园建设艺术品集市，同时建立了校园艺术品经纪人制度，授权大学生创业园内入孵企业“武汉艺亦青文化传播有限公司”作为经纪人公司，对作品进行原创鉴别和建议性定价，并已实现线上交易。集市让创作与需求直接对接；交易达成的成就感更加激发学生的学习兴趣和创作热情，实现良性循环。

艺术品集市现场

3. 特色成效

涌现出众多创业典型：“武汉雅格创意文化传播有限公司”创始人钱立权入选团中央授予的2017年度大学生创业英雄10强，新四板首批上市的“武汉艺亦青文化传播有限公司”创始人蔡青入选100强。

特色三：校企协同，培养“先锋”；面向行业，孵化“鹰才”

1. 具体措施

以经管类为主的“先锋式”，立足创业实践，邀请大师授课，举办跨学科、跨专业的校企合作

班，培养企业合伙人；以理工类为主的“鹰才式”，直面行业产业，由企业提供技术支持，参与学生联合培养，出资孵化优秀学生创业团队。

2. 工作方式

（1）“先锋式”：创业实践＋大师授课＋团队活动＋合伙人。学校与北京易时科技集团联合举办跨学科、跨专业的校企合作班。在公司授课期间，学生每周必须到北大、清华等知名学府听课，聘请企业家、社会名流进课堂，讲授行业最新发展、现代企业理念，帮助建立现代企业思维。原湖北省副省长韩忠学、中国证券报副社长梅绍华、湖北省首富黄立等都曾为同学们上过课。

（2）“鹰才式”：面向行业＋技术支持＋联合培养＋出资孵化。学校与深圳天行健实业控股集团达成战略合作协议，成立创业教育企业孵化联盟。公司全程参与人才培养全过程，制定“卓越模具工程师”校企联合培养模式。企业出资孵化创业团队，协议规定举办十期，第一期已在深圳注册公司，第二期正在进行中，已在武汉注册公司。目前拥有专业对口的校内实训基地1个，校外基地6个。经过前三年校内工程实践能力的培养，学生在本科最后一年进入深圳实践基地，着力提升创新创业能力。

3. 特色成效

学校连续四年与北京易时科技集团联合举办跨学科、跨专业的校企合作班，已培养学生110名，以先锋班为班底创办的“味道网”目前估值10个亿。

易时科技精英班一期总结暨二期开班典礼

特色四：“双创”工作全面对接地方经济发展

1. 具体措施

湖北工业大学坚持“立足湖北、服务工业”的办学定位，强力打造“绿色工业”学科特色，主动对接湖北“工业强省”战略，科技服务湖北发展的能力不断提升。

2. 工作方式

（1）“双创”政策充满活力。学校设立了“科技成果转化办公室”，出台了《湖北工业大学关于科技成果转化的若干规定》《湖北工业大学科技公司管理办法》等文件，将成果转化处置权、使用权、受益权下放到个人或团队，打通了科技创新与市场资源配置之间的通道；简化申报、审批流程，量化股权认定比例，提供注册、引资、孵化平台等优质服务。

(2) 学科对接地方产业发展。学校以服务工业转型发展为己任，大力实施“135＋”学科发展战略，打造绿色工业学科特色，助力武汉产业转型升级发展。

(3) 科技研发面向企业需求。学校坚持“以用为本”的办学理念，强调研究必须直面企业发展需要。已与南车集团、湖北中烟、中铁大桥局、安琪酵母、京山轻机等 100 多家企业签署战略合作协议，实施了 1 000 多项企业技改和产品研发项目。

3. 特色实效

(1) 自 2012 年以来，湖北省科技厅对湖北高校进行科学研究和社会服务排名，学校一直稳居全省高校前六名，省属高校第 1 位，在 2017 年全国高校企业科研经费排名中位居全国 81 位。

(2) 今年 5 月 16 日，学校率先召开武汉市科技成果转化湖北工业大学专场活动，57 个项目在武汉落地实施，签约总金额约 34.5 亿元，另 150 项成熟度较高、市场预期好的科技成果还在对接中。

湖北工业大学科技成果转化专场

(3) 中央电视台《新闻联播》、新华社等权威媒体陆续来校专题采访报道学校师生科研创新及创业成效，《光明日报》《科技日报》《中国教育报》《湖北日报》《长江日报》等中央及省内外主流新闻媒体 60 多次报道了学校改革成果。

全员参与 全程融入 全景熏陶
培育服务地方经济社会发展的创新创业人才

——武汉工商学院

一、学校概况

武汉工商学院(原武汉长江工商学院),创建于 2002 年,办学十六年来,学校始终坚持服务地方经济发展,持续强化大学生创新创业教育,已经发展成为湖北省首批高等学校创新能力提升计划(2011 计划)单位,转型发展试点本科高校,转设后首家通过教育部本科教学工作合格评估的民办高校,全国深化创新创业教育改革示范高校。

学校位于武汉市黄家湖大学城,毗邻武汉东湖高新技术开发区、武汉经济技术开发区,是武汉市重点开发的科研宣教、生态体验、休闲旅游区域,具有不可多得的交通优势、环境优势和产学研一体化优势。学校占地面积 82.7 万平方米,校舍面积 32.9 万平方米。

学校设有 9 院 1 部,39 个本科专业,在校生 1.4 万余人。打造了现代商务服务、信息工程、文化创意、环境与生物工程、现代物流与电子商务等应用型专业集群。学校学科结构以新工科、经济、管理为主,文、法、艺等多学科协调发展。

学校拥有一支由资深教授专家领军、拔尖人才担当学术带头人、优秀人才担任学术骨干的高水平师资队伍。现有教师 761 人,其中专任教师 714 人,教授、副教授占 37.6%,硕、博士教师占 71.1%,“双师型”教师占 34.5%。

武汉工商学院校园

学校高举中国特色社会主义伟大旗帜，以社会需求为导向，转型发展为契机，质量立校、人才强校、特色兴校。秉承应用型、多元化、开放式、高质量的办学理念，坚持内涵发展，深化产教融合、校企合作，提升应用型人才培养质量、应用技术研究水平和服务区域经济社会发展能力，努力建设特色鲜明的国内高水平应用型工商大学。

二、学校创新创业工作典型特色

办学以来，学校始终坚持服务地方经济发展和应用型人才培养定位，注重学生创新创业能力的培养，加强双创教育顶层设计，形成了“三维驱动、五化改革”的创新创业教育特色。

（一）统一思想、凝聚共识，做到“四个明确、五个保障”

学校通过开展大学习、大讨论和聘请专家讲座等方式，深入理解国家深化创新创业教育的实质内涵。全校统一了思想，凝聚了共识，提出“四个明确”引领创新创业教育改革与实践，做好“五个保障”营造良好创新创业生态与环境。

“四个明确”即明确了“营造良好双创生态、培育优秀双创人才”的双创教育的工作理念；明确了培养德智体美全面发展、“就业有实力、双创有能力、发展有潜力”应用型人才培养目标定位；明确了“双教融合、三维驱动、多元协同、师生共创”的双创教育的工作思路；明确了双创教育的重要作用。将双创教育作为教学改革和人才培养模式创新的试验田，校企合作、产教融合的催化剂，服务地方经济和社会发展的推进器。

“五个保障”指机构、制度、人员、场地、经费五个方面的保障。

一是实施双创教育“一把手工程”，成立由校长任组长的双创教育领导小组；组建了由行业协会、著名企业家、优秀校友共同参与的双创教育咨询指导委员会；成立二级学院双创教育实施专班，形成了一把手挂帅、扁平化推进、可持续发展的保障机构。

二是从战略全局的高度出发，将双创工作列为学校重点工作，纳入年度工作要点和目标考核体系，明确提出将创新创业教育打造成学校人才培养工作的新亮点。

三是配备专职工作人员负责创新创业指导服务工作；完善双创师资建设与管理制度，组建了一支相对稳定、专兼结合的双创导师团队。

四是经过八年的持续扩建、改造，建成了创新创业实训基地、大学生创新创业基地、弘云创新创业基地，为创新创业教育实践三个不同阶段的服务，总面积 10 000 余平方米。分别为学生创新意识和创新精神培养、初创团队指导服务与孵化、成长团队发展与扶持提供场地支持。

五是将双创专项经费纳入学校年度预算，2015—2017 年总计投入双创专项经费 1 448 万元，较好满足了双创教育及指导服务工作的需要。

校友会创新创业基金捐赠仪式

（二）实施三维驱动，培养“三力”人才，构建双创教育新模式

1. 以专业集群及创新实验班为示范，驱动双创教育普及化，促进人才培养模式创新

学校紧密结合地方经济支柱产业，打造现代物流与电子商务、环境与生物工程等专业集群。专业集群以行业和产业为背景，横向集约，纵向发展，共用平台，相互促进，专业设置与产业需求对接，提高专业集群服务行业的水平和能力。

以“示范先行、整体渐进”为指导，自 2014 年起开办了涵盖三大专业集群的两批八类 28 个创新实验班，覆盖了 8 个学院的 14 个专业，学生 800 余人。学校每年为每个实验班提供 8 万元专项经费，支持实验班采用项目制、翻转课堂、个性化培养等方式实施创新创业教育改革，在挖掘、提升学生创新潜质和能力上取得了明显成效。

2. 以科研创新平台为载体，驱动双创教育成果化，促进应用技术研究与创新

学校集聚创新要素，成立了湖北省网络社会发展研究中心（中宣部舆情信息直报点及湖北省舆情研究基地）等 16 个创新平台，将其作为双创教育的重要载体。近三年来，学校师生着眼产业发展急需和应用技术前沿，依托平台进行技术攻关与创新实践，成效显著。收获了包括污水处理、智慧城市建设与管理、文化创意、舆情研究与应用等方面的一大批双创教育成果。连

创新创业教育三维驱动模型

续四届荣获全国大学生电子商务“三创赛”团队特等奖、一等奖及最佳创业奖等20人次。文法学院共计有60余名学生参与湖北省网络社会发展研究中心工作，向中宣部、省委宣传部报送了近9 000篇舆情报告，55篇获中央领导人批示，2017年有5篇获习近平总书记亲自批示，荣获湖北省大学生优秀科研成果奖一等奖。

3. 以社会需求为导向，驱动双创成果产业化，服务地方经济社会发展

学校主办方依托学校专业集群优势和相关创新平台的成果，成立了湖北君集水处理有限公司、武汉家事易农业科技有限公司等企业。学校还与深圳他拍档电子商务集团合作，将专业对接产业，师生围绕几十个真实项目深度“嵌入”企业，开展创新创业实践，积极服务地方经济社会发展。环生学院16名教师长期带领学生参与湖北君集水处理有限公司浙江嵊州、汤逊湖、武汉阳逻等10多个污水处理厂建设项目，积极参与“美丽中国”建设，致力实现当地的绿水青山，积极投身“污染防治攻坚战”；电子商务学院、物联网研究院10名教师与学生依托“现代物流与商务湖北省协同创新中心”参与武汉家事易农业科技有限公司的生产经营，共同研发了生鲜电商购物平台和无人交付系统，探索出了低成本、高效率、新技术为一体的创新型农产品供应模式，实现了农产品质量从农田到餐桌的全过程控制。通过他拍档集团孵化，库尔班·铁木尔等学生分别创办了近10家企业，帮助家乡农户进行特色农产品的销售，一方面帮助农户脱贫致富，助力精准扶贫，另一方面积极传播家乡文化，在当地起到了很好的引领示范作用。

（三）推进“五化”改革，全覆盖全过程落实双创教育，营造良好的双创生态

（1）系统化开设双创课程，全方位落实双创教育。学校在人才培养方案中，全程融入创新创业教育，设置了2个创新创业基础课必修学分，15个创新创业学分，构建了依次递进、有机衔接、双教合一、开放多元的双创课程体系；一是面向全体学生开设创新创业基础课培养学生创新创业意识与认知；二是面向专业开设专业双创融合课，培养学生与专业相关的双创知识；三是面向创业团队设置创新创业实务课程，提升学生双创能力。

李圭白院士在第一届"长江生态讲坛"作报告

(2) 常态化开办双创讲座,持续性营造双创氛围。学校紧密联系行业前沿,策划开展"博问大讲堂""长江生态讲坛""中部金融讲坛""海峡两岸创客中心""创新创业院士校园行"等双创论坛和平台,加强与行业的交流,营造浓厚的双创氛围。

(3) 模块化设置双创项目,递进式开展双创实践。学校贯彻"知识为先、实践为要"的思路,设置四大双创项目。在实验课内鼓励开设综合创新型实验项目,强化学生创新与解决问题能力的培养;二是面向全体学生开设企业经营实训项目,促进学生体验企业经营流程;三是积极开发校园项目,将学校在文化宣传、环境治理、后勤服务等方面的实际需求立项,配套经费,交由师生团队制作运营,让师生在创业实践中学习创业;四是资助孵化有兴趣、有潜力的学生开办实体企业;近三年指导学生创新创业项目 122 个。

(4) 普及化开展双创比赛,竞争性开展双创训练。学校坚持"以赛促学、以赛促创",近三年共投入 200 余万元支持学生开展多个学科、多种形式的竞赛,并与创新创业学分认定工作紧密结合。实行学校、教学单位和竞赛委员会三级运行机制,搭建了互联网+大赛、节能减排竞赛、"挑战杯"、世界技能大赛等重要竞赛平台,提出了学生在校至少参加一项赛事的要求。2017 年组织参加各级赛事 66 项,其中省级以上 45 项,总计参赛 6 492 人次,获省级及以上奖项 283 项、603 人次。

(5) 多样化开展学业评价,全过程激发双创活力。学校坚持能力导向的学业评价理念,制定落实《关于课程考核方式改革的指导意见》等课程考核方式改革制度,鼓励任课教师设计突出创新能力评价的考核方案,如改为实验测试、作品制作、程序开发等方式进行考核。近三年实行考核方式改革课程 135 门,促进了学生结合课程知识进行思考与实践,较好地激发了学生的创新精神,明显提升了学生应用创新能力。

秉承传统 优化改革
致力培养“一懂两爱”农业人才

——湖南农业大学

一、学校简介

学校始建于 1903 年，是一所有 115 年办学历史的省属重点本科院校。学校自开办以来，一直坚持以农为本、务本崇实、服务“三农”、服务社会，坚持质量内涵发展，“学研产用”结合，现已建设成为一所农科优势突出，多学科协调发展的综合性大学。学校是国家南方粮油作物“2011”协同创新中心牵头建设单位、农业部与湖南省政府共建大学、本科教学工作评估“优秀”高校和首批全国文明校园。

学校设有 20 个学院和研究生院，有普通全日制本科生 22 100 余人，研究生 4 400 余人。有本科专业 72 个，一级学科博士点 11 个，一级学科硕士点 20 个，博士后科研流动站 10 个。有专任教师 1 361 人，其中中国工程院院士 1 人，双聘院士 5 人，高级职称专家 829 人，博士生导师 307 人。

进入新世纪后，特别是党的十八大以来，学校立足服务国家发展战略，坚持“分类施教、专创融合、多方协同、服务‘三农’”的双创教育工作思路，强化双创教育改革，在健全体制机制、加强指导服务、大力培养“懂农业、爱农村、爱农民”的双创人才方面迈出了更加坚实步伐，打造了一条以基层就业创业为导向的双创教育之路，为扶贫攻坚、乡村振兴和建设富饶美丽幸福新湖南做出了重要贡献。

二、学校创新创业工作特色

学校立足服务“三农”，服务乡村振兴，通过实施“四措并举、三轮驱动、两个结合”为主要内容的“四三二工程”，培养造就懂农业、爱农村、爱农民，有情怀、有知识、有能力的双创人才。

（一）坚持“四措并举”，造就“懂农业”人才

（1）秉承优良传统，培养学农爱农情怀。在百年办学历程中，学校始终秉承培养学农爱农双创人才优良传统，并代代相传。一是建校之初“务本崇实”。1903 年“修业学堂”开办之初就把农业作为根本不弃不舍；1920 年开办农学部进一步明确所精之业为农业；曾担任“修业”校长 40 年之久的彭国钧先生，更是常以“蓑衣斗笠是我们的制服，锄头扁担粪桶是我们的工具，镰刀枝剪是我们的武器，纸笔墨砚是我们的宝贝”告诫学生。二是合并办学笃定农业。1951 年合并组建成为湖南农学院，时任省政府主席王首道即强调，“农学院的任务，就是要培养大批理论与实践相结合的农业建设人才”；毛主席欣然亲笔题写“湖南农学院”校名，无不寄托了老一辈无产阶级革命家对学校“姓农务农”的殷切希望。三是新世纪弘扬农大精神。新世纪之初开启“双百”科技富民工程；连续八年主持国家粮食丰产科技工程重大专项；2012 年在全国首批成立“新农村发展研究院”，在全省高校中率先建成“省级孵化基地”；2017 年发起全国 50 多所农林水高校联合成立“全国农业院校大学生服务乡村振兴战略联盟”；2018 年联合省内高校、科研院所组建“湖南乡村振兴战略研究院”和湖南省美丽乡村建设研究会等，无不闪耀着湖南农大“崇本务实”、姓农爱农的办学思想光芒。“学研产良性互动，培养高素质人才”成为学校鲜明办学特色，在两次本科教学水平评估中都得到专家高度肯定。

学生在长安基地学习采茶知识

（2）构建协同机制，提升双创教育水平。一是利用国家级、省级“2011 协同创新中心”探索农科类人才培养机制改革，在农学、园艺、茶学、植物保护等专业开办创新实验班，采用“3＋X”

模式，并实施本-硕、本-硕-博连读机制，培养拔尖创新型人才。二是在动物科学、动物医学、动物药学、水产养殖学、农村区域发展等专业开办创业实验班，采取“2＋1＋1”模式，校地企合作培养复合应用型创业人才。三是自2003年以来，学校聚焦涉农生物学双创人才培养的主要问题，主动适应新农村建设对高素质双创人才的需求，以植物学研究生培养为主，构建“本研衔接、科教融合、做学一体、师资互补、资源共享、全面监管”的“多维协同”模式，培养了一批高素质涉农生物学双创人才。通过不断探索人才培养模式改革，以点带面，发挥示范、辐射和引领作用，提升了大学生服务“三农”、服务乡村振兴的能力。

（3）优化专业设置，夯实双创教育基础。一是主动调整。根据农村经济建设需要，主动调整专业设置，大力拓展交叉学科与新兴学科，保持农科、涉农、非农专业协调发展，“种养加管工”结合，农工、农商、农文、农管、农师相互渗透。目前，学校设有13个专业大类72个专业，2个农科专业成为国家级特色专业，22个农科和涉农专业被确定为省级特色专业。二是优化改造。按照培养“厚基础、宽口径、高素质、强能力”的要求，对茶学、园艺等专业实施“横向拓宽口径”“纵向延伸内涵”改造，优化传统农学专业，培养复合型、应用型、创新型人才。三是高标准建设。结合新的本科专业国家质量标准，启动了114门课程改革，融合社会行业企业对人才的岗位要求，将双创教育贯穿到人才培养全过程，满足“三农”发展对人才需要。

参加第二届“互联网＋”大赛获银奖

（4）利用社会资源，探索双创人才培养模式。一是校企合作。与27家农业龙头企业合作，在多个涉农专业开办校企合作班，由企业负责合作班特色课程的教学任务，帮助大学生了解产业行业发展现状。二是校协合作。与行业协会开展深度合作，在会计学、金融学和计算机科学与技术等专业开办国际注册会计师（ACCA）实验班、注册金融分析师（CFA）实验班和“互联网＋移动应用”班，将职业资格考试科目嵌入到教学中，助推学生专业知识和实践技能有机融合。三是校校合作。与湖南生物机电职院、湖南汽车职院等合作，在4个专业开展校校合作班，采用“2＋2”模式联合培养职教专业技能型教师。四是国际合作。在生物科学等6个专业开办国际合作班，培养具有国际视野的复合型农业人才。

（二）坚持“三轮驱动”，培育“强农业”科创能力

（1）科研训练提升大学生双创能力。一是加大平台资源和科研项目开放。学校 118 个各级科研平台面向所有本科生开放，同时，加大科研项目面向本科生开放程度，近三年每年有 5 000 人以上大学生在科研平台和基地开展科创活动，90%以上的大学生科创项目、50%以上的本科毕业论文、90%以上的研究生论文依托学校科研平台和基地完成；先后有 470 余名本科生作为项目组成员，参与到学校承担的各级科研项目中。二是实施大学生创新训练计划。通过设立大学生创新性试验计划项目、大学生科技创新基金项目、研究生科研创新项目等，激发学生的创新思维和创新意识，培养学生思考问题、解决问题、实践创新能力。近三年，立项 437 个创新性试验计划项目，760 项科技创新基金项目，150 项研究生科研创新项目，60%以上的大学生参与各类科研项目研究，发表论文近 400 篇，申请专利 18 项。

袁隆平院士给创业团队题词

（2）推广成果强化服务“三农”体验。学校从 2004 年开始实施“双百”工程，在湖南不同经济生态区，选择 100 个示范基地，组织 100 支科技服务小组实行对接服务，引导广大师生深入基层、服务“三农”。近三年，先后有 600 多个项目在示范基地实施，167 项成果在基地转化，有 2 万多人次本科生和 300 多人次博士、硕士到“双百”基地进行双创实践。2012 年组建“新农村发展研究院”，探索新农村发展模式，围绕湖南农业优势和特色产业，建立 5 个综合示范基地、35 个特色产业基地和 100 余个分布式服务站，让更多大学生立足农业、深入农村实践实习，增强对“三农”的了解。

（3）社会实践助立科技扶贫志向。每年组织 2 万多人次学生参加“三下乡”、社团活动、扶贫调查、对口扶贫等，先后派出驻村扶贫干部 5 人，科技副县长 8 人，科技特派员 110 人，“三区”人才 261 人，组织带领师生深入农村、基层，广泛接触社会，接触农村和农民，增进和农民的感情，增长服务“三农”才干，树立服务“三农”志向。

（三）坚持“两个结合”，培育“干农业”精神

（1）舆论引导，激发基层就业创业情怀。一是营造服务基层氛围。以各种校园文化活动

为载体，大力宣传基层就业毕业生优秀事迹，邀请服务基层优秀校友和基层创业典型人物做专题报告，积极营造基层就业大有作为的良好氛围。二是开展基层认知教育。通过入学教育、职业规划指导、扶贫调研等，帮助大学生认识国情，了解“三农”，熟悉基层，增强社会责任感。三是树立服务“三农”责任担当。通过民主生活会、主题班会等，组织广大学生开展理想与择业的讨论；学校联合共青团中央、中国青年报、共青团湖南省委，组织全国大学生开展“就业的路，为什么越走越窄？”大讨论，引导广大毕业生就“农大办学目的是什么？农大学生的理想和责任是什么？农大学生应该怎样选择自己的工作岗位？”进行思考。通过舆论引导，更多毕业生选择到基层就业创业。

（2）政策激励，铺就基层就业创业道路。一是激励引导。先后制定引导和鼓励毕业生到西部和基层就业相关文件二十多个，为毕业生赴基层就业创业扫除后顾之忧。二是情感回访。近三年先后派出 16 支由校领导带队的调研组，到新疆、贵州等十几个省 32 个市州 70 余家基层用人单位，看望毕业生 280 余人，用母校之情感动基层就业毕业生。三是指导帮扶。积极为回生源地就业、创业的毕业生无偿提供技术指导和帮助，鼓励他们发挥优势，充分利用本地资源，进行种植、养殖、农产品加工等创业。近三年，申请回生源地就业创业人数达 1 180 余人。四是畅通渠道。学校每年举办上千场次各类招聘活动，引导毕业生赴基层就业创业；2018 年 4 月在省内高校首次举办县级基层单位专场招聘会，19 个县区的 80 余个事业单位和 60 多家基层企业来校，为大学生提供 1 250 个基层公务员、事业单位和企业就业岗位，223 名大学生达成初步意向。

创业团队进行经验分享

四、双创工作成效

学校大学生双创工作，取得了五个方面的显著成效：

（1）提高了大学生的双创能力。近三年，学校毕业生初次就业率稳定在 90%以上，居省内高校前列。大学生参与创业的人数逐年增多，从2015年的1.59%提高到2017年2.91%。三年来，大学生在国家级、省级双创竞赛中获奖励800余项；在前三届“互联网+”大学生双创大赛中，6个项目获全国赛银奖和铜奖；18个项目获湖南省一、二、三等奖；申请知识产权保护项目18项。大学生发表论文400余篇，其中SCI收录论文198篇，资环学院2014级本科生刘晓成，在校期间发表SCI收录论文和中文核心期刊论文7篇，最高影响因子达11.712。

（2）涌现了一大批服务基层的双创人才。近年来，学校通过各类基层服务项目累计培养选送到基层就业创业的毕业生2 250多人，毕业生扎根基层，奉献青春，“下得去、稳得住、扎得牢”。据不完全统计，在湖南省内的市县乡农口部门工作的管理干部分别有11.5%、38.3%和23.3%系学校毕业生；学校每年参加援藏支疆就业和基层选调生人数居省内高校前列。涌现出了湖南首批大学生村官彭万贵、扎根新疆阿克苏基层的杨志勇等一大批服务基层的杰出代表。

（3）孵化了一批特色鲜明的双创项目。目前，学校有学生创业项目296个，注册公司59个，6个公司落户隆平高科技园，38个学生创业公司（项目）入驻创业孵化基地。涌现出了彭思华在校期间创办的常德湖香食品有限公司，帮助洞庭湖区藕农解决销售难题、年销售额超过5 000万元；莫博程创办的橘友生物科技有限公司，帮助橘农解决病虫害防治难题，年销售额超过1 000万元；索南才让创办的“索南才让藏谷百草有限公司”，带领青海藏区农牧民脱贫致富，年销售额超过6 000万元等一批农业特色鲜明的创业项目。

火苗戏剧社在明斯克国际戏剧节获奖

（4）增强了服务“三农”的双创能力。学校依托人才培养改革创新和科技创新创造，获批了教育部和农业部科技创新团队5个、省级创新团队6个，国家教学团队1个、省级优秀教学团队6个；获国家级科技成果奖25项、省部级科技成果奖500余项；审定新品种300余个；获授权专利1 400余项。学校选育出的油菜、水稻等12个主要农业新品种推广覆盖全国。在湖南十大农业产业化龙头企业和十大农产品品牌中，有7大企业长期与学校紧密合作，4大品牌主要由学校提供技术支持。广大学生在参与项目研究、中试和推广运用中，发挥了重要作用，同时，教师教学、科研能力的提升，提高了教师教学水平，促进了双创人才培养质量的提高。

（5）扩大了学校双创工作的社会影响。学校被批准为湖南省首批“省级创业孵化基地”、湖南省就业创业示范校、湖南省高校创新创业孵化基地示范高校，多家上级单位的领导、100 多所兄弟高校来校考察交流双创工作。近三年，中央电视台、《光明日报》、《中国教育报》、《中国青年报》、湖南卫视、《湖南日报》等主流媒体先后 500 余次宣传报道学校包括双创工作在内的相关工作，以及师生扎根基层服务乡村振兴的典型事迹。

健全机制 创新模式 搭建平台 强化实践 打造行业特色高校创新创业的南华样本

——南华大学

一、学校概况

南华大学是国家工业和信息化部、国家国防科技工业局、中国核工业集团公司、中国核工业建设集团公司与湖南省人民政府共建的综合性大学，是国家中西部高校基础能力建设工程高校，是教育部批准的卓越工程师、卓越医生教育培养计划单位，具有博士、硕士、学士三级学位授予权。学校形成了以工学、医学为主，哲学、经济学、法学、文学、理学、管理学、艺术学等 9 大学科协调发展的学科专业体系。学校办学特色与优势鲜明，现有 9 个核专业和 18 个涉核专业，是我国核类本科专业齐全、本科生培养规模大、核类人才培养层次较完整的高校之一；形成了以临床医学专业为龙头的较完整的医学专业体系，是湖南省医、护、技高级专门人才培养的摇篮。学校现有全日制本科生近 30 000 人，博士、硕士研究生近 4 000 人。

学校在 60 年的办学过程中，始终坚持党的领导，坚持立德树人，形成了鲜明的“核特色、医品牌、环保优势”的办学特色，积淀了深厚的文化底蕴，孕育了“勤勉务实、甘于奉献、刚健自强、敢为人先”的南华精神。近年来，学校在“核文化”和“南华”精神的引领下，全面深化体制机制改革，通过实施“三个三”工程，将创新创业教育切实融入人才培养全过程和学校办学特色，构建了全方位、立体化的创新创业教育新模式；打造了课堂教学、实践教学、自主学习、指导帮扶、政策落实等“多位一体”的创新创业教育新生态；建立了以学生为主体，师生联动、校企互动、政产学研结合支持的创新创业教育新机制。

二、创新创业工作典型做法

1. 三大举措触发创新创业“核裂变”引子

一是以“一委二级三组”机构为统领，协同推进创新创业教育改革。学校通过顶层设计，在 2015 年成立了校创新创业教学指导委员会、校创新创业教育改革领导小组和工作小组、院级创新创业教育改革小组，统领全校创新创业教育改革工作。

二是以实体机构创新创业学院为核心，切实加强学生创新精神、创业意识和创业能力的培养。2015 年 11 月学校依托原工程训练中心的设备、场地和人员优势，整合校内资源成立了省内第一家创新创业学院，牵头统筹推进，有效促进了大学生创新创业协同发展。

三是以完善系列激励政策为先导，形成全员参与、全程培养的良好氛围。学校设立了创新创业专项奖学金，实行了以创新创业成果替代课程设计、毕业设计的措施，创新创业成果在评先评优、研究生推免中予以认定加分，对优秀的自主创业项目提供 5 万元以内的贷款贴息政策。学校修订了学分制学籍管理规定和学位授予实施细则，允许创业学生调整学业进程、延长弹性学制年限、保留学籍休学，优先支持参与创新创业学生转入相关专业学习。学校制定了《大学生创新创业指导工作考评及奖惩办法》等系列制度，把创新创业工作业绩作为教师专业技术职务评聘依据和业绩考核内容，并对教师开设创新创业课程、专业研讨课、开放实验室等给予 1.5 倍课时补贴。

2. 三大平台构筑创新创业“核反应”机制

一是建立了修读类型齐全，线上线下相结合灵活多样的课程教学平台。① 开设了必修课“大学生创新创业基础”，选修课“大学生 KAB 基础”、“SYB 培训”、“创造性思维训练”、“创业

南华大学产学研中心

创新领导力”等，引入了超星尔雅及部分慕课资源，学生的学习形式灵活多样。② 全面开设了新生研讨课、专业导论课和学科前沿等课程。学校现开设有专业研讨课程 113 门、新生研讨课程 17 门、双语课程 41 门。“十三五”期间拟建设 50 门创新创业课程、20 门企业课程、200 门以上新生研讨课、专业研讨课和学科前沿等课程。③ 依托湖南省 2011 协同创新平台，开设了“核燃料循环技术与装备”和“分子靶标新药研究”创新实验班。省级以上科研课题必须吸纳本科生参与，将创新创业理念和创新创业知识融入实践活动中。

二是建立了专业与综合相结合的校内外创新创业实践平台。① 重点打造了“创新→创业”理念的“一中心一园区”校级公共实践大平台。“一中心”即大学生创新训练中心，现有建筑面积 6 800 平方米，仪器设备 1 100 台套，资产总值 1 500 万元。中心面向全体学生全天候免费开放，鼓励大学生早进实验室、早加入团队、早着手科技创新。“一园区”即大学生创业园，现有建筑面积 3 800 平方米，包括创业孵化区、创客空间、路演中心、项目洽谈室等，园区功能设施齐全，实行“拎包”免费入驻，可同时供 40 余个创业项目入园孵化。② 深入推进了“校企、校地共建”社会实践平台。学校在中国原子能科学研究院、中国核动力研究设计院等企业建有综合性双创基地 347 个，其中省级优秀基地 24 个。建设了国家级大学生校外实践教育基地 3 个。2016—2017 年，学校积极推进“长三角、珠三角、长株潭”三大实践基地群建设，在浙江诸暨、绍兴上虞、东莞桥头镇等地设立了创新创业基地。

学校与上虞区政府共建创新创业实践基地

三是构建了丰富多彩的创新创业文化平台。① 学校将创新创业文化活动与第二课堂紧密结合起来，通过大学生创新实践训练计划、学科竞赛、科技文化节、讲座论坛、创业网络课堂、典型报告会、创新创业作品展等活动，营造浓厚的校园创新创业文化氛围。② 通过“创业工场”“创业集训营”“创业青年面对面”等多项大型实践活动，筛选具有创新创业潜质的学生进行项目模拟，对其进行创新创业培训，帮助学生对在真实企业过程可能遇到的各种情况做出决策。

3. 三支队伍催生创新创业“核辐射”效应

一是发挥专业教师的专业指导作用。① 专业教师通过重点讲授、穿插渗透等多种方式，

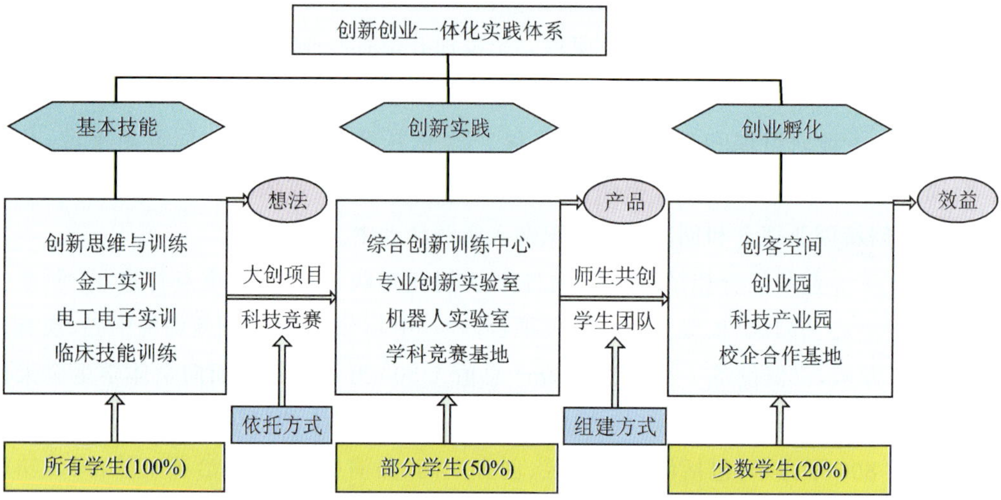

"创新→创业"理念的一体化实践教学体系

学校定期举办创新创业大讲堂

将创新创业精神的培养融于专业教育中。通过研讨式、翻转式、开发与本专业相关的创新创业案例等形式创新课堂教学，在传授专业知识的同时融入创新创业典型，充分发挥课堂教学的主渠道作用。② 推行 KAB 教学模式把创业心理学、市场营销、企业法律法规、企业管理、税收知识等课程融合到课堂教学中。

二是发挥导师团和服务团实践指导作用。学校邀请知名校友、优秀企业家 85 人，校内 35 人组建了创新创业导师团，定期为学生创新创业提供指导，开拓学生创新创业思路，激发学生创新意识，增强创新能力。组建了由工商、税务、审计等部门以及企业家和"创业之星"校友组成的创新创业服务团，以集中服务、电话服务、面谈服务等为学生创业就业提供个性化专业服务。

三是发挥思想政治教师的引领导航作用。学校高度重视思政教师在提升大学生创新创业能力中的作用，鼓励他们成为当代大学生"创客"的"思想导航者"。教师在"中国近现代史纲要”课中通过讲解国内外知名人士创新创业史教育专题，以榜样力量激励学生；在“马克思主义基本原理”课中通过开展创新创业主题辩论赛，培养学生运用哲学思维方法去分析解决问题；在“思想道德、修养与法律基础”课中通过开设创新创业案例分析、创业法律知识竞赛等活动以强化学生创业精神和遵纪守法意识，等等。

三、特色实效与社会影响

学校的创新创业工作示范效益凸显。近三年来，学校双创工作多次得到省级表彰和奖励。2015 年获批“省大学生就业创业示范校”和“省创业孵化基地”，2016 年获批“省创新创业带动就业示范基地”和“省高校大学生创新创业孵化示范基地”。2017 年获批“省大众创业万众创新示范基地”。

学生的创新创业能力显著增强。近三年来学生参加各类学科竞赛共获得省级以上奖项 976 个，其中国家级奖项 207 个，省级特等奖和一等奖 157 项。近三年学生获国家级大学生创新创业训练计划项目资助 64 项，省级项目 148 项，获国家专利 66 项，发表论文 200 余篇。

就业创业工作实现了毕业生和用人单位双满意。学校近三届毕业生的初次就业率稳居省属高校前列，涌现出了以湖南省张家界慈利县零溪镇象鼻嘴村党支部副书记、25 岁即当选为第十三届全国人大代表的校友向伟艺为代表的一批大学生创业典型。学校是“全国毕业生就业典型经验高校”、“全国普通高校毕业生就业工作先进集体”、省普通高等学校毕业生就业工作“一把手”工程“优秀”单位。

社会影响不断扩大。学校的创新创业工作在省内外有较强影响力和辐射效果。2017 年 3 月，共青团中央常委、组织部部长万速成同志专程来校调研大学生创新创业工作，对学校创新创业工作予以高度评价和肯定。《中国教育报》、《湖南日报》、湖南教育新闻网等主流媒体对学校的创新创业工作进行了广泛报道。湖南城市学院、东北农业大学等几十所省内外高校来学校考察交流。

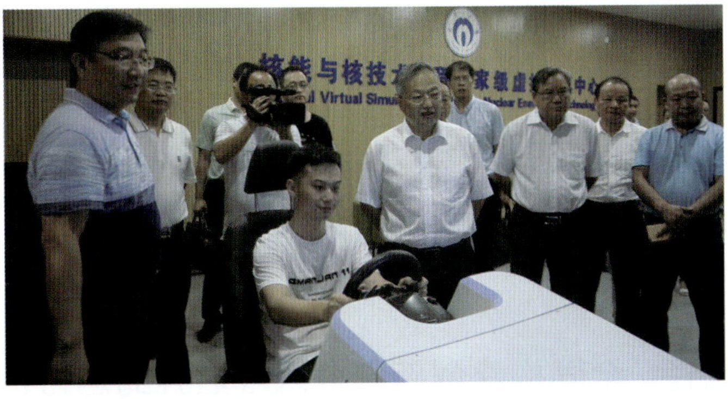

湖南省人大常委会副主任王珂敏调研大学生创新创业工作

构建“531”教育体系 实施“115”提升工程 积极探索地方院校创新创业人才培养新模式

——肇庆学院

肇庆学院是广东省和肇庆市共建的公办全日制综合性本科大学，在校学生近 23 000 人，拥有经济学、法学、教育学、文学、历史学、理学、工学、农学、管理学、艺术学十大学科门类，设有 66 个本科专业。学校落实立德树人根本任务，加强顶层设计，按照“做优师范专业，做强工科专业，打造特色专业，改造传统专业”的建设思路，立足肇庆、服务广东、面向全国，把深化创新创业教育改革作为推进学校教育教学综合改革的突破口，构建“强化五个结合、搭建三大平台、实施一个工程”的“531”创新创业教育体系，全面提升大学生的创新精神、创业意识和创新创业能力，积极推动毕业生高质量创业就业，取得良好的育人效果。2012 年，学校入选全国毕业生就业典型经验高校；2016 年，获评广东省转型发展试点高校、广东省创新创业教育示范学校，“肇梦空间双创港”被认定为“国家级众创空间”“国家级科技企业孵化器”；2017 年，“115”塔式创新创业教育提升工程项目获评广东省高校第五届学生事务管理精品项目；2018 年入选全国创新创业典型经验高校。

一、强化五个结合，全面构建创新创业人才培养的运行机制

（1）创新创业教育与推动学校转型发展相结合。学校全面推进应用型高校转型发展，将“素质高、能力强、善创新”作为高水平应用型人才的培养目标。教学过程对接职场实践环节和

岗位标准，建立起“校内校外结合、课内课外互补、学科专业兼容、多方资源共享”的实践教学体系。理工科和技术科专业设置不少于 30％、人文社科专业不少于 25％的实践教学学分和课时比例，实行各专业学生不少于一年的实习实训制度，培养基础知识扎实、实践能力突出、综合素质全面的应用型创新创业人才，学校获评广东省转型发展试点高校。

（2）创新创业教育与服务地方产业发展需求相结合。结合地方产业发展布局，依托大学科技园建成 20 000 多平方米大学生创业园，园区分为高新科技企业孵化区、文化创意产业园、跨境电子商务园、现代农业产业园、创客方舟五个版块，结合学生的创新创业项目引导入园开展实践活动，实现分类指导发展，形成聚集效应。美术学院胡荣奎老师带领学生创业团队成立金绣工作室，深挖地方文化资源，创作作品先后获得东盟博览会文化创意工艺美术金奖等多项国际奖项，连续两年评为广东双年展优秀作品。学校与肇庆市文广新局共同创作的全国首部廉政文化音乐剧《青天之端》目前在全国巡演，充分弘扬了地方历史文化，产生了良好的社会效益，为服务地方作出了积极探索。

广东省教育厅副巡视员邱克楠等领导在学校党委书记曾桓松的陪同下到大学生创业园指导工作

（3）创新创业教育与学科专业竞赛相结合。制定《肇庆学院关于资源共建共享的实施意见》，所有实验室为学生提供教学实验、创新创业项目训练、学科竞赛服务。充分发挥竞赛引领作用，大力支持学生积极参加“互联网＋”大学生创新创业大赛、创新创业训练计划、“挑战杯”及各类学科专业竞赛，通过竞赛建立创新创业项目库，推动创新创业大赛优秀项目向创办企业和申请专利转化。仅电子与信息工程学院李云鹤博士指导的学生创新创业团队 2017 年就获得国家专利 81 项，软件著作权 84 项。

（4）创新创业教育与校友工作相结合。以“学生职业发展辅导月”等为平台，大力开展“企业精英进校园”活动。成立校友企业家联盟，聘请校友企业家担任创新创业导师，邀请校友企业家到校开展创新创业专题报告、讲座论坛等活动，为创新创业团队提供个性化咨询服务。校友企业家深圳法宝基金投资管理有限公司总裁吴学入选全国万名优秀创新创业导师人才库。校友企业家的现身说法及针对性强的“解惑”，激发了学生的创新创业热情，丰富了学生的创新创业知识，坚定了投身创新创业的信心和决心。

（5）创新创业教育与开放办学相结合。加强与港澳台、境外高校的深度融合，加快创新创业教育国际化进程。学校与德国富克旺根艺术大学合作，以德方工业设计的专业标准开展理论与实践相结合的教学，学生在各项工业设计大赛中获得佳绩。通过与香港民政事务局、广东省青年联合会等合作，实施粤港澳青年学生创新创业志愿服务合作计划，每年联合组织大学生在肇庆市开展支教助学和专题调研，在社会实践中萌发创意，激发爱国情怀。

二、搭建三大平台，建立创新创业人才协同培养机制

（1）搭建政、产、学、研、用“五位一体”（GOIUR）协同创新平台。瞄准肇庆市主导产业需求，以机械与汽车学院、环境与化学工程学院、电子与电气工程学院、软件学院等二级学院为基础，搭建起以“政”为主导、以“产”为导向、以“学”为主体、以“研”为保证、以“用”为目的的协同育人综合体系，共建了智能联网汽车协同创新中心、环境分析测试中心等12个研究中心，以及协创汽车配件研究院等8个研究院，通过引入行业企业人才评价标准，实施卓越人才培养计划，建立起联合培养创新创业人才的一体化机制。近三年，学生创新创业项目获国家立项60多项，省级立项166项；获得国家级竞赛奖项近200项，省级竞赛奖项1 566项。全校涌现了36个优秀师生科研团队，建立了214个服务地方的特色项目，取得了162项应用型科研成果，为地方产业转型发展培养创新创业人才打下基础。

（2）搭建高校、地方政府、中小学“三位一体”（UGS）的教师教育协同育人平台。教师教育是肇庆学院的办学传统特色，也是创新创业教育与服务地方基础教育发展的突破口。学校全面深化教师教育改革，建设了中小学教师发展中心，举办卓越教师“砚园班”，倾力打造“未来卓越教师”精英。与广宁县等四个县协同设立教师教育改革创新试验区，打造高校、地方政府、中小学之间协同育人的新平台，与中小学协同确定培养目标，协同制定培养方案，协同设计课程体系，协同建设实习实践基地，探索出一条培养优秀师范生与服务基础教育发展同步推进的有效途径。“肇庆地区乡村卓越教师协同育人平台”获评为省级平台，中小学教师发展中心获评为省级发展中心。

学校与广宁县建立教师教育改革创新试验区

（3）搭建政校企合作创新创业互动实践平台。加强与肇庆市政府合作，吸引企业参与，着

力构筑政府搭台、学校唱戏、企业获利、学生受益的“政府—大学—产业”(GUI)三螺旋互动共进模式的创新创业实践平台。由市政府主导建设的“肇梦空间双创港”,民间资本建设的创客方舟,成为学校师生开展创意设计、创新实验、电子商务等的重要实践平台。肇梦空间双创港先后被认定为“国家级众创空间”“国家级科技企业孵化器”。

肇梦空间——学校学生创新创业实践基地

三、实施“115”塔式提升工程,建立创新创业人才脱颖而出的选拔成长机制

(1)面向全体学生普及创新创业教育,实现创新创业教育100%全覆盖。充分挖掘学科专业课程的创新创业教育资源,把学科前沿的知识传授给学生,同时开设“创新创业基础”等3门必修课、“当代科技发展前沿”等35门核心通识课及公共选修课,按年级确定培养训练的重点内容。大学一年级以职业生涯发展规划教育为主,培养学生创新创业精神。二年级以深化创新创业理论教育为主,提升学生对专业与创新创业知识理解与体验。三年级和四年级以创新创业实践为主,开展个性化的创新创业课程和实践训练,全面提升创新创业能力。

学生创业团队“郁蓝风采”在进行项目研讨

（2）结合专业成立100个创新创业精品工作室，遴选二年级以上有浓厚创新创业兴趣的学生骨干入驻，重点是加强创新创业实践环节训练。由学校组织专家评审，与学科专业紧密结合，具创新性或良好市场前景的科技类、文化创意类、信息技术类等项目方可入驻精品工作室。鼓励创新创业教育导师以投资人或合伙人身份参与学生项目的开发、孵化。适当遴选毕业十年内创业成功的校友与在校生合作创办公司驻园入室。目前，已有90个学生创新创业团队入驻大学生创业园。

（3）通过创新创业品牌活动，遴选5%具有成熟创新创业项目的“种子选手”，培养创新创业“精英”。重点是对他们提供针对性更强的创新创业指导服务，提高创新创业成果的孵化成功率，培养创新创业示范人物。涌现了“感动南粤校园”广东大学生年度创业人物林雨财等一批毕业生创新创业典型，形成了“头雁效应”。

学校毕业生林雨财获评“感动南粤校园”广东大学生年度人物

经过几年的探索实践，学校创新创业教育工作取得了积极成效，学生创新创业意识明显提升，就业创业能力显著增强。近年来，学生参加创新创业实践活动的覆盖面超过80%，大学生创业园培育孵化初创企业150多个，毕业生初次就业率达95%以上，总体就业率达99%以上，通过创业实现就业的人数不断增多，较好地实现了以创业带动就业的工作目标。

加强统筹 构建体系 着力实施 大力培养高素质创新创业人才

——重庆邮电大学

重庆邮电大学是国家布点设立并重点建设的几所邮电高校之一，是工业和信息化部与重庆市共建的一所特色鲜明、优势突出、在信息通信领域具有重要影响的高水平教学研究型大学，是国家“中西部高等教育振兴计划”支持高校、教育部“卓越工程师教育培养计划”实施高校、“全国毕业生就业典型经验高校”、“全国深化创新创业教育改革示范高校”和“全国创新创业典型经验高校”。

学校高度重视创新创业工作，按照国务院和教育部文件精神以及地方政府和主管部门“双创”工作新要求，切实加强顶层设计，充分发挥ICT学科优势，面向ICT行业加快培养富有创新精神、具备创新能力、投身创新实践的高素质创新型人才，走出了一条极具特色的创新创业人才培养道路。

一、深化改革，打造“五位一体”创新创业教育体系

学校通过实施师资队伍、课程体系、实践教学平台、孵化体系、保障建设“五位一体”创新创业教育体系，有效提升了高素质工程人才的创新意识、创业精神和创业能力，形成“学生主体、教师主导、知识为基、能力为重”的育人新格局。

第一，建设具有创新创业能力的高素质师资队伍。学校明确了全体教师创新创业教育责

"五位一体"的创新创业教育体系

任，同时把创新创业工作业绩作为职称评聘和年度绩效考核的内容，支持教师企业挂职、创业实践，着重提高教师从事创新创业教育的意识和能力，近三年，67 名教师参加企业挂职，参加培训共计 1 750 人次，5 名教师入选全国优秀创新创业导师库。聘请 70 名校董事会董事、105 名创业校友、行业专家、投资人等组建创新创业教育导师队伍，参与学生创新创业实践指导，通过队伍建设，逐步形成了一支校内外结合，学术与实务结合，创新与创业结合的创新创业教育导师队伍。

第二，构建思政教育、专业教育、创新创业教育融通的课程体系。根据人才培养定位和创新创业教育目标要求，强调将思想政治教育、创新创业教育和专业教育融为一体，结合"三下乡"活动，形成红色筑梦之旅系列活动；创新设立"AB 学分体系"。A 学分着重培养学生专业知识、技能和素养，B 学分面向全体学生开设创业基础、心理健康、就业创业指导等方面的必修和选修课，强化学生职业素养；探索创新创业人才的"雁阵培养模式"，将创新创业精英头雁与大众学生群雁组成雁阵团队，设立了 1 000 余项创新创业训练项目库和 12 学分创新创业活动学分激发学生的创新意识，结合各级竞赛，在实践和竞赛中锻炼学生的创新创业能力。

第三，搭建创新创业实践教学平台。学校以国家级众创空间"学生创新创业中心""教育部门-中兴通讯 ICT 产教融合创新基地"等国家级实验教学示范中心以及省部级实验教学中心为依托，构建起专业实验室、虚拟仿真实验室、创业实验室、"1＋N"众创空间为主体的实践教学平台，秉持"共建、共享、共用"之理念，面向全体学生开放，每年有 4 万人次到实践教学平台实训；大力实施"大学生创新创业训练、本科生科研训练、研究生创新成果奖励计划、文峰创新创业和 ICT 产教融合等创新创业能力提升五项计划"，为跨界创新创业人才培养提供支撑。

第四，建设成果孵化体系。依托学校董事会产学研合作平台，充分发挥创业校友联谊会、基金会功能，联合社会投资机构，国内外孵化器，建立创新成果孵化体系，创新提出"主动培育

＋平台＋服务＋资本”的创业服务模式，为学生的创新创业成果提供低成本、便利化、全要素、开放式的综合服务，解决场地、资金、研发、市场、运营管理、人力资源等各方面的问题，指导学生从“创意—创新—产品—产业”创业孵化。截至目前，帮助 4 个创业团队实现创业融资 3 000 余万元。

第五，健全政策资金保障体系。学校成立创新创业教育学院，连续出台创新创业教育相关政策，快速建立了深化创新创业教育改革的制度体系。将创新创业教育经费纳入年度预算，为开展创新创业教育工作提供经费保障。近三年学校累计投入 1 814 余万元，用于资助创新创业竞赛训练活动，支持孵化基地建设和运营，奖励创新创业成果。同时，积极争取 639 万元政府部门投入，2 700 余万元企业捐赠项目及设备，首批获校友捐赠 500 万元设立“文峰创新创业基金”。

二、实施四维融合，提升学生创新素质和创业能力

学校围绕“全面提升人才培养质量”核心，针对人才培养过程中面临“教育体系内涵不够丰富、实践训练资源不够充分、产教协同育人不够实效”三大问题，努力探索和实践“理论与实践、科研与教学、产业与教育、创新与就业”四维融合，切实将创新创业教育融入人才培养全过程，形成了特色鲜明的创新创业人才培养模式。

科技文化节

第一，理论与实践相融合，增强双创意识。学校按照理论与实践有机融合的理念，精心制定了《2016 版本科专业培养方案》。为有效实施培养方案，学校以“课程中心”建设为抓手，将培养方案中每门课程(含实践教学环节)的教学资料全部上线，实现教师教学设计可视化，突出教学大纲的论证、核准和监督，严格执行“以大纲写教案、以教案施教学”的过程管理，切实保障理论与实践教学的有效融通。与此配套，积极构建“两维度、三层次、多模块”的实践教学体系，实行实验室全开放，开展“创新创业训练营”品牌活动，综合性、设计性、探究性、创新性实验课程比例达 90%，着力增强学生创新创业意识。

第二，科研与教学相融合，提升双创能力。依托学校在 ICT 领域已经形成的科研团队、平

路演

台、成果优势，采取有效手段将优秀科研成果固化为教学内容以提升学生的创新创业能力。形成科研成果进教材、科研团队进课堂、科研课题进教学内容，科研资源转化为创新平台，工程项目转化为实训题目，创新项目与前沿技术同步的“三进、二转、一同步”的科研与教学创新融合模式。其中，自动化学院利用科研成果编制教材讲义10余部，利用科研成果研制了50余种实验设备，工程项目转化的实训题目超过100个，3个省部级创新团队教师承担有本科教学任务，所有国家、省部级科研平台全部承担创新创业教育工作。

第三，产业与教育相融合，提供双创支撑。2010年学校就组建了由国内外ICT龙头企业、国家级科研机构、学术组织、产业园区等64家董事单位组成的董事会产学研合作大平台。共建了惠普软件学院、微软IT学院、国际半导体学院和人工智能学院，建成了“教育部-中兴通讯ICT产教融合创新示范基地”“教育部-华为技术云计算创新人才中心”“Oracle大数据实验室”“Cisco网络学习中心”等产教协同育人平台，定期举办了“ICT企业大学校长论坛”“ICT特色学科专业建设论坛”“ICT创新驱动发展论坛”等董事会专题活动。有效畅通了社会资源和学校资源的双向对接渠道，形成了功能齐全、配套到位、服务专业、创新就业联动的双创生态系统。

第四，创新与创业就业相融合，提高双创质量。创新提出“主动培育＋平台＋服务＋资本”的创业服务模式，通过解决技术、资金、市场、运营管理等问题，着力开展创新创业项目孵化，实现创新知识有效转移和创新成果有效转化。近年来，《互联网电子数据保全服务平台》等77项创新成果得到转化，“互联网＋智慧小镇”创业团队立足学校信息学科优势，以云技术为支撑，打造了基于党建工作、电子政务、电商经济为一体的乡镇云服务平台，精准扶贫，推动奉节脐橙品牌价值从10亿提升至26.25亿。学生就业能力明显提升，就业率保持在96％以上，近32％的毕业生进入世界500强企业工作。

学校的创新创业教育改革已初见成效，100％的学生接受过创新创业教育，80％的学生接受过创新创业项目训练，各类创新创业竞赛参赛率50％，省部级以上获奖率近30％。学生创业意识得到强化、创新精神得到培养、创业能力得到极大提升，在近三届全国大学生互联网＋创新创业大赛等各种创新创业竞赛中获奖等级和数量均位居重庆市高校前列，获得全国各类

ICT 学科

重庆市第五届大学生创新创业大赛总决赛

创新创业奖励 676 项，省部级奖励 1 038 项，在 2013—2017 年全国普通高校学科竞赛评估中位列第 49 位。“五位一体”的创新创业教育体系经验在 42 个国家和地区 172 所大学参加的“一带一路”大学创新创业教育校长论坛主题发言中得到了与会同行的广泛好评，创新创业工作被中央电视台《经济半小时》栏目以及《中国教育报》、《科技日报》、人民网等主流媒体多次报道。

坚定应用型高校发展道路
推进创新创业教育融入人才培养全过程

——重庆科技学院

一、学校概况

重庆科技学院是一所以工为主，以石油与化工、冶金与材料、机械与电子、安全与环保为特色，理、工、经、管、法、文、艺多学科协调发展，行业优势突出、办学特色鲜明的高等学校。学校坚持面向石油行业、冶金行业和重庆地域、安全领域等“两业两域”办学，发扬“创业、创新、创优”的学校精神，紧扣“行业性、地方性、开放性、应用型”的办学定位，确立了要把学校办成一所特色鲜明、国内知名、走向国际的高水平特色科技大学的奋斗目标。

二、创新创业工作典型特色

学校创新创业教育起步较早，通过强化教育、建立制度、完善措施、营造氛围，持续深入推进创新创业教育。

（一）构建工作体制，全方位落实双创工作保障

1. 构建立体融通的双创工作机制

一是学校成立创新创业教育工作领导小组，由党委书记、校长任组长，分管教学、科研和学

生工作的校领导任副组长，有关职能部门负责人为成员。领导小组负责全校创新创业教育的整体规划、统筹协调、督导落实和工作考核，日常工作由常务副组长统筹负责。二是设立大学生创新创业教育办公室。大学生创新创业教育办公室（副处级单位，挂靠学生工作部）在创新创业教育工作领导小组的领导下，协调各部门（学院）开展创新创业教育工作。三是各部门依据职能承担创新创业教育任务。由教务处负责创新创业教学，学生工作部（大学生创新创业教育办公室）负责就业创业指导和创业实训，团委负责创新创业氛围营造，科研处（众创空间建设办公室）负责项目孵化和创业服务。

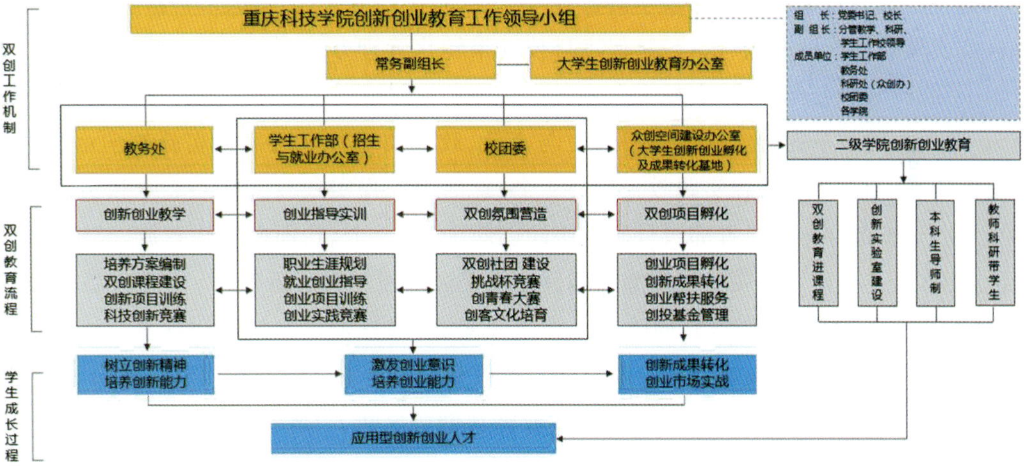

学校创新创业教育体系逻辑图

2. 构建全程融通的双创教育体系

一是将创新创业教育纳入人才培养方案。结合创新创业教育要求对原有人才培养方案进行修订，在所有本科生、研究生的人才培养方案中，明确了创新精神、创业意识和创新创业能力培养的目标要求，明确了学时、学分和教学计划安排。二是构建“3553”双创教育教学体系。“三面向”即面向全体学生、面向全体教师、面向育人全过程；“五结合”即理论与实践结合、科研与教学结合、专业教育与双创教育结合、课内与课外结合、校内与校外结合；“五途径”即课程课堂、项目训练、学科竞赛、基地实践、成果孵化；“三层次”即创意、创新、创业。三是建立“234”创新创业实践实训体系。根据实践教学的多样性和复杂性特点，采取计划性和自主性两种教学组织形式；按照学生认知规律设置验证（基础性）—综合（专业性）—设计（创新性）三个层次的实验（实践）训练项目；按照课程属性设置实验课程、综合性实践教学环节、创新教育计划、素质拓展训练四大类型课程。四是坚持实施“万千百十”双创育人工程。通过覆盖全体学生的万人实践能力培养工程、数千人的学科竞赛工程、数百人的科研训练工程、数十人的拔尖创新研究培育工程，全面提高学生双创能力。

（二）整合社会资源，搭建创新创业教育平台

一是校企联合助力人才培养。联合重庆市安监局、中科院重庆绿色智能技术研究院和中兴通讯、中科曙光等行业企业合作举办专业，推进传统专业“转型升级”，实现企业用人需求与

人才培养目标相结合。联合多家企业开办钱煦医学材料班、ACA会计班、中都物流经理班等10余个校企联合人才培养实验班，将企业优质资源与学校办学资源相融合，实行“学校+企业”双导师制培养人才。二是多方协作打造科研创新平台。学校与国家安监总局和重庆市安监局联合建立了重庆安全工程学院和国家级实践基地；与教育部高校发展规划中心、中兴通讯和学校共建ICT产教融合创新基地；与重庆市人力社保局共建世界技能大赛重庆市集训基地。与重庆市科委、重庆三峰集团协同打造重庆垃圾焚烧发电研究院创新平台，成为重庆市择优资助的“2011协同创新中心”；与中石油、中石化、中海油三大石油公司联合打造产学研高水平创新实践平台；与重庆市科学技术协会、沙坪坝区人民政府共建“重庆市科协众创之家”。制定《科技成果配套资助办法（试行）》《促进科技成果转化管理办法（暂行）》等制度，探索建立了“技术+”的产学研合作模式，实现了人才、信息、技术等创新要素的深度融合，推动了校企协同创新。三是共建共享完善实践教学平台。与企业、政府共建共享国家级实验教学示范中心2个、虚拟仿真中心1个、工程实践教育中心4个，省部级工程实践教育中心2个和实验教学示范中心8个，校企合作共建省部级科研及协同创新平台19个，均面向学生开放，鼓励学生“进平台、进团队、进项目”，开展双创训练。四是校企交流加强教师队伍建设。校企互派人员到对方去挂行政职务和技术职务，共同建立人才资源库，实现校企双方教师和技术人才库共建共享。近两年已有35家企业近百名专家与学校教师合作开设107门课程，选聘企业研究生导师185名，本科生毕业设计指导教师327名，企业创新创业导师79名。

校企联合举办实验班

（三）深耕“一专一赛”，培养学生创新创业能力

一是优化双创教育设计，夯实“一专一赛”基础。以校内外大学生科技创新竞赛为依托，结合课程教学需要，实施学科特色鲜明、覆盖所有专业的“赛课计划”。各专业以学科竞赛、创新实践项目、科技成果等为主要载体，设置不低于2学分的创新实践环节，建立学生创新创业教育学分认定、积累和转换机制。学校建设实验室开放管理系统，推行实验室开放活动周，探索形成了“三二五”实验室开放机制，即推进涵盖课内、课外实验“两”个课堂；依托国家级、市级和校级“三”层次实验教学中心，开展多批次选课、分时段网络预约、学生自主创新、科研助理与实

验助管、赛课计划“五”种开放模式。同时，建设仿真实验室，推动双创教育现代化，为学生的创新训练研究项目提供了虚实结合的训练、实验平台，适应现代大学生成长的新特点和信息化时代双创教育教学的新规律。二是推行教学模式改革，强化“一专一赛”举措。开展以赛促课、以赛促设、以赛促学，各专业以“一专一赛”为基础，分解竞赛项目的知识、能力要求，并将其融入专业课程教学。以校企双导师指导为抓手，学校将毕业设计选题与大学生创新创业训练计划项目、生产实际问题、现场技术案例紧密结合，实施毕业设计“真题真做”。将“一专一赛”相关课程竞赛评价指标引入课程考核，以操作过程、作品等作为考核对象，开展“非标准答案”考核改革。

学生获世界技能大赛银牌

(四) 优化体制机制，破解高校创新创业孵化难题

一是优化机制，打造高层次孵化平台。成立众创空间建设办公室，取消行政级别，坚持市场导向，利用市场化机制引入创业孵化平台，统筹师生双创成果孵化工作。引入中国十佳孵化器——苏州创客邦，为学校师生提供专业化、市场化运营的创新创业孵化服务，实现科教融合、产教融合。积极推动产学研结合，开展投资路演、创业项目推介、创业资金筹措、创业盟友寻找等活动，使更多社会资源向创新创业集聚。二是强化举措，提供高层次孵化指导。定期举办创客下午茶、创业门诊、CEO 分享会、新媒体运营分享会、创业大讲堂等活动。引入 OMO 孵化模式，通过人工智能、大数据、移动互联等孵化手段开展线上购买、线下体验，将服务进行产品化。与重庆科技金融服务中心共同出资 1 000 万设立重庆科技学院创业种子基金，促进成果转化。此外，与北京大学重庆 EMBA 共建众创商学院，与重庆金甲天下实业有限公司、云海资本、深圳文交所、广东校友会分别签署了投融资服务、上市辅导、人才与平台对接服务合作协议，提供一体化的运营服务。三是注重转化，形成高层次孵化成果。2017 年孵化项目累计获得投资 1 238 万元，达力索缆科技有限公司和曙鑫仪分析有限公司两家企业在深圳文化四板产权交易所挂牌上市，两家科技型企业获得“双高”企业认定成果和重庆市科学技术成果认定。目前，孵化企业 55 家，其中学生项目 41 家。孵化项目覆盖石油、冶金、电子信息和安全环保等

多个领域，创业学生 100 余人，辐射重庆市 70 余所高校和 39 个区县。多项孵化项目已在全国 20 余个城市落地生根，其中桥梁医生、科瑞光谱分析仪、共享充电宝等项目已在湖北、广东、浙江、海南、陕西等多个城市投入运营，年产值 2 000 余万元。

学校孵化基地培育的企业在深圳文化四板挂牌上市

精准定位 三级重构 探索地方本科高校创新创业教育改革新模式

——成都理工大学

一、学校概况

成都理工大学是由四川省人民政府、中华人民共和国国土资源部、成都市政府共建的省属重点高校，是中国地球科学高层次人才培养与科学研究基地之一，2017年入选国家“双一流”世界一流学科建设高校。现有全日制在校本科生30 031人，专科生1 304人，博硕士研究生5 486人。设有17个教学学院、1个沉积地质研究院、1个地质调查研究院、1所独立学院（成都理工大学工程技术学院）。近年来，学校结合自身实际精准定位，以提升就业创业质量为导向，专注地方本科院校创新创业人才培育体系建设的研究和实践，取得了具有较高推广应用价值的成果和经验。

二、特色工作

（一）精准定位、三级重构，创建地方本科院校双创人才培育体系

学校结合自身实际，通过大调研、大讨论，明确了西部地方本科高校发展创新创业教育的定位，初步形成了以“精神培育”为基础，以“苗子选育”为路径，以“协同共育”为特色的创新创

业人才三级培育体系。

"完善创新创业人才培养体系，办一流本科教育"主题教学工作会

一是明确自身发展定位。作为四川地方本科院校，存在本科生比重大、选择就业学生比例高等客观现实。学校动员校内师生广泛讨论，邀请校外专家集中论证，明确了西部地方本科院校深化创新创业教育改革的发展定位。

二是调整人才培养理念。学校在深入研究国内外创新创业教育前沿理论的基础上，结合学校实际将创新创业教育工作重心从培育独立创新创业者转向培养具有创新能力和企业家精神，能够实现高质量就业的岗位创新创业者，形成以岗位创新创业教育为基础，以独立创新创业教育为突破的教育理念。

三是创建三级培育体系。学校统筹规划，形成了以"精神培育"为基础，以"苗子选育"为路径，以"协同共育"为特色的创新创业人才三级培育体系。面向全体学生、融合专业教育，实施覆盖式、全过程岗位创新创业教育；针对创业苗子，整合多方资源，实施差异化、定制化独立的创新创业教育。

（二）问题导向、补齐短板，实施创新创业教育改革"五·三工程"

学校统筹资源，实施"五·三工程"，从课程、师资、平台、管理、评价全方位支撑创新创业人才培育体系的顺畅运行。

一是创建三个课程群落。引入与开发结合，线上与线下互补，形成了一个内容丰富的创新创业通识课程群；开发了一个包括社会科学创新能力提升、自然科学创新能力提升和自主创业综合能力提升课程在内的创新创业专项能力提升课程群；同时加快建设校内导师、朋辈导师、企业家导师参与的"1+1+1"定制化企业孵化课程群。

二是打造三级实践平台。一方面打破部门间、学院间资源壁垒，建设校院两级创新创业实践共享平台；另一方面，加强校校、校企、校地合作，与毕业生专业实习合作单位达成岗位创新创业能力联合培育协议，与兄弟高校、地方政府、产业园区等形成独立创新创业项目协同共育

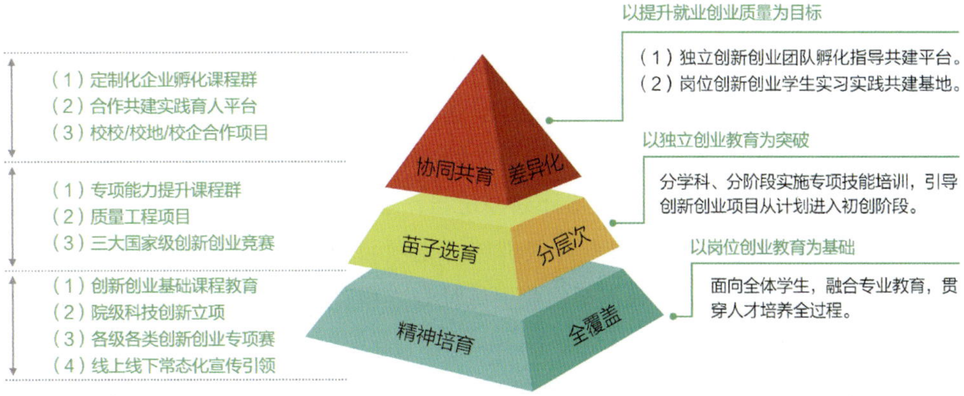

创新创业人才三级培育体系

机制，共建实践育人平台。

三是培育三类师资力量。面向全体教师开展创新创业教育理念、教学、教法培训，建设全员化创新创业通识教育师资队伍；实施创新创业项目指导能力提升计划，择优创建校内创新创业实践导师队伍；面向社会聘请创新创业学术专家、企业家、科学家，持续打造创新创业兼职导师队伍。

四是强化三支管理队伍。学校成立的大学生创新创业中心，配有专职管理队伍全面负责全校创新创业教育改革推进工作；由分管校领导任组长，教务、学工、团委部门负责人为成员的创新创业教育改革工作领导小组，负责学校深化创新创业教育改革；校院两级创新创业促进会学生组织，全面参与学校大学生创新创业实践指导服务。

五是探索三元评价体系。通识教育、项目训练、培育孵化三个不同的创新创业教育阶段需要不同的评价方式，我们正在积极探索知识考察、项目答辩、企业诊断相结合的三元评价体系。

五个三工程

三个课程群落

- ◆创新创业通识课程体系
- ◆创新创业专项能力提升课程体系
- ◆定制化企业孵化课程体系

三级实践平台

- ◆院级专业实践平台
- ◆校级综合实践平台
- ◆共建协作实践平台（校校、校企、校地）

三类师资力量

- ◆全员化创新创业通识教育师资队伍
- ◆校内创新创业实践导师队伍
- ◆校外创新创业兼职导师队伍

三支管理队伍

- ◆创新创业教学管理队伍
- ◆省级创新创业教育综合改革试点项目管理团队
- ◆校院两级创新创业促进会

三元评价体系

- ◆课程知识考察
- ◆训练项目评估
- ◆尽职调查模拟

创新创业教育改革“五个三工程”

(三)以训促赛、以赛促教,推行“1+3+N”赛训一体化实践培育模式

学校推出以“大创”训练计划为基础,以创新创业三大权威赛事为突破,以其他创新创业赛事为补充的“1+3+N”[①]赛训一体化人才培育模式,解决了由于多部门负责导致的“大创”训练计划和双创赛事相互脱节、各类创新创业赛事之间各自为政的问题。

一是将国家级大学生创新创业训练计划经历当作学生获得创新创业必修课程学分的必要条件,动员所有本科生在大二阶段参与院级训练计划项目申报。学校每年在学院推荐项目中遴选160项左右推报国家级和省级创新创业训练计划立项,予以最高10万元/项、最低1万元/项的资助,并按1∶1配备校内导师。

二是将参加三大赛(“挑战杯”“创青春”“互联网+”)作为项目训练结题的必要条件,并通过竞赛模拟实验室的强化训练,达到赛训互促的效果。

三是由大学生创新创业中心承办、协办或组织参与等形式组团参加各级各类创新创业赛事,分别制定教师和学生参与创新创业竞赛奖励办法,全面激发师生参与创新创业实践热情。

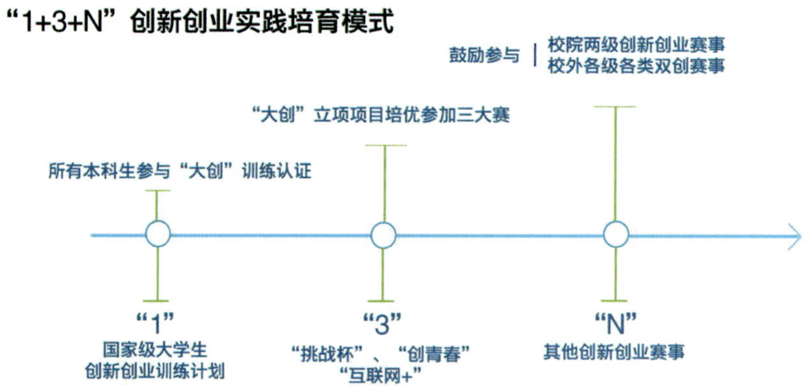

“1+3+N”创新创业实践培育模式

(四)立足校园,面向社会,打造“一心双环”创新创业生态文化圈

学校力求打造一个以成都理工大学的校友文化圈为中心,以学校所在辖区政府“环成都理工大学知识经济圈”为辐射,全面参与全社会创新创业生态环境建设的“一心双环”创新创业生态文化圈。

一是以省级大学生创新创业示范俱乐部为载体,以校友企业家资源为依托,通过讲座、论坛、资助等形式对实践创新创业的在校学生进行指导和帮扶,形成了创新创业传帮带的成理双创文化圈。

二是以“部、省、市、区”共建一流大学为契机,以服务地方社会经济发展为路径,联合成都市成华区政府共同推进“环成都理工大学知识经济圈”建设。

---

① “1+3+N”:“1”指国家级大学生创新创业训练计划;“3”指“挑战杯”“创青春”“互联网+”三项国内传统权威创新创业赛事;“N”泛指其他创新创业赛事。

三是以国家创新驱动战略为引领，以培养符合时代需求的创新创业人才为己任，积极参与全社会创新创业生态圈建设。

创新创业“一心双环”生态文化圈

三、特色实效

（一）创新创业实效逐渐凸显

一是校友创新创业典型不断涌现。在成都理工大学的青年校友中涌现出了如中国知名互联网企业知乎网创始人周源，陌陌科技创始人唐岩，被誉为国内 O2O 创业典型的老枝花卤创始人高臻等企业家。

二是学生创新学术成果逐年增长。学校国家级大学生创新创业训练计划项目立项数从 2012 年的 30 项增长到 2018 年的 160 项，累计培育学生创新创业项目 538 项，培育数量居四川省地方本科高校之首。2015 年以来，学生搭借该项目支持共发表学术论文 800 余篇，申请专利 170 余项。

三是教师教育研究成果显著。截至 2018 年 1 月，学校共承担省级以上创新创业科研课题 3 项，共发表创新创业教育相关论文 106 篇，出版创新创业教材 36 部，“文科大学生科技创新教育”“智能硬件创意设计与实践”“大学生创业综合能力建设”3 门课程获评省级创新创业教育示范课。

（二）创新创业工作成果丰硕

一是学生竞赛屡获佳绩。学校配备校内校外双导师指导学生参加各类创新创业及学科竞赛。2015—2017 年，学校学生共获得省（部）级以上奖项 1 300 余项，其中包括国际奖项 31 项，国家级奖项 227 项，国家级金奖或一等奖 95 项，省部级奖项突破 1 000 项，其中，学校创新创业基地培育项目获得“全国电脑鼠走迷宫总决赛”一等奖，学校创新创业俱乐部孵化项目“微控校园”获得全球青年企业家创业大赛中国赛区冠军。

二是师资队伍初具规模。2017 年，学校推荐的 5 名教师入选教育部全国万名创新创业导师库，5 名教师入选四川省优秀创新创业导师库，全校 258 名教师获得 SYB 师资证书，51 名教师获得设计思考国际认证。

三是学校工作成绩突出。2017 年，成都理工大学获批“全国第二批深化创新创业教育改革示范高校”；学校“地方本科院校创新创业教育教学三级体系构建研究与实践”项目获得四川省教学成果二等奖；学校省级教育综合改革试点项目——“四川省地方本科院校大学生创新创业培育体系建设”连续两年获得阶段性评估优秀。

营造创新创业教育文化生态
培育高水平项目和高质量人才

——云南大学滇池学院

一、学校概况

云南大学滇池学院是由云南省唯一的“双一流”大学云南大学申办并经教育部批准的独立学院。自2001年创办以来，凭借云南大学先进的办学理念、雄厚的综合实力和学校灵活的办学机制，已经形成经、法、教育、文、理、工、管、艺术多学科协调发展，以培养高素质应用型人才为目标的普通本科高等学校。学校现有11个分院、2个公共教学部，50个本科专业，全日制在校学生18 500余人，分别来自全国27个省(市、区)，是云南省人才培养质量一流的独立学院，全国独立学院协作会会长单位。建校十余年来，为社会培养了近40 000名优秀毕业生。

二、创新创业工作典型特色

(一) 创新创业教育体系特色鲜明

学校不断深化创新创业教育改革，积极探索创新创业教育模式和路径，着力深化以职业为导向的人才培养模式改革，实施“四个融入、三个合作、两条路径、一个目标”的创新创业教育“4321工程”，形成了将专业教育与创新创业教育有机融合的“一院一册”的人才培养方案，将

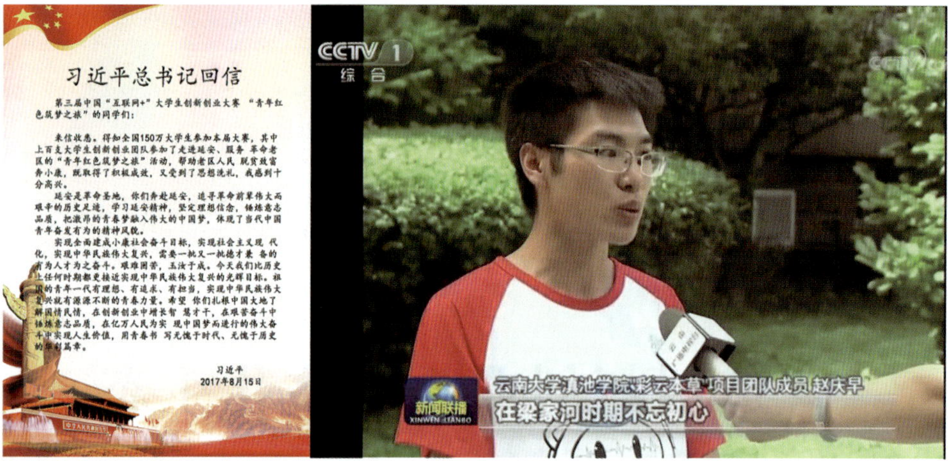

"彩云本草"团队参加第三届中国"互联网+"大学生创新创业大赛"青年红色筑梦之旅活动"，收到习总书记给活动团队的回信

创新创业教育融入人才培养全过程。

1. 通过"四个融入"，构建创新创业教育体系

一是融入人才培养方案。构建创新创业课程体系，将创新创业教育融入"一院一册"的人才培养方案，配套实施《创新创业教育学分认定、置换管理办法》，实现创新创业教育课程与专业教育课程的学分互换，互换比例达到16%。

二是融入学科专业建设。以市场需求为导向，调整优化专业结构，专业对接行业，形成可持续发展的专业布局；以产教融合、校企合作为推手，促进专业转型；以课程集群为重点，强化专业内涵建设，提升教师教育教学能力；以学科建设为龙头，带动专业建设，最终形成特色鲜明、优势突出的专业集群，使创新创业教育更好地融入专业教育。

三是融入课程教学体系。创新创业教育与专业教育紧密结合，依托专业教育构建了通识教育类、专业实践类、实践技能类创新创业教育课程体系，培养学生的创新精神、创业意识和创新创业能力。

四是融入第二课堂建设。出台《学生第二课堂综合素质培养计划与学分置换办法》等文件，把第二课堂建设成为创新创业实践的重要阵地。形成党政团学全员参与、协同育人、实践育人的格局，学生参加校内外实践活动、文化活动、各类竞赛等可置换部分素质教育课学分。

2. 推进"三个合作"，搭建创新创业教育实践平台

积极探索政府、企业、高校有机合作的新模式，搭建了集创新创业教育、创新创业教育研究、创新创业实践为一体的多功能人才培养开放实践平台。

一是密切政校合作。与政府有关部门共建"滇池青年大学生创业园""云南省少数民族非物质文化遗产传承研发中心""云南省大学生创新创业服务中心""昆明市创业创新学院"。

二是加强校企合作。与美国甲骨文公司、金蝶软件(中国)有限公司、中软国际、珠海世纪鼎利集团、大疆科技创新有限公司等合作，成立校企合作人才培养理事会，共同培养应用型人才。

三是推进校所合作。充分依托云南大学、中国建筑工程研究院、中关村万众创新创业教育产业促进中心、全国高校创新创业投资服务联盟、省创新创业教育研究会等高校及科研院所的优质资源，为学校的创新创业教育和人才培养服务。

把政府的政策、信息优势，企业的市场优势与高校的人才优势有机结合；创新创业教育、创新创业教育研究与创新创业实践有机结合；鼓励学生自主创业与引入企业帮扶学生创业有机结合，实现协同育人，创新了政校合作、校企合作、校所合作新机制。

3. 形成“两条路径”，落实创新创业教育教学活动

按照“以赛促教、以赛促学、以赛促创、重在育人”的思路，形成了“产学结合—课堂推进—实训深化—创新创业”和“实践调研—项目培育—竞赛提升—创新创业”两条路径，有效地统筹和发挥了第一课堂和第二课堂在创新创业教育中的作用。

4. 实现一个目标

目标：培养高素质应用型人才。

2015—2017 年，学校及创新创业学生获得的部分国家级、省级奖项

(二) 创新创业项目亮点突显

“4321 工程”实施以来，全校学生踊跃参与并受益，31 000 余人次通过创新创业教育与实践置换了专业课和素质教育学分；创新创业活动向低年级延伸，创新创业文化生态形成；上万人次参加各级创新创业竞赛，累计 2 500 余项。在参加第四届“互联网＋”大赛的 528 个项目中，50％以上是大一大二的学生项目，创新创业文化生态已经形成。形成了“罗小馒红糖馒头”“彩云本草”“采薇民绣”等典型案例。

1. “双创”拉动就业，传统项目获得金奖

2017 年，作为就业型创业项目，学校“罗小馒——目前最火的罗三长红糖馒头”获得第三届中国“互联网＋”大学生创新创业大赛国家金奖，同时获得“最佳带动就业奖”“优秀指导教师奖”,创造了中国独立学院、全国民办高校和全省高校参赛以来的最好成绩,引发了众多媒体关注和社会评论,让社会对大学生创业有了全新的看法。

“罗小馒”作为一个成功的劳动密集型项目,学校免费提供了场地,配备创业导师,对接社会资源,引导罗三长用“互联网+”思维发展传统产业。罗三长边刻苦学习边创业,年年获得奖学金。

“罗小馒”红糖馒头面市两年来,已有136家连锁店,覆盖6个省(区)市,2016年营业额突破1.25亿元,为1 312名员工创造了就业岗位,其中三分之一是下岗职工和贫困大学生。借助全国总决赛的舞台,罗三长还发起了《全国高校500+小馒人合伙加盟计划》,设立“罗小馒”基金,将“罗小馒”覆盖到更多省份,力争五年内产值突破十个亿,带动万人就业。

时任中组部副部长、人社部部长尹蔚民在听取罗三长的汇报后指出,“罗小馒”红糖馒头作为一个传统的创业项目,运用互联网的思维和模式,创业带动社会就业的效果非常显著,难能可贵。教育部高教司副司长范海林在总结第三届“互联网+”大赛时表示,“创新创业,创业也是很重要的一部分,好的创业项目带动就业甚至比很多高科技项目还要强。”

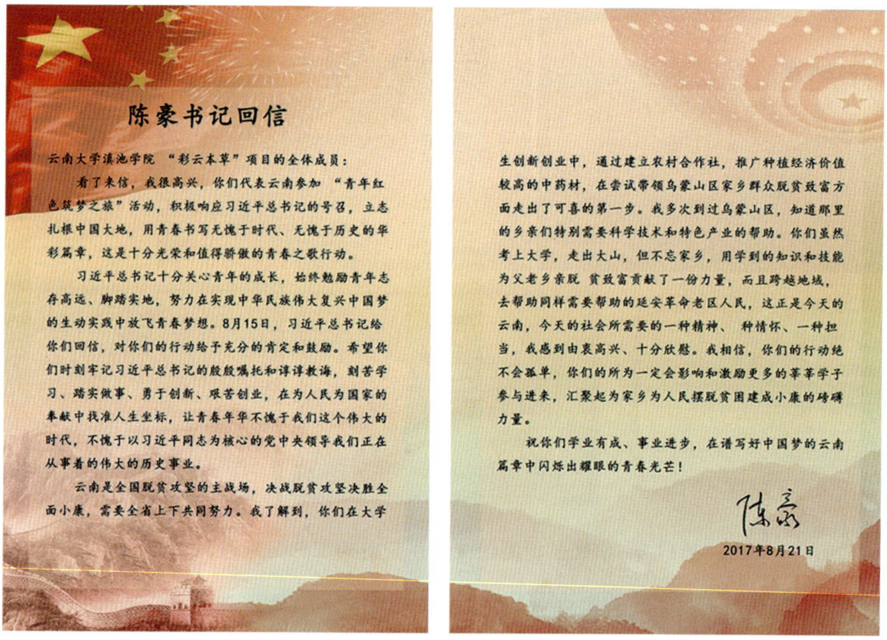

陈豪书记回信

云南大学滇池学院 “彩云本草”项目的全体成员:

看了来信,我很高兴,你们代表云南参加 “青年红色筑梦之旅”活动,积极响应习近平总书记的号召,立志扎根中国大地,用青春书写无愧于时代、无愧于历史的华彩篇章,这是十分光荣和值得骄傲的青春之歌行动。

习近平总书记十分关心青年的成长,始终勉励青年志存高远、脚踏实地,努力在实现中华民族伟大复兴中国梦的生动实践中放飞青春梦想。8月15日,习近平总书记给你们回信,对你们的行动给予充分的肯定和鼓励。希望你们时刻牢记习近平总书记的殷殷嘱托和谆谆教诲,刻苦学习、踏实做事、勇于创新、艰苦创业,在为人民为国家的奉献中找准人生坐标,让青春年华不愧于我们这个伟大的时代,不愧于以习近平同志为核心的党中央领导我们正在从事着的伟大的历史事业。

云南是全国脱贫攻坚的主战场,决战脱贫攻坚决胜全面小康,需要全省上下共同努力。我了解到,你们在大学生创新创业中,通过建立农村合作社,推广种植经济价值较高的中药材,在尝试带领乌蒙山区家乡群众脱贫致富方面走出了可喜的第一步。我多次到过乌蒙山区,知道那里的乡亲们特别需要科学技术和特色产业的帮助。你们虽然考上大学,走出大山,但不忘家乡,用学到的知识和技能为父老乡亲脱 贫致富贡献了一份力量,而且跨越地域,去帮助同样需要帮助的延安革命老区人民,这正是今天的云南,今天的社会所需要的一种精神、 种情怀、一种担当,我感到由衷高兴、十分欣慰。我相信,你们的行动绝不会孤单,你们的所为一定会影响和激励更多的莘莘学子参与进来,汇聚起为家乡为人民摆脱贫困建成小康的磅礴力量。

祝你们学业有成、事业进步,在谱写好中国梦的云南篇章中闪烁出耀眼的青春光芒!

陈豪

2017年8月21日

2017年8月,“彩云本草”团队收到云南省委陈豪书记回信

2. 助力精准扶贫,当代大学生勇担社会责任

2015年,“彩云本草”项目负责人赵庆早带领一群90后大学生先后走访了全国贫困程度最深的乌蒙山区的会泽、罗平、富源等县,与农民同吃同住同劳动。目睹集革命老区、民族地区、高寒山区、贫困地区为一体的乌蒙山片区,干旱缺水、土地贫瘠,“七分种、三分收,包谷洋芋度春秋”,青年人大多外出务工,当地村民缺乏资金和技术,贫困发生率高达47%。同学们立志为改变家乡的贫困面貌贡献自己的青春和智慧。

学校协助赵庆早组建创业团队，支持他在创业园注册成立云南彩云本草食疗科技有限公司，为他对接政府、企业、科研院所以及校外创业导师。赵庆早运用拥有自主专利技术的“保水、保肥、可降解”的绿色环保保水剂，尝试改善乌蒙山区土地贫瘠、干旱缺水的状况，带领乌蒙山区老百姓种植中药材，先后在滇东北的乌蒙山区推广滇黄精、白芍、旱半夏、白芨并获得成功。“彩云本草”项目既带动了贫困地区人民脱贫致富奔小康，又不对乌蒙山区脆弱的生态造成损害。

2015年8月，“彩云本草”项目在会泽县以土地流转、入股的方式组建了第一个农村种植合作社。至2017年7月，项目把经验推广到宣威、永胜，成立了3个合作社。中药材种植面积达62.7万平方米，年产值突破500万元，带动121户农户创就业，其中包括17户建档立卡贫困户，农户人均收入提高最高到1.2万元。带动9名年轻人返乡创业，解决了29名留守儿童和孤寡老人的生活问题，开创了一条“政府＋高校＋企业＋农户”的中草药种植新路。

2018年5月，“彩云本草”项目再出发，与革命老区国家级贫困县禄劝彝族苗族自治县（禄劝县尚有196个自然村不通公路，贫困人口12万人）县委县政府签订乡村产业发展协议。在则黑、团街等七个乡镇为1 031户建档立卡贫困户第一期投放五千余窝中华蜂。公司将养蜂利润的40%给农户，并教会农户养殖技术，等农户学会养蜂技术之后，再将蜜蜂赠给农户。预计总产值可达1.5亿元，农户增收6 000元。在县委县政府的支持推动下，“彩云本草”项目规划在全县建立累计超过万亩的中药材种植示范区，将蜜蜂养殖和中药材种植相结合，覆盖上万农户。通过多样化经营，增强农户抗风险能力。

（三）创新创业教育成效显著

迄今为止，学校是全国唯一获得两届中国“互联网＋”大学生创新创业大赛国家级金奖、被教育部授予“全国毕业生就业典型经验高校”“全国深化创新创业教育改革示范高校”“全国创新创业典型经验高校”的独立学院和民办高校。2017年学校“创新创业教育改革探索与实践”项目获得省第八届教学成果一等奖。

学校“彩云本草”团队作为云南唯一一个参加教育部首届“青年红色筑梦之旅”活动的团队，与延安市相关部门签订战略合作协议，以中药材种植技术助力革命老区群众脱贫致富。被教育部列为6个重点宣传项目之一，收到习近平总书记给全体活动团队的回信。在第一届、第三届中国“互联网＋”大学生创新创业大赛期间，“采薇民绣”“彩云本草”两个项目分别向时任国务院副总理刘延东做了重点汇报。随后，“彩云本草”团队收到云南省委书记陈豪的回信，陈豪书记在向全省高校师生代表宣讲党的十九大精神时，再次充分肯定了“彩云本草”团队，号召全省大学生向他们学习。

中央电视台《新闻联播》、云南省电视台《新闻联播》、教育部新闻办微言教育、《中国教育报》、《云南日报》等主流媒体报道学校创新创业教育改革成果近百次。改革经验在全国高校毕业生就业创业研讨会、中国民办教育发展大会、中国民办教育协会高专委年会、全省高校教学工作会、第二届全国青年红色筑梦之旅启动仪式等会议上进行交流。相关案例在广东、广西、陕西、河南、重庆、四川、贵州、云南等省份十余所高校中进行分享。

优秀创业项目展示及部分媒体报道

校企协同 产教融合
创新驱动创业 全面提升人才培养质量

——西京学院

一、学校概况

西京学院始建于 1994 年，2005 年获批为普通本科高校，2009 年获学士学位授予权，2010 年通过教育部本科合格评估，2011 年成为全国首批获得硕士专业学位研究生培养资格的五所民办高校之一。

学校贯彻党的教育方针，坚持立德树人，努力提高服务国家战略与区域经济的能力，把握“一带一路”及陕西的产业变革与技术革新的趋势，以应用型人才培养为主要任务，以创新驱动技术开发、工程研究、先进技术转移等为目标，努力成为区域和行业的科技服务基地、技术创新基地、人才培养基地、创新创业基地。

学校高度重视创新创业教育，对创新创业教育进行了总体设计和规划，将创新创业教育贯穿人才培养全过程，积极探索和实践“一融入 二协同 三构建”的应用型大学创新创业教育模式，先后取得了“全国民办高校创新创业教育示范学校指导服务奖”“国家级众创空间”“陕西省高校毕业生就业工作先进集体”“陕西省示范性高等学校毕业生就业创业指导服务机构”“西安市创业孵化基地”等成果。

二、探索实践"一融入 二协同 三构建"的应用型大学创新创业教育模式

(一)以"3个融合"为抓手,将创新创业教育融入人才培养全过程

课程内容融合。构建了"课程、实训+竞赛"的创新创业教育体系,将创新创业教育融入人才培养全过程。

教学过程融合。课内注重专业知识的传授及专业技能的培养,为学生双创活动打下坚实的专业基础。课外开展多种形式的活动,弥补理论学习与专业实践脱节的缺憾,实现了双创教育与专业教育在教学过程中的融合。

实践体验融合。将实践教学与产品研发、课题研究等工作相结合,提升技术技能水平,夯实学生创新创业发展的基础。通过开展各种辅助教学活动,如指导学生参与大学生创新创业训练计划项目、学科竞赛、指导教师的科研课题,发表学术论文,考取职业资格证书等。

(二)"校内+校外"双向协同,推进创新创业教育

1. 校内科学构建创新创业教育教学体系,积极推进试点院(系)建设工作

第一是围绕教育目标,确立了"分工合作、协同推进"的工作机制。

创新创业教育分工明确,教务处负责创新创业教育人才培养体系构建、创新创业竞赛项目和大学生创新创业训练计划项目的组织实施;大学生创业就业中心负责创业就业必修课程的开设、大学生创业项目的指导与孵化、创新创业平台(基地)建设及校企协同开展创新创业教育工作;创业书院负责创新创业项目培育和创新创业学生的管理;院系负责学生创新创业项目的指导与将创新创业教育融入各门课程的教学过程。

第二是积极推进创新创业试点院(系)建设。

商学院2016年获批陕西省首批创新创业试点院(系),在试点工作中实施了"2个融合、4项改革、2个支持、4个强化、'1+1+1'"工程的人才培养路径,组建了一支专业的创新创业教师队伍,出版创新创业教材2部,建设创新创业教育融合课程8门,成立陕西新丝路商贸与文化研究院、创新创业基础实训中心、蒲公英创新创业教育实践基地。三年以来,竞赛获省部级以上项目240余项,参与学生近800人。大创项目获国家级奖项3项、省级6项、校级60项。

信息工程学院2017年获批陕西省创新创业试点院(系),在试点工作中强化校企合作,深化课堂创新改革,开设"双创"学分并纳入人才培养体系,与宝鸡市农业科学研究院、慧科教育集团等6家单位建立合作。两年来获批2项省级教改立项,承担国家自然科学基金项目3项、陕西省科技厅项目6项、教育厅项目12项、西安市科技局项目1项、横向科研项目82项。国家级竞赛奖项140余项、省级奖项200余项。

第三是发展特色书院育人工作。

创业书院成立于2016年6月,是学校书院制学生教育管理模式改革的第二个特色书院。创业书院学生来自于全校各个专业,由有创新创业项目或有创新创业意愿的学生申请加入。

书院围绕学校人才培养目标，着力开展学生创新创业第二课堂活动，举办创新创业课程讲座、沙龙 30 余场；参加校外创新创业活动 20 余次；开展“创业实战精英训练营”两期；学生申请专利 14 项，参加各类竞赛获奖 290 项；“创新创业教育辅导员工作室”成功获批首批省级辅导员工作室；获批陕西省社科界 2018 年度社会科学宣传普及活动重大资助项目立项 1 项。

2. 校外形成了“校、政、企、行”四方联动的协同育人机制

第一是聘请了诸如微软（亚洲）互联网工程院合作总监陈宏刚博士等 41 位优秀的创业者、企业家、科研高管、风险投资人担任学校创新创业导师，参与学校的创新创业教育规划、指导学生的创业项目，为师生定期分享优秀的创新项目和创业心得。

陈宏刚 教授　　李登科 副主席　　王少浪 指导专家　　张培彦 校友企业家　　董小泰 指导专家

西京学院创新创业导师(部分)

第二是分别与京东、海尔集团、非凡士机器人科技有限公司、陕西电视台等 9 家单位共建创新实验室；与西安市团市委、陕西省中小企业服务中心、陕西微软创新中心、阿里妈妈万堂书院西安车友会共建创新创业实践与孵化中心。

第三是联合开展“定向班”创新人才培养，共同制定人才培养方案共同开发课程，共同组建专业委员会，企业专家和学校教师共同授课等。

第四是联合陕西省青年企业家协会、陕西省青年创业基金会、华商报等 10 余家机构和单位发起成立陕西省青年创业联盟，积极嫁接洪泰创新空间、洪泰 AA 加速器等优质资源，共建西安创新中心打造青年创业新生态。

(三) 三大构建，支撑创新创业教育

1. 构建“4 阶段＋4 模块”四年不断线的“课程、实训＋竞赛”的创新创业教育教学体系

4 阶段：针对大一学生开设创业就业通识教育必修课程，培养学生的创新意识、了解创业政策和形势；针对大二学生做好专业教育与创新创业教育的融合，结合专业课程开展创业意识、理念、知识、方法和能力教育；针对大三学生开展课程、竞赛、大创项目、实验的项目化教学，激发学生创新灵感，提高学生实践能力；针对大四学生开展 SYB 等创业专项培训，以创业项目为引导，带动创业实战训练。

4 模块：创新创业思维模块、创新创业认知模块、创业操作模块、创业样实战模块。

2. 构建“一个衔接、二个挂钩、三个保障、四个宣传”的大学生竞赛育人机制

以竞赛驱动创新，建立了“一个衔接、二个挂钩、三个保障、四个宣传”的竞赛育人机制。“一个衔接”即学生竞赛活动与人才培养相衔接；“二个挂钩”即竞赛成果与院（系）考核挂钩、与

教师考核挂钩;“三个保障”即制度保障、场地保障、经费保障;“四个宣传”即编制《西京学院大学生竞赛指南》印发全校、“两微一网”宣传推广、开展竞赛宣传月活动、竞赛作品实物展。

仅 2017 年,共组织省部级以上学生竞赛活动 49 项,获得省部级以上奖项 2 448 项。其中,国家级奖项 634 项,产生优秀指导教师 65 人次,获得省部级以上优秀组织奖 13 个。2017 年美国大学生数学建模竞赛,学校获得国际一等奖 1 项;第五届全国大学生工程训练综合能力竞赛获陕西赛区特等奖 2 项,一等奖 4 项;2017 年第十一届全国本田竞技车大赛中,学校获全国第九、陕西第一的优异成绩。

竞赛驱动创新,成果显著

3. 构建多元化创新创业教育实践育人平台

第一是构建实验实训平台。学校按学科大类成立了 8 个实验教学中心,面向全体学生公布开放实验室名单,并大力宣传和推进开放实验室。

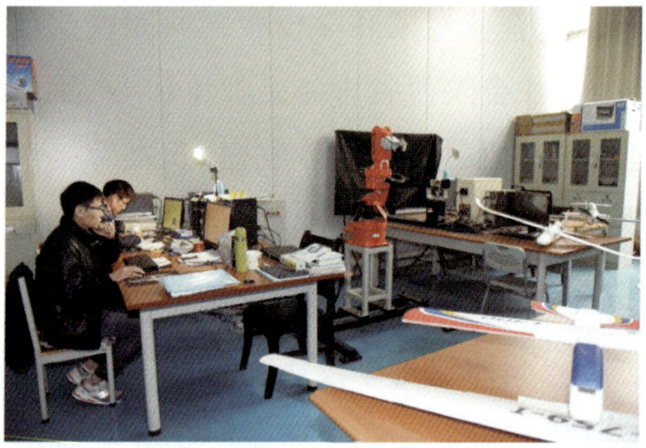

大力推行开放实验室项目

第二是构建创新创业实践平台。学校注重工学结合、产教融合、校企合作，构筑了多元化的创新创业实践平台。截至目前，合作企业 485 家，校外实践基地 356 家，其中西京学院-商洛比亚迪实业有限公司工程实践教育中心、西京学院-陕西省第四建筑工程公司工程实践教育中心获批省级大学生校外实践教育基地。

创新创业实践平台签约授牌

第三是构建创新创业科研平台。建有“陕西省混凝土结构安全与耐久性重点实验室”“陕西省可控中子源工程技术研究中心”2 个省级科研平台；“物联网与大数据技术研究中心”“智能控制技术研发中心”“智能制造研发中心”“有机高分子光电材料重点实验室”“会计审计信息学研究中心”“陕西民间造型艺术与设计研究中心”6 个校级科研平台；建有“何积丰院士工作室”，开展智慧农业信息化研究。据《中国民办本科院校科研竞争力评价研究报告》显示，学校科研竞争力连续 5 年领跑陕西民办高校。2017 年，全国民办本科院校排名第三。

陕西省可控中子源工程技术研究中心

陕西省混凝土结构安全与耐久性重点实验室

第四是构建创业孵化平台。学校于 2015 年建成西京学院大学生创业孵化基地，建筑面积 3300 平方米，配备有项目培训室、路演室、创客空间、孵化中心、项目孵化室，可同时容纳至少 25 个团队同时入驻，是集办公、培训、孵化、会议于一体的综合性孵化基地。基地累计入驻项目 55 个，孵化注册公司 14 个。开展 SYB 创业培训十期，培训学生 600 余人。开展万钧创业大学堂系列创业讲座、沙龙 42 场，参与学生 10 000 人次。

第五是构建研究生创新创业平台。学校不断探索专业学位硕士研究生教育，提出“四个

西京学院大学生创业孵化基地

一”(一篇公开发表文章、一项专利、一项真题真做的企业项目和一个职业资格证)专业学位硕士培养模式。设立研究生创新基金,共立项研究生创新项目 120 项,累计资助金额 169.4 万元。截至目前,取得了获得全国二等奖 1 项、全国三等奖 14 项、全国优秀奖 3 项、省级一等奖 5 项、省级二等奖 20 项、省级三等奖 32 项、省级优秀奖 11 项的良好成绩。

三、强化制度保障,严格落实“四到位”

强化制度保障。制定了《西京学院创新创业教育实施方案》,对创新创业教育进行了总体设计和规划;出台了《西京学院本科生课外学分认定与置换管理办法》《西京学院大学生创新创业训练计划项目管理办法》《西京学院大学生创业孵化基地管理办法》等一系列大学生创新创业过程中学分置换、项目管理的文件和制度,为大学生创新创业教育提供了制度保障。

严格落实“四到位”。即机构到位:成立工作领导小组,由学校校长任组长、教学副校长任常务副组长、学工副校长任副组长的创新创业教育工作领导小组,统筹开展学校创新创业教育工作;成立校级层面主管部门大学生创业就业中心。人员到位:加大人员投入,实现专人专岗。场地到位:建立大学生创业孵化基地,提供办公、指导、培训、孵化一体化服务。经费到位:将创新创业教育经费纳入学校年度预算,设立专项资金支持,形成了配套的经费保障制度。

深化教育改革 服务地方经济
推动学校创新创业工作迈上新台阶

——青海大学

青海大学始终把创新创业教育作为创新办学体制机制，深化教育教学改革，提高人才培养质量。通过构建双创生态体系，创新人才培养机制，优化人才培养方案，提高双创培养目标，搭建创新实践平台，改进创新创业服务，形成了具有青大特色的双创工作模式。2017 年学校成功入选教育部 99 所“全国首批深化创新创业教育改革示范高校”。

一、学校概况

(一) 学校类型、规模及办学特色

青海大学是一所以工、农、医、管四大学科为主，其他学科协调发展的教学研究型大学。学校秉承立足青海、面向全国、着眼全球，主动服务国家战略和推动地方经济社会发展的历史使命；以本科教育为主，培养具有创新精神、实践能力、热爱青海、扎根高原的高素质应用型人才；努力成为青海科技创新、人才培养和高层次人才集聚的战略高地，成为区域科技创新体系的核心基地，成为青海经济社会发展的重要智库。

围绕办学特点，学校紧抓“对口支援”“双一流”建设和“部省合建”等重大历史机遇，努力实施好青海省委省政府批复的《青海大学“十三五”深化综合改革提升综合实力总体方案》《青海大学人才高地建设实施方案》《青海大学“十三五”发展规划》和教育部《一流学科高校建设方

案》，坚持对口支援下的夏季小学期制，坚持“五位一体”的藏医药本科人才培养体系，坚持三江源生态、高原医学、高原特色农牧业、光伏新能源新材料等学科领域特色发展、内涵发展、创新发展和高质量发展，以本科教育为中心，全力推进三江源生态世界一流学科建设，以一流学科建设引领学科专业建设，促进一流本科建设，培养一流人才，提供一流服务。

（二）学校创新创业工作现状

1. 加强领导，统筹规划双创教育

（1）加强对双创教育工作的组织领导。2016 年成立了由党委书记和校长任双组长的创新创业教育领导小组，在创新创业工作领导小组领导下，成立了青海大学创新创业学院，统筹协调教务处、团委、科技处、学生处、财务处、组织人事部等多部门共同推进双创教育工作。

学校为创新创业学院配备 5 名专职工作人员，机构、人员和场地单独设置、单独建设，支持保障双创教育工作的全面开展。近年来，学校多渠道筹措资金，支持创新创业教育教学，用于创新创业人才培养、基础设施改造、创新创业训练项目等支出。

学校党委行政高度重视创新创业工作，在青海大学“十三五”发展规划中，明确了“加强以创新为核心的创业教育，把创新精神培育和创业素质教育纳入教学计划，完善创新创业类课程设置，加强创业实训体系建设，建立健全学生职业规划和就业创业指导服务体系”。

（2）完善双创工作机制。2015 年起，结合多年双创育人工作经验，学校构建形成了兴趣激发（i-idea）、组建团队（i-team）、生产实践（i-lab）、商业实战（i-center）、走向园区（i-park）五位一体的创新创业 I－5 生态体系。注重创新创业学分认定及转换，鼓励引导组建双创兴趣小组、科技社团，持续支持大学生科技创新计划和创业扶持计划，举办双创活动，开设针对性的创业培训课程，将成熟的项目通过成立公司的方式推向青海大学国家级大学科技园，实现和市场的完全对接。

学校优秀创业大学生张贞雪
接受中央电视台采访

学校 2013 级计算机技术与应用系学生
张国锋同学创办的“水墨丹青智能科技
有限公司”在深圳前海新四板上市

2. 深化改革，扎实推动双创教育

（1）深化教学改革，将双创教育融入人才培养全过程。学校在省内高校率先开展完全学分制改革，2016 年修订本科人才培养方案和教学计划。将四年制本科专业毕业总学分数降低至 160 学分，增加实践教学课和选修课比重，增设创新创业教育模块。构建综合素质人才培

养、拔尖创新人才培养、地方特色人才培养三大类人才培养体系，有国家级、省级“卓越计划”系列专业试点项目10个。组建各类创新人才实验班、精英班、培养班8类。在植物生产类、工商管理类、材料类等8个大类21个专业开展大类招生试点，促进人才培养向多学科融合发展，旨在培养复合型拔尖人才。

（2）完善教学管理，助推双创教育。通过出台《青海大学创新创业实践学分认定及课程免修实施暂行办法》，建立学分积累及认定机制，制定了《青海大学大学生学科竞赛奖励办法》，鼓励学生开展双创实践、论文发表、专利获得和自主创业。

改革完善学籍管理制度，修订《青海大学普通全日制本科学生学分制管理暂行规定》《青海大学普通全日制本科学生学籍管理规定》，实施弹性学制，允许学生休学创业。制定《青海大学普通全日制本科学生转专业暂行规定（试行）》《青海大学创新人才实验班管理实施办法》等相关制度，促进学生个性化发展，三年来，“因材施教”示范班、“创新人才培养实验班”等受益学生达517名。

开展双创教学研讨和改革，在学校教育教学改革研究项目中设立创新创业教育专项，已立项各级各类双创教研项目10项，发表论文7篇。实施课堂教学与考试制度综合改革项目，立项建设81门课程，建立翻转课堂，引入和开发MOOC、SPOC、“翻转课堂”等教学资源，深入推进传统教学与现代教育技术深度融合，“电工基础与电子设计”“丝路南线民间文学”在“教育在线”平台成功上线，面向全球开放。学校成功入选教育部64所“混合式教学试点单位”。

（3）加强导师队伍建设，保障双创教育开展。目前，学校双创指导教师119名，其中专职创新创业教师有66名。学校经常组织各级各类双创指导教师培训班、大中型会议等，实施《青海大学师资队伍实践能力提升计划》，选派139名教师赴企业进行教学实践学习，全面提高教师创新创业教育实践能力。

3. 强化实践，提升双创能力培养

（1）搭建四大实践平台。通过搭建教学实践实训基地、创业孵化基地、成果转化基地和校政企合作四大平台，服务学生双创教育，着力培养学生双创能力。通过整合学科、人才和社会资源，凝练科研方向，建成国家级科研平台8个、省级“2011协同创新中心”2个、省部级科研平台43个，依托学校国家新农村发展研究院，围绕本省特色产业和优势产业，建成2个综合示范基地、9个特色产业基地。加强与政府企业多方联动，与海西州人民政府、泰国正大集团、青海盐湖集团、清华启迪新材料（北京）有限公司、广东康美药业股份有限公司等政府和企业建立了校政企合作关系，搭建与市场紧密相连的双创平台。

（2）丰富双创实践教育活动。近年来，学校形成“双创意识培养、双创项目管理、双创平台建设、企业管理服务”的教学实践实训体系。

积极推动“以赛代学”，积极开展“创新创业大讲堂”“创新创业能量集市”“优秀毕业生自主创业先进典型报告会”SIYB创业培训等双创活动，近三年，累计开展讲座110余场，创新创业学院已培养学生423名，累计支持107个大学生创新创业训练计划项目及15项大学生创业扶持项目，累计资金支持三百余万；成立青海省产学研合作促进会，搭建与市场紧密相连的双创平台，支持校内 7 个“创新创业工坊”建设，“创客咖啡”“青大印象纪念品”等实体平台均为学生提供“零成本”的创业实践条件。学校还对在校生企业提供管理服务，近三年，协助注册登记大学生公司 17 个，帮助 3 个学生公司落户大学国家级科技园，先后管理 141 个入驻创新大厦的学生创业项目（公司），帮助学生创业项目获得政府和各界资助 500 余万元。

2017 年 12 月，青海大学首届“校长杯”创新创业大赛学生团队项目展示场景

4. 强化指导，主动提供双创服务

学校大学科技园、大学生就业创业指导中心和创新创业教育学院共同提供双创指导服务，对接市场和资源，建立了“培育服务＋创业培训＋引导扶持＋开放平台”的双创指导服务体系，出台了《创新创业专项经费管理办法》《大学生创业孵化基地入驻项目评估办法》《科技园企业/项目入驻流程及办法》等管理制度，规范了孵化基地的服务和管理。发起设立“青海启迪之星创业投资中心（有限合伙）”，基金规模 1 亿元，解决学生企业资金筹措等问题。并加强线上双创服务工作，建立了“青海大学大学生就业创业服务网”“青海大学大学生创新创业服务网站”“大学生科技协会”微信公众号、“青海大学就业创业指导中心”微信公众号和校团委微信公众号“创新创业”专栏，及时通报有关信息，交流经验，展示优秀项目，解读政府相关政策。同时，在学生中设立各级双创服务指导组织，更好地把双创信息传递到每个学生，在全校各班级均配备就业创业委员，专门负责各班级双创工作。

二、彰显特色，双创工作取得实效

（一）师生共促双创教育，形成双创新格局

双创体系的精心设计、学分制度的精细谋划、双创平台的精准搭建推动了学校双创工作新格局的形成。教师努力创新教学方式和课堂形式，把最新研究成果和创新实践转化为课堂教学内容带给学生，涌现出首届全国“创新争先奖”、全国“万人计划”教学名师、全国“中医药高等学校教学名师”、全国教师教学技能竞赛获得者；另一方面，在学校政策的鼓励支持下，更多的

学生参与到老师的科学创新和成果转化过程中，三年来，共有 1 390 人次本科生参加科研项目 288 项。

双创新格局催生了一批又一批双创工作优秀团队、先进个人和高级别奖项，学校获得了“全国首批深化创新创业教育改革示范高校”，培育了 1 支全国“小平科技创新团队”，培养了两届“中国青少年科技创新奖”获得者，培养了 1 名“全国宝钢奖学金特等奖”获得者。学校的双创工作的诸多事迹多次受到中央电视台、《光明日报》、《中国教育报》、中国新闻网、青海电视台、《青海日报》、网易新闻、今日头条等各界媒体的广泛宣传，学校的双创工作赢得了社会的广泛赞誉。

2018 年 2 月，赴老挝参加澜沧江-湄公河流域青年创新设计大赛，荣获最佳跨国团队奖

中国青少年科技创新奖颁奖现场照片

（二）促进科技成果转化，服务经济社会发展

通过出台《青海大学科技成果转移转化管理办法（试行）》，完善《青海大学科研项目及优秀科研成果奖励办法》《青海大学知识产权管理办法》等相关制度支持教师带动学生创新创业、科技成果转化、创办科技型公司。以我省“人才高地”建设为契机，加大人事分配制度改革，为科技成果研发转化、人才脱颖而出提供了良好的制度保障，营造了良好的双创育人环境。通过各项科技政策的激励，学校科研项目、科技成果的数量和质量年年实现新突破。2017 年达到了

2.23亿元，在教育部科技司近期公布的2017年高校科技统计报告中，在全国256家科研经费过亿元高校中排134位。从2015年国家提出“大众创新，万众创业”以来，学校共获得省级以上各类奖项255项，无论是获奖级别还是数量均在全省高校中遥遥领先。

创新创业工作的推进、科技成果的转化，增强了学校服务地区经济社会发展的能力。近年来，学校加速成果转化，带动企业提质增效、促进农牧民增收脱贫、致力于三江源生态技术攻关、服务于健康青海建设，取得了实实在在的成效。先后与省内40余家企业开展了产学研合作。新型轻合金及其复合材料成果在企业转化后，持续为企业产生效益，累计销售收入已超过3.2亿元；培育的52个农作物新品种和50余项新技术通过科技创新平台在省内外得到快速转化应用，推广面积覆盖我省80%以上的农业区。

创新是当今社会发展的动力源泉，创新创业教育是学校深化教育教学改革的关键，青海大学将深入学习习近平新时代中国特色社会主义思想，深入贯彻落实党的十九大精神，全面深入推进体制机制创新，全面深入推进综合改革，坚持走内涵发展、特色发展和创新发展道路，紧紧把握对口支援、双一流建设、部省合建历史机遇，全面开创双创工作新局面，为建设有特色、高水平高原名校而努力奋斗。

高职高专院校(8 所)

系统打造全要素参与“双创”育人新格局
聚力培养创新创业杰出技术技能人才

——河北工业职业技术学院

一、基本情况

河北工业职业技术学院隶属于河北省教育厅，位于河北省省会石家庄市，拥有60年办学历史，现有南、北、温塘三个校区，占地86.7万余平方米，建筑面积30余万平方米，在校生人数1.6万人，教职工700多人，是河北省规模最大、以钢铁冶金为特色的高等职业院校，国家示范

南院校门

性高职院校，河北省“国家优质专科高等职业院校”项目建设单位。2011 年，学院成功跻身全国优秀高职院校 50 强。2014 年，学院被教育部评为“全国毕业生就业典型经验高校”。2017 年，学院成功入选第三批全国高校实践育人创新创业基地，是全国唯一入选的专科学校和河北省唯一入选高校。2018 年入选全国高职院校“服务贡献 50 强”和“教学资源 50 强”。

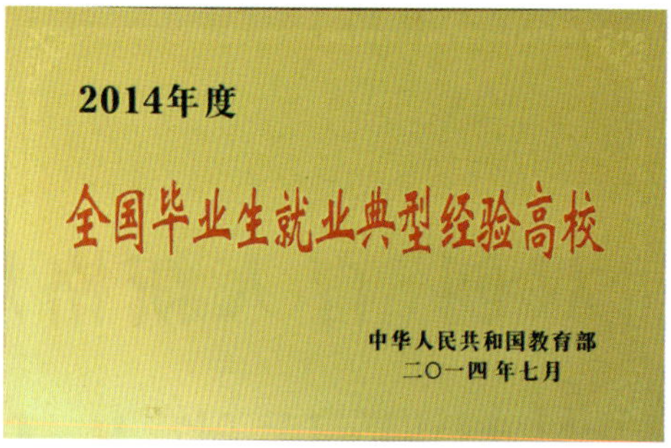

学院荣获全国毕业生就业典型经验高校

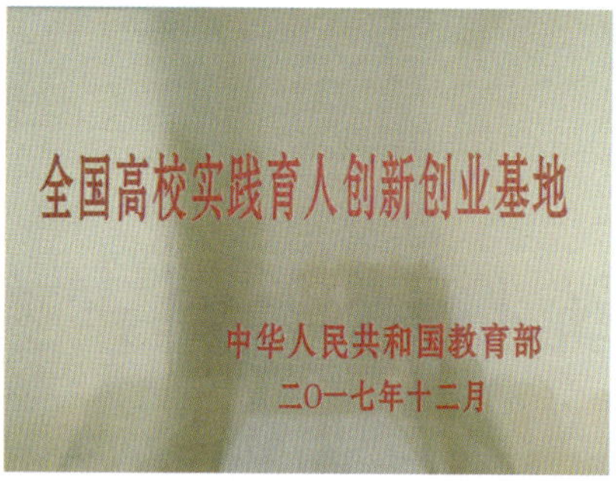

学院荣获全国高校实践育人创新创业基地

学院高度重视创新创业工作，始终坚持“基地引领、制度保障、校企联合、协同推进”的育人模式。

（1）健全了组织管理机构，成立书记、院长任组长的创新创业工作领导小组。

（2）建立联动协调机制，着力扩大创新创业“一站式”服务供给建立就业创业工作联动协调机制。

（3）优化人才培养方案，形成了“课程学分＋素质学分”双提升育人新模式。

（4）出台了《河北工业职业技术学院大学生创新创业竞赛资助与奖励办法》和《河北工业职业技术学院学生创新创业学分认定及转换管理办法》等系列文件，对自主创业学生实行持续帮扶、全程指导、一站式服务，逐渐形成了“学院统筹部署、行业企业深度参与、全员着力实施”的创新创业教育新格局。

二、特色经验

（一）以“全国高校实践育人创新创业基地”建设助推创新创业教育

学院成功入选第三批“全国高校实践育人创新创业基地”，是本批次全国唯一入选专科院校和河北省唯一入选高校。近年来，学院强化顶层设计，发挥协同、要素聚集作用，依托实践育人创新创业基地建设，构建德育实践、教学实践、科技实践、双创实践、文化实践、社会实践六大体系协同育人机制，探索出实践育人创新创业新模式。

德育实践体系重点统筹思想政治教育课、党团组织系统、文化素质大讲堂、学生理论社团、思政名师工作室、新媒体“六大抓手”，打造“大思政”教育格局。

教学实践体系不断完善专业教室、专项实训室、虚拟工厂、校外实训基地，形成相互衔接、虚实互补的实践育人环境，将人才培养过程融入职业环境，在产学互动中培养高素质技术技能人才。

团中央为我院团学干部做培训讲座

教学实践——项目化教学

科技实践体系通过科研项目资助、参与教师项目、科技发明竞赛、专利挖掘与申报“四大途径”，凭借省级应用技术研发中心、企业技术中心、博士工作室、科技类学生社团等多级平台，助推学生科技创新实践能力提升。

科技实践——应用技术研发中心

双创实践体系创新校友大讲堂、就业创业服务月、“12345”（一支队伍、两本教材、三个平台、四点创新、五种结合）就业指导平台、创新创业大赛、双创服务空间“五大载体”，建立“1+N+Z”创新创业课程体系。

双创实践——创业项目路演活动

文化实践体系形成了以科技文化艺术节、社团文化节、公寓文化节三大艺术节为阵地，以“工院论坛”为载体，以“钢铁连”和学生社团为两翼，探索出一年级重“体验式”实践、二年级重“专业性”实践、三年级重“服务型”实践的分类指导模式。

文化实践——钢铁连表演

社会实践体系以“科技文化卫生三下乡”“体验省情、服务群众社会实践”“大学生环保科普行动”三大主题活动为重点，推进社会实践与社会调查、社会服务、就业见习相结合，主动构建全方位、多层次的社会实践管理与服务体系。

社会实践——深入农户义务维修

(二)引入TRIZ工具与方法培养高素质专业化创新型教师队伍

发明问题解决理论(TRIZ)是一套解决创新发明难题的系统化工具与方法,被誉为工程创新的"点金术"。2017年学院与国家级工程技术研究中心——国家技术创新方法与实施工具工程技术研究中心合作,在全国高职院校中首家系统引入TRIZ。建成了国家技术创新方法与实施工具工程技术研究中心高职高专培训基地,成为该中心在全国高校唯一基地。得益于TRIZ的推广,2017年学院各项专利申报量、授权量位居河北省高职院校之首。

1. 理念先行,扩大创新创业资源有效供给

邀请国家技术创新方法与实施工具工程技术研究中心檀润华主任、曹国忠副主任等全国TRIZ知名专家,开展以《创新思维与技术创新》为主题的系列学术讲座活动,引入TRIZ先进理念、先进方法,开阔师生创新视野。通过国家技术创新方法与实施工具工程技术研究中心导师团队入驻学院封闭集训,博士论坛TRIZ项目集中研讨等模式,系统、有序地开展创新工程师、创新培训师培训,培养了一支具有TRIZ思维与方法的创新型教师团队。

2. 课程支撑,提升创新创业人才培养水平

组建专门团队,编写完成了面向高职院校师生的TRIZ基础通用教材,同时结合专业特点,在全院各系部开设了"专利分析与检索""高炉泥炮功能分析及创新设计"等基于TRIZ方法的选修课30余门,参选学生2 000余人次。在2017年全国高职高专"发明杯"创新创业大赛中,接受过TRIZ培训的学生参赛作品《智能家庭机器人》等三个项目获得科技发明类一等奖,并现场为科技部原党组常委,中国发明协会党委书记余华荣先生做展示。2018年学院还将申报TRIZ理论省级精品课,整体提升创新创业教育教师队伍与人才培养水平。

3. 成效显著,厚积创新创业知识产权规模

在TRIZ工具与方法指导下,2017年学院团队申报各项专利116项,其中发明专利23件,授权71项,申报量、授权量从排名靠后跃升为河北省高职院校第一位,高于省内几所知名省属重点本科大学。预计2018年学院团队申报各类专利将突破300件,授权专利不少于150件,实现量和质的飞跃。

4. 辐射全国,增强创新创业引领示范效应

2017年底学院与国家技术创新方法与实施工具工程技术研究中心签署合作协议,立项建设国家技术创新方法与实施工具工程技术研究中心高职高专培训基地,是该中心在全国高校中唯一此类基地,项目完成后将承接中心对全国高职高专院校TRIZ培训任务。目前该基地已在学院挂牌。

(三)构建"1+N+Z"课程体系全面服务创新创业教育过程

学院在广泛实证研究与理论分析基础上,以创业胜任力模型三维度(基础维度、差异维度、提升维度)作为指导,融入TRIZ创新理念,建立了"1+N+Z"金字塔型创新创业教育课程体系,满足不同阶段、层面学生的创新创业需求。

1. "1"是创新创业普及教育平台

"1"是金字塔的底座基础,属于基础必修课程,面向全体学生。学院结合自身办学定位,紧紧

围绕教育部关于创新创业教材 8 章 17 个要点的具体要求，坚持以培养学生的批判性和创造性思维、激发创新创业灵感为主，将《大学生职业生涯规划》《大学生创新创业基础》作为创新创业通识必修课教材，教学内容选取合理，目标明确，要点清晰，教学设计、教案、课件等教学资料完备。

2. "N"是创新创业专业教育平台

"N"是金字塔的中层，是各专业均需结合专业特点开设至少一门与本专业相关的创新创业类相关课程。将专业教学与创新创业能力培养融合，计入教学总学时和学分。遴选了高品质专业类创新创业课程，如计算机类专业"营销型网站策划"、电子商务类专业"创业营销与市场调查技术"等课程。自主开发了基于 TRIZ 理论的专业创新创业课程 30 余门，如智能制造学院"因果分析在机电设备故障诊断技术中的应用"，材料类专业"基于物理冲突的铸锭质量控制""金属 3D 打印材料"等课程。紧扣《京津冀协同发展规划纲要》对河北省"全国现代商贸物流重要基地"定位，自主开发了电子商务类、会计类专业创新创业课程。

智能制造类专业开展以工业机器人开发为主题的创新创业教育，先后两次获全国大学生机器人大赛三等奖。计算机类专业开展以网站开发为主题的创新创业教育，参与完成腾讯集团智慧校园等 13 项大型项目建设，孵化学生创业项目 80 余项。财经商贸类专业开展以网店运营为主题的创新创业教育，成立创业实验班，学生在 eBay、亚马逊等多家跨境电商平台进行店铺运营，2017 年"双十一""双十二"期间，创业班学生与金伟达、百世汇通等公司合作，为企业创造产值约 600 万。

3. "Z"是创新培育与实践平台

"Z"是金字塔的塔尖，是针对有创新创业意愿的学生开设菜单化、套餐化、个性化的实训类选修课程，是创新培育与实践平台。学院打破院系间壁垒，进行跨专业选修，注重引导学生了解创新创业基本流程、基本方法和技能。对有创业意向及基础的学生开设"TRIZ 及应用——技术创新过程与方法""专利分析与检索"等创新方法类课程；对已经开始创业的学生，开设"风险投资"、"创业营销与市场调查技术"等企业经营管理类课程。依托学院育米众创空间、创客咖啡、3D 打印中心三大孵化基地，提供创新创业场所，举办创新创业沙龙，发布创新创业资讯。以"课程＋师资＋基地""三位一体"扶持学生创新项目、创业初期发展。

育米众创空间

打造“两育两化两平台 双师双线双扶持”全过程的双创育人模式 全面提升学生创新创业能力

——邢台职业技术学院

一、学院概况

邢台职业技术学院（原中国人民解放军军需工业学院）1979 年建校，先后隶属于农业机械部、机械工业部；1984 年，划归中国人民解放军总后勤部管理；2002 年，整体移交河北省。学院占地 66 万余平方米，在校生 15 000 余人，开设 56 个专科专业、4 个应用型本科专业。

从 1991 年承担国家高职教育改革试点任务，到 2000 年成为国家第一批示范性职业技术学院重点建设单位，再到 2009 年成为国家首批、河北省第一所示范性高职院校，2016 年成为“国家优质高等职业院校”立项建设单位，学院始终站在高职教育改革的第一方阵，先后荣获“全国普通高校毕业生就业工作先进集体”“全国毕业生就业典型经验高校”等荣誉称号。

近年来，学院主动适应国家创新驱动发展战略对人才培养的新需要，把就业创业工作放在学院发展的重要战略地位，将创新创业教育融入人才培养全过程，着力打造院系两级双创教育实践平台，形成了以“两育两化两平台”“双师双线双扶持”为特色的全过程双创育人模式，实现了毕业生高质量就业创业，2017 年学院被教育部认定为“全国深化创新创业教育改革示范高校”。

二、创新创业工作典型做法

学院高度重视，成立双创教育工作领导小组，实施一把手工程，建立“学院统筹、部门联动、系部实施、全员参与”的工作机制，有力保障双创教育开展，实现了“组织机构、专职人员、场地、资金”四个到位。

（一）“两育两化两平台”全过程育人

以“两育两化”为主线，打造“创新工作室”系级平台、“创业孵化园”院级平台，学研创递进，项目化运作，形成双创教育的“两育两化两平台”全过程育人模式。

1. 两育两化主线

两育两化即教育、培育、孵化、转化，按照学研创递进，系统构建双创教育体系。

“三阶段”体系，双创教育全覆盖。根据区域产业转型升级需求和高职学生差异化、多元化特征，创新“分流培养、分类成才”育人模式，明确高素质技能人才、创新型杰出技术人才、国际化人才等人才培养定位，开发“共平台＋多方向”的培养方案。出台《制定工学结合人才培养方案的指导性意见》，明确将双创教育纳入整个培养体系，设置不低于10个学分的创新创业课程模块，系统构建“通识教育—专业教育—实践项目”的三阶段双创课程体系，实施项目化教学，培养学生创新精神和项目意识。

“工作室”模式，双创培育有重点。专业系以“工作室”（创新工作室、企业研发室、博士工作室、专家工作室、大师工作室等）模式，重点培育有孵化潜力的创新创意类项目。创新工作室借鉴研究生“导师制”模式，每年选拔具有双创潜能的学生进入，全程参与项目调研、论证、设计与实施，快速延伸专业知识，促进“专业＋创业”有机融合，培养学生创新能力和催生项目。

“孵化园”平台，双创孵化有措施。学院建有6 400余平方米的大学生创新创业孵化园，成立园区管理机构，设立创业扶持专项资金，为培育成熟的学生创业项目提供经营场所、创业培训、全程指导和一站式服务，助力创业项目初期发展，培养学生创业能力。园区累计入驻102个项目，在孵项目36个，23个完成工商注册，参与学生300余人。

东校区大学生创新创业孵化园

“学研创”机制，双创转化有成效。出台《科技成果转化管理办法》，鼓励教师吸纳“创有所长”的学生参与纵横向课题和产品研发；鼓励科研团队将技术成熟化程度高、投资小见效快、适合创业的科研项目，提供给大学生优先转化；修订《奖学金评定管理办法》，设立创新创业专项奖学金，鼓励将孵化项目进行工商注册，转化为创业实体经营，转化成功给予最高9 000元的资金奖励。

2. 两级平台

即院系两级平台接力，突破项目培育与孵化难题，将双创教育落地落实。系级平台重点打造“创新工作室”，实行导师制，吸纳学生进行课题研究、项目研发、技术创新，选拔优秀双创项目进行重点培育；院级平台着力建好“创业孵化园”，承接成熟双创项目入园孵化，为其提供场地、资源与指导，降低创业门槛和创业风险。

系级创新工作室运行措施主要有：

导师团队。一是专业课教师，且多数具有创业或企业运营经验。二是科研岗教师，目前有16位科研岗教师。三是兼职科研教授。目前共有42个创新工作室，建立了76个创新团队。兼职科研教授，跨专业组建师生创新团队，目前由北航教授领衔的热工研究中心，承接国家重大工程(载人航天计划项目子课题)，服务国家发展战略。

教师在妤兰德服装高级定制工作室
指导学生进行婚庆礼服设计

项目来源。一是纵向课题，二是横向课题，三是技术服务。服务区域产业结构升级，实施“187”工程，政校企合作，引企入校，已设立9个校企研发机构；设站进区，设定“一系一站、一县一站”目标，目前已建成7个科技服务站，科技创新类课题十分充裕。

制度保障。出台学生申请专利资助办法、学生技能竞赛奖励办法、科技成果转化管理办法、技术服务站管理办法等制度20余项。创新工作室由各专业系自主管理。

电气工程系“守敬创新工作室”，下设8个科技创新团队，吸纳学生100余人，累计完成省市各级各类纵向科研课题25项，横向课题50余项，有效培养了学生的创新能力和项目意识，其团队成员应电专业许盼盼、张妮毕业当年就将专利成功转化成产品，为企业带来了每年1 000多万元的效益。

(二)“双师双线双扶持”一站式服务

学院组建强强联合的“教师＋导师”优秀团队，搭建互补互融的“线上＋线下”服务网络，完善高效运行的“学院＋政府”扶持机制，融双创导师资源、技术资源、金融资源、政策支持等于一体，为学生创新创业提供一站式服务。

1. 教师＋导师，提高双创指导水平

集中教学团队和创业导师团队(教师＋导师)智慧，进行交互式协同指导，实现双创教育、专业技术与双创实践指导服务的有机结合。

双创师资队伍数量足水平高。课程教学团队有专职教师 5 人，校内兼职教师 18 人，企业兼职教师 28 人，专业教师参加双创培训比例达到三分之一。创业导师团队，遴选 101 名知名企业高管、管理专家、创业者组成创业导师队伍，导师团队依据学院《大学生创业导师管理办法》进行管理。

2017 年，创业导师团队先后为在校生举办各类创新创业讲座 12 场次，举办一对一营销诊断 8 场次。

2. 线上＋线下，搭建全程服务网络

既建好创新创业信息网络和新媒体资源，又加强面对面指导和实践体验活动（线上＋线下），突破时空限制，随时随地帮助学生解决创新创业难题，做好全方位指导。

线上：专门建立创新创业网，设置双创咨询、双创教育等 8 个板块，开展双创信息发布和网络教育，搭建网络服务平台，点击量累计达到 300 余万人次。

线下：孵化项目建档立案，学生成绩记入成绩管理系统。依托双创学院和合作企业，对有创业意向和创业潜质的学生提供系统的创业辅导；对已开展创业实践的学生有针对性地提供开业指导、财会税务、风险评估、项目诊断等服务。

3. 学院＋政府，打造一站式服务通道

强化政校供给支撑（学院＋政府），开通双创项目孵化、转化绿色通道，实现双创服务常态化和学生创业便捷化，让学生“想创业、敢创业、创成业”。

三、双创工作三大成效

（一）学生能力提高

毕业生就业质量高：教育部全国高校毕业生就业管理系统显示，学院近三年毕业生初次就业率分别为 95.57%、96.80%、97.71%，均高于全国示范性高职院校就业率。年终就业率始终保持在 98%以上。中车集团、中车机车车辆研究所、一汽丰田、三一重工、新兴际华集团、海尔集团、宇通汽车集团、中电 45 所等名企就业毕业生数逐年增多。

毕业生满意度高：学院近三年毕业生对母校的满意度平均值在 95%以上，对就业创业工作总体满意度连年攀升。

学生获奖水平高：2015—2017 年，学生获得省级二等奖以上奖项 206 项，其中国际奖项 1 银 4 铜，国家级奖项 53 项，国赛一等奖 5 项，二等奖 16 项，在河北同类院校中居首位。

学生创新能力强：2017 年学生主持的《电动汽车充电桩检定装置电能计量表的研制》获得校级应用创新项目立项；13 篇幅论文及作品在核心期刊发表；32 名学生获得专利授权。

学生创业成效高：近三年，204 名学生成功创业。多名创业学生受到政府表彰，再次展现了邢职学子创新创业的风采。

我院学生在第九届“畅享杯”全国职业院校创业技能大赛获一等奖

（二）示范效应明显

2014 年，获评首批“河北省大学生创业孵化示范园”；

2017 年，获评“全国第二批深化创新创业教育改革示范高校”；

2017 年，在优质校项目中期绩效验收中全省综合排名第一；

2017 年，多次在河北省创新创业会议上作典型发言；

2017 年，国内外 28 所院校来校交流学习双创工作；

我院双创师资团队为 10 个省份 30 余所院校（其中本科 20 所）培训双创师资 1 300 余人。

（三）社会影响广泛

媒体宣传：中央电视台、中国教育报、人民网、新浪网、长城网、河北教育网等主要媒体 129 次对学院双创工作进行报道。其中，《中国青年报》连载两期介绍学院双创的典型做法和经验，

2017年10月30日 星期一 收藏本站 中青在线 www.cyol.com
往期回顾 新闻列表 返回目录 〈上一期 下一期〉 中青报系

融合创新：培育创业意识，激发创新精神

——邢台职业技术学院深化创新创业教育改革成果之一

来源：中国青年报 （2017年10月30日 07 版）

2017年8月2日，教育部公布全国第二批深化创新创业教育改革示范高校名单，在此次认定的101所高校中，本科院校77所，高职高专院校24所，作为一所有近40年建校史的邢台职业技术学院名列其中。

2017年10月31日 星期二 收藏本站 中青在线 www.cyol.com
往期回顾 新闻列表 返回目录 〈上一期 下一期〉 中青报系

实践育人：增强创新创业能力

——邢台职业技术学院深化创新创业教育改革成果之二

来源：中国青年报 （2017年10月31日 07 版）

贾乔岚，邢台职业技术学院市场营销专业2013级学生，来自邢台任县邢湾工业区。在接受专业教育时，萌生了用自己的专业知识服务于家乡机械产品销售的想法，2015年在创业导师的指导和帮助下，组建创业团队，入驻学院“星期六”创业一条街，注册成立了河北千晖机械有限公司，如今该公司已转入正轨。

始于2012年的“星期六”创业一条街如今已经升级为大学生创新创业孵化园，它使得众多学生经过实战磨练，成为了时代骄子。

创新创业教育是一项重实践的教育，打造多样化的创新创业实践平台，是提升学生创新创业实践能力的关键。邢台职业技术学院以加强创新创业实践平台建设为依托，通过组织学生参加各类创新创业竞赛、举办创业论坛、企业家进校园等活动，在学生创新创业实践能力的培养方面取得了显著效果，形成了学院创新人才培养模式改革的一大亮点和特色。

《中国青年报》对学院创新创业工作进行报道

新华网、长城网等多家网络媒体进行了转载。

综合成绩：近年来，学院内涵建设实现新飞跃，创新创业再上新台阶，3 大项目全国首批、4 大领域全省第一、3 大领域全省前列，共取得 20 余项国家级、省级标志性成果。

<table>
<tr><th colspan="2">类　别</th><th>项目名称</th><th>影响力</th></tr>
<tr><td rowspan="3">3 大
项目</td><td rowspan="3">国家重点
建设项目</td><td>国家发改委“十三五”产教融合发展工程规划项目</td><td>全国首批</td></tr>
<tr><td>全国“深化创新创业教育改革示范高校”</td><td>全国高职
高专首批</td></tr>
<tr><td>教育部首批现代学徒制试点单位</td><td>全国首批</td></tr>
<tr><td rowspan="10">4 大
领域</td><td rowspan="3">课程建设</td><td>国家精品资源共享课 12 门</td><td>全省第一</td></tr>
<tr><td>国家专业教学资源库（主持 1 个、备建 1 个、参与 5 个）</td><td>全省第一</td></tr>
<tr><td>“十二五”国家规划教材 32 部</td><td>全省第一</td></tr>
<tr><td rowspan="2">全国职业院
校技能大赛</td><td>一等奖 5 项，二等奖 16 项，三等奖 17 项</td><td rowspan="2">全省第一</td></tr>
<tr><td>入围世赛国家集训 2 个项目</td></tr>
<tr><td rowspan="2">创业就业课
程教学大赛</td><td>全国一等奖 1 个</td><td>全省唯一</td></tr>
<tr><td>省特等奖 1 个，一等奖 4 个，二等奖 2 个，三等奖 4 个</td><td>全省第一</td></tr>
<tr><td rowspan="3">应用研究
与服务</td><td>专利 412 项</td><td>全省第一</td></tr>
<tr><td>省市级研发中心 12 个</td><td>全省第一</td></tr>
<tr><td>横向技术服务到款 1 500 多万元</td><td>全省前列</td></tr>
<tr><td rowspan="8">3 大
领域</td><td rowspan="3">国际化办学</td><td>国外高端人才项目引进——德国戴姆勒-奔驰铸星项目</td><td>全省唯一</td></tr>
<tr><td>喀麦隆政府留学项目指定院校</td><td>全省唯一</td></tr>
<tr><td>留学生 30 余人</td><td>全省前列</td></tr>
<tr><td rowspan="3">师资
队伍建设</td><td>教学团队（国家级 1 个、省级 2 个）[总量]</td><td rowspan="3">全省前列</td></tr>
<tr><td>教学名师（省级 2 个）[总量]</td></tr>
<tr><td>入围“万人计划”教学名师 1 人</td></tr>
<tr><td rowspan="2">教科研
成果奖</td><td>国家级 3 项[总量]</td><td rowspan="2">全省前列</td></tr>
<tr><td>省级 15 项[总量]</td></tr>
</table>

学院创新创业成绩

以培养“双创型”技术技能人才为引领 不断提升人才培养质量和服务经济社会发展能力

——南京工业职业技术学院

一、学校概况

南京工业职业技术学院是我国近代著名教育家黄炎培先生于 1918 年创办的中国教育史上第一所以“职业”冠名的职业教育学校，是国家首批示范性高职院校。学校现有仙林、中山、天堂三个校区，占地面积 90.7 万余平方米，开设 49 个专业，全日制在校生达 14 000 余名。学校注重提升人才培养质量，高素质技术技能人才培养成效显著。招生“进口旺”，高考录取分数线连续 13 年超过本科线；就业“出口畅”，毕业生就业率达到 99%以上，协议就业率达到 97%以上，被评为全国毕业生就业典型经验 50 强高校和全国职业院校就业竞争力示范校 30 强，连续 10 年获得“江苏省就业先进集体”。

近年来，学校积极响应国家号召，将创新创业教育提到前所未有的高度，使“双创”不仅成为学校人才培养的“关键词”，而且成为学校教育教学改革的“引领者”，贯穿到校企合作、科技创新、师资建设、国际交流等学校工作的各个方面。2015 年，学校当选中国高校创新创业教育联盟理事会副理事长单位，并牵头成立全国高等职业院校创新创业教育联盟，当选理事长、秘书长单位。2017 年，入选国务院第二批大众创业万众创新示范基地（全国高职唯一）和教育部深化创新创业教育改革示范高校。

二、创新创业工作的特色做法

（一）构建“双创型”技术技能人才培养体系

学校始终牢牢把握“立德树人”根本任务，把创新创业教育贯穿教育教学全过程，以激发学生创新活力、挖掘创新潜能，致力于使创新精神和创业意识成为每一个学生的共同品质。从双创认知、双创训练、双创实践和双创拓展四个环节入手，以“四阶递进”为主体，实现学生“双创基本能力—专业创新能力—创新综合能力—创业实践能力”四项能力的递进提升；以“做学创合一”为理念，引导学生“看中学、学中做、做中创、创中领”；以“师生共创”为机制，构建“教学做赛创”一体新格局；以“专创融合”为核心，将双创元素融入专业课程。以“产教融合”为平台，打造具有产学研合作、双创人才培养功能的“四类型”平台，以培养出兼具双创素养和专业能力的“双创型”技术技能人才。

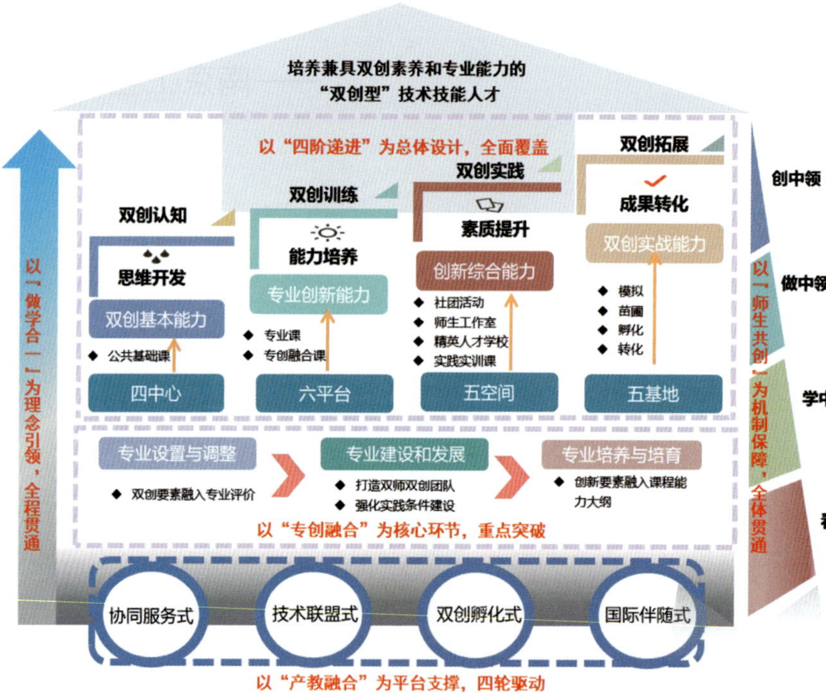

构建四阶递进的课程体系

（二）构建“全面覆盖、精英带动、实践支撑”创新创业教育模式

（1）开展“普惠式”创新创业教育，全面覆盖。学校不断扩大“普惠式”创新创业教育的覆盖面，将双创能力培养融入人才培养全过程，开设创新创业教育 48 学时必修课程和多类型公共选修课程，并新增第“0”学期课程面向新生开展创新基础教育，增加创新个性化课程，面向全体学生培养创新思维与方法。以通识课程培养学生创新意识和思维，以专业课程锻炼学生创

新能力，以专业进阶课程使专业与就业岗位紧密接轨，使学生就业与企业双创型人才需求零距离对接，全面提升学生创新素质和就业创业能力，在此基础上构建了适合高职学生的创新创业素质评价指标体系。

（2）推进精英人才培养战略，精英带动。成立创新创业学院和精英人才学校，组织学生进行双创项目课题研究，鼓励师生参加国内外一流双创大赛、学术会议和交流活动，因教施教，对具一定创新能力、创业想法的学生实施个性化培养，促进他们的个性发展并在全校发挥出示范带动作用。开设“创新精英班、创业先锋班、创优示范班”三个班次，探索具有高职特色的跨界英才培养模式，通过建“卡魅实验室”搭建嵌入双创文化的学习交流空间。建设专业化、个性化、国际化的双创课程体系，定期邀请双创教育专家、双创领域领军人物、知名创业企业家进行授课，引入优质国际双创课程，满足学生对个性化课程的需求。

（3）打造分层分类与支撑发展结合的实践育人体系，实践支撑。一是依托大学生科技创新协会等创新创业类社团，开展系列创新创业实践活动；二是依托“互联网＋”“发明杯”“挑战杯”“赢在南京”等创业类赛事，强化学生创新创业能力，扶持创新创业项目成长；三是依托大学生创新创业项目立项，为大学生创新创业项目团队提供专项支持；四是建立“众创帮扶机制”，学校每年投入学生创新项目、竞赛扶持基金和学生创业基金，支持不少于 150 项学生创新活动和创业实践项目；五是依托创业园、师生创新工作室等校内平台，进行创新创业项目实践训练，助力学生“创客”梦想；六是依托第三方专业服务机构，为创业学生提供创业辅导、人力资源服务、创业一站式集成服务、财务咨询、投融资等专业服务。

（三）打造政校企行协同育人的创新创业平台

（1）打造具有产学研合作、双创人才培养功能的“四类型”平台。“技术联盟”型指与华为等知名企业以“技术”为纽带构建“联盟”，深化现代学徒制培养。“协同服务”型指与地方政府和产业园区合作，发挥学校专业与地域优势，响应企业培训与服务需求。“双创孵化器”型指校

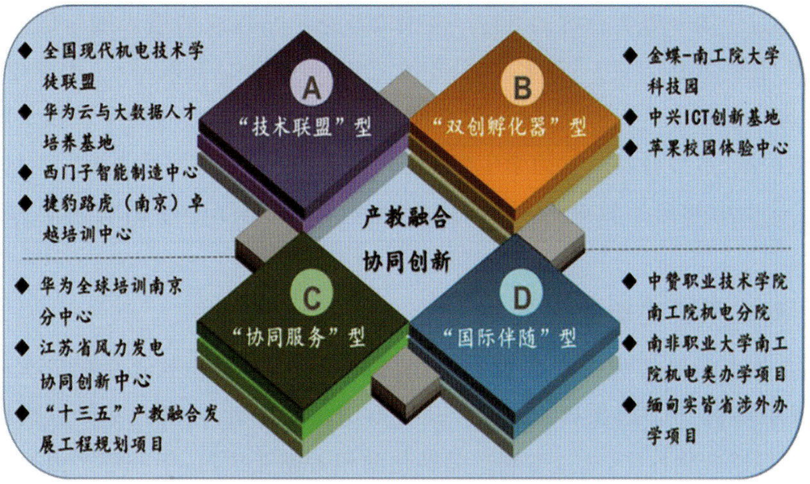

打造产教融合协同创新的育人平台

企共建“孵化平台”，通过学生创新成果转化实现反哺，推进共赢式发展。“国际伴随”型指伴随大型企业走出国门，校企共建境外办学机构，培养当地亟需的创新型人才。学校与26家世界500强企业签订战略合作协议，在就业、科技、创新创业等方面开展深层次的校地企合作，承担企事业委托项目68项。

（2）围绕国家创新创业示范基地建设任务，构建九大平台。学校充分发挥职业教育产教融合、工学结合的优势，构建了创新思维开发双创认知平台、智能制造产教融合创新平台、智能控制工程研创平台、企业信息化创新服务平台、电子商务创新创业服务平台、绿色智慧交通虚拟仿真平台、“艺术工场”文化创意产业平台、“创客梦工场”师生双创实践平台、政校企行协同技术研发转化平台“九大平台”，以推动“双创型”高素质技术技能型人才培养，从而提升学生就业创业能力，提高毕业生就业创业质量。

三、创新创业教育的成效与影响

（一）学生就业创业质量全面提升

近年来，学校毕业生就业率和协议就业率始终保持在99%和97%以上，生均可选就业岗位达4个以上，用人单位对学校毕业生总体满意度始终高于90%，毕业生毕业半年后月收入持续提高，2017届平均已达4 124元，远远高于全国示范高职平均水平，毕业生自主创业率达4.3%，其中，近9成为机会型创业，校友创业企业注册资本1亿元以上5家，5 000万元以上15家，1 000万元以上98家。

（二）学生创新创业竞赛全国领先

近年来，学校学生在国家级创新创业重大赛事中，屡创高职院校最佳成绩和获奖纪录，获得国家级一等奖135项，其中全国职业院校技能大赛一等奖27项，全国高职高专“发明杯”一等奖118项，超过全国一等奖总数的20%（全国高职第一），连续两届入围全国职业学校创新创业大赛决赛，获特等奖2项、一等奖2项；连续三年入围全国“互联网+”大学生创新创业大赛决赛，获专家特别推荐奖1项、全国银奖2项、全国铜奖3项。学校每年被授予国家、省级各类竞赛表彰或国家、省级各类荣誉的学生超过200人次，65%以上的受表彰学生具有创新创业实践成果，在学生中起到了较好的引领辐射作用，从而提升了学生的就业能力和创新创业素养。

（三）创新成果实现转化价值

近年来，学生专利申请和授权数量领跑全国高职院校，学生申请专利759项（授权353项），申报的发明专利168项（授权47项）。其中多功能晾衣架、便携式穿针引线机、捡球器等26项专利产品得以转化推广，通过专利产品转化的相关创业项目，年经济产值逾亿元。每年，师生共同完成的创新创业科研成果百余项，纵横项到账经费超过2 000万。学生创新能力的提升，促进了对高技能创新人才的供给，2016、2017年连续两年，学校被评为全国高职院校社

翟天麟同学荣获全国"互联网十"大学生创新创业大赛专家特别推荐奖

会服务贡献度 50 强，蝉联"江苏省高职院校人才综合竞争力排名第一"。

学生科技作品展

(四) 呈现高水平示范辐射

作为中国高校创新创业教育联盟副理事长单位、全国高等职业院校创新创业教育联盟理事长单位，通过举办国际和国内论坛、创业大赛、学生作品展，建立导师库，发布双创成果，实施双创实训计划，与英国双创教育联盟(NCEE)等合作，有效推动全国高职院校创新创业教育的国际化。

学校创新创业教育呈现"高品质创新校园文化、高水平就创业能力培养、高质量创新创业实践、高标准双创示范引领"的"四高"效应。学校创新创业教育成果多次被作为高校创新创业教育的示范典型案例上呈全国人大，以及教育部、江苏省政府、江苏省教育厅等上级主管部门。受到中央电视台、中国教育电视台、《光明日报》、《中国教育部》、《中国青年报》、《中国高等教育》等媒体报道 90 余次。承接国家发改委、教育部、财政部等关于高校创新创业教育的专题调研 10 余次，接待学习来访 400 多批。

兴趣为本 创新为要 实战为上
全面深化"3334"创新创业教育模式改革

——杭州职业技术学院

杭州职业技术学院是杭州市人民政府主办的全日制高职院校，是国家优秀骨干高职院校。学校占地67.67万平方米，全日制在校生9 727人，教职工712人。学校下设九个二级学院，开设先进制造、纺织服装、电子信息、文化艺术等11个大类共34个专业，其中：中央财政重点建设专业4个，省级优势、特色专业12个；建有中央财政重点建设实训基地2个，国家级专业教学资源库3个(数量省内第一，全国前列)。

早在2007年，学校就与杭州开发区共建高职科技园，成立了由校长任组长的深化创新创业教育改革领导小组，通过整合政行企校多方资源，深化推进创新创业教育与专业教育的有机融合，取得了显著成效。学校创新创业教育成果先后荣获省教学成果一等奖、国家级教学成果二等奖，作为案例写入全国高职人才培养质量年报，并先后两次被评为20个全国高职创新发展优秀案例之一；2015年作为全国高职唯一代表在教育部深化高校创新创业教育改革视频会上作典型发言；2016年获评全国高职创新创业示范校50强，2018年荣膺浙江省示范性创业学院、全国创新创业典型经验高校。

一、践行三大理念，构建"3334"创新创业教育改革模式

(1) 规划成长，兴趣为本。提出"创业带动学业，提升就业能力"的理念，通过创新创业教

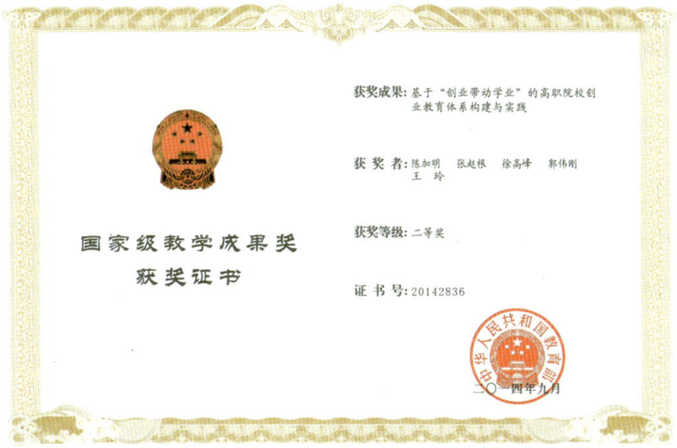

创新创业教育成果荣获国家级教学成果二等奖

育与实践，让学生学会基于自己性格、兴趣、爱好选择自己喜欢的职业或创业项目。

（2）能力提升，创新为要。提出"创新创业能力是高职学生的核心能力"的理念，面向全体学生、全体教师参与，以课程和教法改革为重点，将创新教育的理念、内容、方法等融入人才培养全过程。

（3）创业发展，实战为上。提出"杭职院可能没有马云式人物，但必须要有培育马云式人物的平台"的理念，搭建多层次实践平台，让学生在"真刀真枪"实战中提升创新创业能力。

学校坚持以三大理念为引领，将学生创新创业能力培养融入人才培养全过程，探索构建了"3334"创新创业教育改革模式。

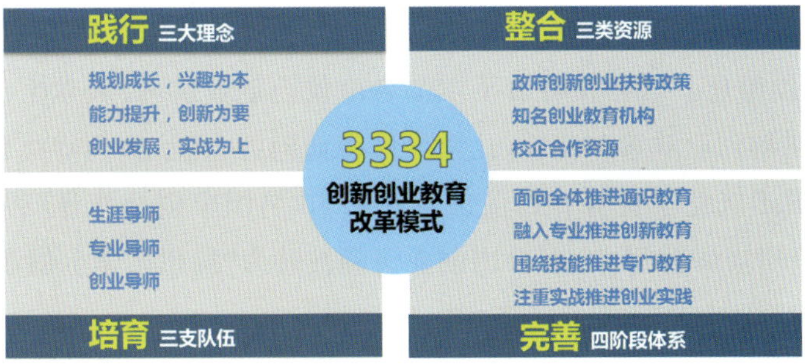

"3334"创新创业教育改革模式

二、整合三类资源，构筑政行企校跨界融合的创新创业生态系统

（1）整合政府政策资源。2007 年学校专门拿出三栋教学楼，与开发区共建高职科技园。但当时因为这三栋楼属教学用地，不能用于学生注册公司。开发区专门下文临时将用地性质变更为综合用地，在全国首开学生在校内真实注册公司创业之先河。教育部副部长林蕙青来校视察时给予充分肯定，认为"这在我国大学生创业教育改革进程中是具有重要意义的！"近年

来创业园已培育2家国家高新技术企业，17家杭州高新技术企业，7家在省股权中心挂牌，荣获国家级大学生科技创业见习基地、省级孵化器、杭州创业最佳平台等10多项殊荣，获得各类资助和补贴近600万元，并帮助50余家大创企业获得各类补助近400万元，为学生创新创业提供了坚实保障。

（2）整合创业教育机构资源。学校与杭州大创办、沃土教育等开展战略合作，共同开发创新创业培训课程和指导创业实战，辅导创业学生申报各类资金和高新技术企业等项目。

（3）整合校企合作资源。学校依托校企共同体办学优势，校企共建了1个省级协同创新中心、26个研发中心和12个名师工作室以及校中厂、厂中校生产性实训基地等科技创新平台，为师研生随、师导生创、师生共创提供了广袤的原野。

三、实施三百工程，培育“三师型”创新创业教育师资队伍

学校制定了创新创业导师培育计划和管理办法，大力实施“三百工程”（百名生涯导师、百名专业导师、百名创业导师）。

（1）生涯导师明方向。聘请西子集团董事长王水福、绿盛集团董事长林东等80余名成功人士担任生涯规划导师。通过谈“双创”，讲述成功故事，激发学生创新创业热情，让学生成为有理想、信念和追求的人。

（2）专业导师促创新。遴选组建了138名由专业骨干教师和企业能工巧匠组成的专业导师队伍，通过谈专业前沿、企业最新技术工艺和设备，参与专业创新课程开发，实施各类大赛项目指导、创新创业项目培育、科研带动等，促使学生找准创新目标、汇聚学习动力，培养学生的创新意识和专业创新能力。

（3）创业导师助孵化。培养和聘请了127名由校内创业讲师、大学生创业典型组成的创业导师团队，通过讲解创业政策和流程，让学生懂得如何办企业，如何解决创新创业中遇到的问题，如何整合资源形成竞争优势。目前已培育了10名国家创业指导（咨询）师、27名SYB培训师、6名模拟公司培训教师，22名校内创业讲师被聘为“杭州大学生创业导师”。

四、完善四阶段体系，促进创新创业教育融入人才培养全过程

学校以“专业创新和创业教育”为重点，建立健全了“四阶段”渐进式创新创业人才培养体系，有效促进了创新创业教育与专业教育的有机融合。

（1）面向全体推进通识教育。重点是面向全体学生开设“创新创业”必修课（2个学分），开发特色创新创业教材，拓展创新创业教育选修课程和在线共享课程。同时以课程思政改革为切入点，编印《创新创业教育融入课堂教学指南》，将创新创业教育理念融入思政课等公共课、专业课程教学，培育全体学生的创新思维和创业精神。

（2）融入专业推进创新教育。以培养学生的专业创新能力为重点，重新修订人才培养方

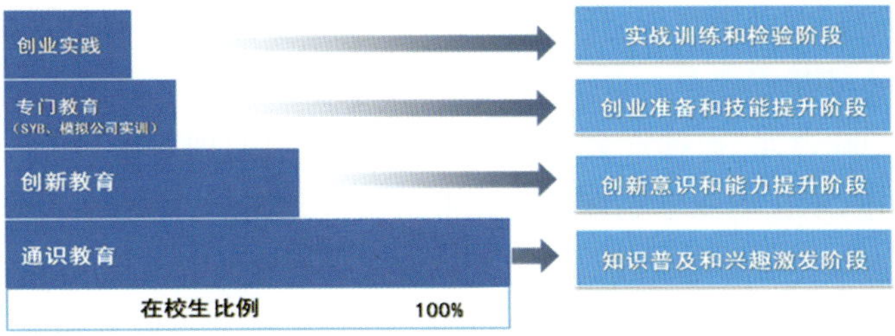

四阶段渐进式创新创业人才培养体系

案，开发专业创新课程，推进课堂教学改革。同时依托市政府投资 3 亿元建在校内的公共实训基地、协同创新中心等研发平台、名师工作室等校内外创新平台，实施学期项目课程、“2+1”创新实验班、班级特色创新项目等，培养学生基于不同专业、不同岗位需求的创新意识和创新能力。

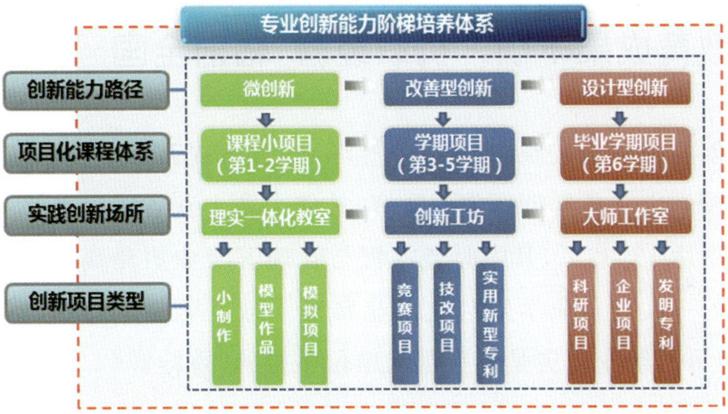

基于“学期项目课程”的专业创新能力培养体系

（3）围绕技能推进专门教育。重点由创业学院实施“2+1”创业人才培养试点，开展基于案例导向的 SYB 培训和模拟公司实训，增强学生的创业技能。目前已开展 SYB 培训 209 期 5 301 人，开办了 2 期创业精英班。

（4）注重实战推进创业实践。对经过了专门培训，具有相对成熟的创业项目，并具备开展创业实践条件的学生，可申请入驻高职科技园进行创业实践，创业学院负责专业导师对接和创业导师个性化指导。目前创业园入驻创业企业累计 167 家，带动了 1 500 余名学生创业就业。

五、颠覆性推进教学改革和制度创新，夯实创新创业教育保障体系

（1）全国首创校企共同体办学模式。学校明确了“立足开发区、服务杭州市”的办学定位，主动适应杭州经济社会发展和产业转型升级要求，动态调整专业设置；确立了“重构课堂、联通岗位、双师共育、校企联动”的教改思路和“首岗适应、多岗迁移、可持续发展”的人才培养规格，深化课程改革和课堂教学创新；倡导“学校融入区域发展、专业融入产业发展、教师融入学校发展、学生融入专业发展”，确立了“校企合作、工学结合、文化育人”的办学理念，明晰了“学生体

面就业，教师幸福生活”的办学指向，在全国首创了“校企共同体”高职教育特色办学模式，从源头上推进创新创业人才培养改革。

（2）每年设立 100 万元“护犊资金”。学生经评审立项的创业项目万一失败，所产生债务可用“护犊资金”偿还，不让创业学生背负债务走出校门。同时，不断加大经费扶持力度，近三年投入创新创业的经费达 600 余万元，还联合开发区发起成立了初期规模 1 亿元的大创天使基金。如今羽翼渐丰的创业学子们拟筹建 500 万元的“水牛基金”（寓意初生牛犊已成长），反哺母校创业教育。

（3）提供个性化教学管理服务。制定《在校生自主创业教学管理原则意见》《创新创业学分认定办法》，通过创新创业成果学分认定、课程免修、指定指导教师和更换学习时间、为一个学生制定一份人才培养方案等制度，为在校创业学生提供个性化培养，有效破解了“创业与学业矛盾”的难题。

六、创新创业教育成果丰硕，“杭职经验”辐射全国

通过开展创新创业教育与实践，带动了学生学业，显著提升了学生创新创业先行力和就业竞争力。近三年学校学生在各类创新创业竞赛、技能大赛上获省级以上奖项 300 余项；学生毕业三年后自主创业率达 13.33%，其中时装零售与管理等专业更是高达 38%，涌现出了徐前、赵武、沈康强、汤涛等一大批高职学生自主创业典型。每年毕业生的初次就业率保持在 98% 以上，有创业实践经历的毕业生更是成了用人单位争抢的“香饽饽”。

学生“挑战杯”获奖项目专利及全套技术被企业当场以 20 万元签约买走

中央电视台、《中国教育报》等 40 余家媒体多次对学校创新创业教育进行专门报道，学校多次应邀在全国会议上介绍创新创业教育经验。目前，已有 800 余所高校、7 000 多人次来校考察交流，学期项目课程改革、区校共建创业园、实施个性化教学管理服务、设立“护犊资金”等创新创业教育“杭职经验”已被全国众多高校借鉴与应用。

确立创业型高职名校建设目标
打造全要素创新创业教育特色品牌

——东营职业学院

东营职业学院坐落于黄蓝两大国家战略融合交汇的黄河三角洲中心城市、胜利油田的基地——东营市，是国家骨干高职院校、山东省优质高等职业院校立项建设单位。学校占地126.7 万平方米，有 9 个二级学院，教职工 855 人，全日制在校生 17 440 人。

学校高度重视创新创业教育工作，明确提出建设“有特色、国际化、创业型”高职名校办学理念，大学生创新创业工作“起步早、起点高、力度大”，2009 年开始进行双创教育体系构建研究与实践，并建立大学生创业孵化基地。2013 年成立山东省高校首家创业学院，2014 年创办山东省高校首家产教融合的区域性创新创业大学。学校荣获“全国创新创业典型经验高校”“全国高职创新创业教育先进单位”“全国高职高专院校创新发明基地”“山东省大学生创业教育示范院校”“省级大学生创业孵化示范基地”“山东省青年创业孵化基地”“山东省创新创业典型经验高校”“山东省‘金种子’计划文化产业试点孵化器立项单位”等荣誉称号。

一、创新工作体制机制，优化“双创”生态环境

构建创新创业指导服务网络。成立创业学院，由分管教学的校领导兼任院长，全校凡涉及创新创业教育的管理职能全部由创业学院统筹。创业学院下设创业基础教研室、创业技能教研室、创业实训教研室、创业服务教研室、创业教育研究所、创业教育资源管理中心和创业基金

管理中心等四室一所两中心。二级学院成立创业指导办公室，学生会设立就业创业部，每个教学班配备就业创业委员，形成全覆盖创新创业教育管理服务网络。

创业学院挂牌仪式

建立创新创业制度体系。制定《创新创业学分置换实施细则》《创新创业大赛经费支持及奖励办法》《创新创业奖学金管理试行办法》《创新创业基金管理办法》《入驻孵化基地创业项目管理办法》《创新创业教育改革实施方案》等包括创新创业教育运行制度、创新创业教学管理制度、大学生创新创业项目管理制度、创业孵化基地管理制度在内的管理制度和规章21项，形成了良好的创新创业工作生态系统。

二、实施“双百”导师工程，建设一流“双创”教学团队

按照“把全校上课最好的教师遴选到创新创业教学团队中来”的教学团队建设目标，推进实施创新创业师资建设“双百”工程，培养校内外专兼职创新创业课程教学和实践导师100人，每人每年指导培育1个创新创业团队，每年培育100个创新创业团队。

加强创新创业教师队伍专业化建设。校内培养专兼职创新创业教师54名，涉及机械制造、金融、财务、法律等30多个专业，70%以上有创业企业关键岗位锻炼经历，80%以上具有硕士学位，90%以上为教学一线骨干教师；依托东营市建设创新型城市人力资源优势，聘请由知名专家、政府政策指导人员、创业成功者、企业家、风险投资人、技能大师等优秀人才组成的校外导师团队46名，在指导学生创新创业实践，提供创业咨询服务，促进学校与企业、科研院所、投资机构的对接与互动，提高学生创业成功率等方面发挥了重要作用。

实施创新创业教师素质提升计划。通过邀请全国著名创业专家到校授课，外派教师到企业挂职锻炼、主办和外派参加创新创业师资培训等多种形式，不断提升教师业务能力。通过申报教改课题、开发课程资源等形式推动学术创新。通过教学比赛、精品资源共享课建设等形式提高教学水平。近三年来，外派20余名创新创业教师到企业挂职锻炼，150余人次参加全国各类创业师资培训，119人次考取创业咨询师、创业培训师等相关职业资格证书。创新创业教

学团队承担国家级、省市级创新创业类科研课题 15 项，出版创新创业类校本教材、专著 12 部，发表学术论文 20 多篇。

2017 年，创新创业教学团队被山东省教育厅评为山东省高校“黄大年式”教师团队。

三、深化专创融合、城校融合的“双创”教育改革，创立“三步课程、三阶课堂、三元评价”教学体系

构建“导引课程＋成长课程＋项目课程”三步课程。学校面向所有学生开设“大学生创业基础”“大学生创业实训”2 门导引课程，4 个学分，64 学时，列入必修课和指定选修课；面向所有专业开设“创业机会识别”“中小企业创业实务”“创业项目运作与管理”等创新创业成长课程，列入公共选修课；把创新创业教育融入各专业人才培养方案，开发创新创业项目课程，所有课程植入创新创业元素，建立起了三个年级、六个学期、全学程创新创业课程体系，实现创新创业教育与专业教育的深度融合与对接。

构建“专业学训＋项目学做＋企业学创”三阶课堂。一是利用学校自主开发的“创业总动员”3D 仿真模拟系统和各专业建设的“众创空间”平台，学训一体，开展创新创业推演式教学，唤醒创新意识、激发创业精神，营造浓郁的“创”文化氛围；二是利用大学生创业孵化基地创业路演室、创业沙龙等项目学做平台，广泛开展“创业项目路演季”“创客大智汇”等项目化教学活动，集合学生创意，形成创新创业项目资源库；三是依托校企共建的东营青年科技创业苗圃、东营西郊青年创业产业园等系列企业学创平台，开展实践性教学、实境化育人，引导学生在创业企业真实环境中投身实践，提升创业实战能力。一、二、三阶课堂贯通，采用头脑风暴、角色扮演、项目模拟等参与式教学法，深受学生欢迎，产生了创新创业课特有的下课前学生要求“再上十分钟”现象。

生动活泼的创新创业教学课堂

创立“课堂绩效＋素质拓展＋实践成果”三元评价。学校开发学分银行账户系统，为每名学生设置创新创业学分银行账户，将创新创业学分列入《东营职业学院学分置换实施细则》，建

立创新创业学分积累与转换制度，利用交互式工具从课堂参与度等生成即时性课堂绩效评价；从学生参与社团等第二课堂的活力值等方面对创新素质拓展进行动态评价；把学生专利获取、自主创业等实践成果折算为创新创业成果学分，形成了泛在式、多点位的全要素激励导向机制。

2018 年，“双向融合、三维互动的高职院校创新创业教育系统构建与实践”获山东省职业教育教学成果特等奖，并被推荐参评国家级教学成果奖。

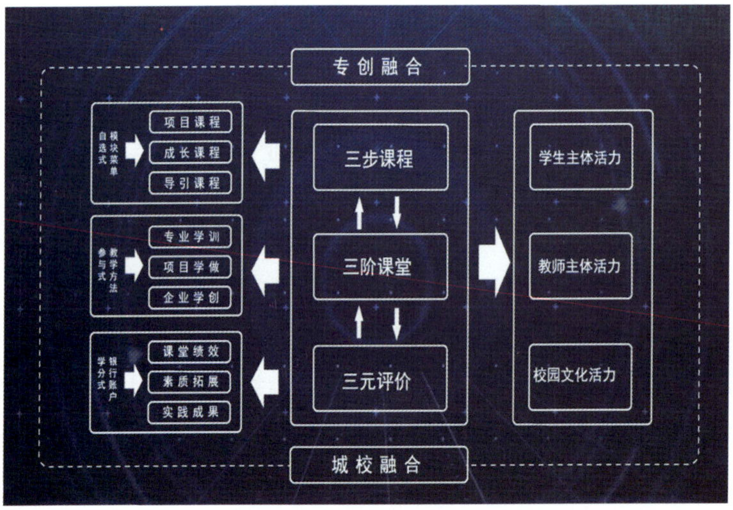

创新创业教育系统模式导图

四、加强基地建设，打造“双创”高端实践平台

建设校内校外创新创业实践基地。学校投入 7 000 余万元，建设了 3 400 平方米的大学生创业孵化基地和 12 000 平方米的大学生创业服务中心。融、投资 2 000 余万元建设数字化 3D 模拟创业实训室、工业机器人与数字化制造创业工作站、虚拟演播室等创新创业技术平台 20 多个，建设创新创业数字化一站式服务大厅、免费代理记账工作室等功能服务室 15 个。校企合作共建校外创新创业实践基地 12 处，实现校园孵化与社会创业园区孵化的对接，拉长了创新创业实践支持链条。2014 年，东营市人民政府依托学校创新创业资源基础，采取政府主导、校企合作、市场化运作模式，创建东营创新创业大学，成为山东省首家挂靠高校成立的集创业教育、创业培训、创业实训、创业服务等多种功能于一体的地方性非学历创业大学，为学校创新创业工作汇聚更优质资源，搭建了更高平台。

培育创新创业项目。借助学校创新创业实践平台，设计开发创新创业公共实训模块 6 个、创新创业个性化实训模块 50 余个，建设了完善的创新创业实践培育体系，所有学生毕业前接受不少于 100 学时的集中创业实战训练。学校累计培育学生创新创业团队 500 余个，培养创新创业积极分子 5 650 人，目前在孵创业项目 88 个，创意项目 100 余个。2014 届毕业生李肖

大学生创业孵化器

肖研发自助洗车机，获得国家专利 4 项，并注册森澜机电设备有限公司，成立了研发、生产、销售、售后服务团队，产品销往江苏、陕西、新疆等 10 多个省区，吸纳毕业生 100 余人就业，年营业额超过千万元。自助洗车机项目作为典型案例入选《2016 中国高等职业教育质量年度报告》，李肖肖被评为“东营市十大杰出青年”和“山东大学生十大创业之星”。

孙伟副省长为山东省十大创业之星李肖肖颁奖

创新创业教育的全面和深度开展，促进了毕业生就业率、就业质量的提高和就业结构的优化，毕业生就业率连续多年在 98%以上。有 8 名毕业生被中国工程物理研究院录用，实现高端就业。自主创业及参与创业毕业生人数逐年增加，2015 至 2018 届毕业生近三年创办注册企业 176 家，2017 年参与创业率 7.11%。培育的创新创业典型连续四届被评为“山东大学生十大创业之星”“山东大学生优秀创业者”，是山东省高职院校唯一获此殊荣者。全国 23 个省区 417 家院校到校参观考察，学校应邀到国家教育行政学院等高校交流、讲学 30 余次；中央电视台、中国教育电视台、《中国青年报》、高职高专网等主流媒体进行了宣传报道，在全国高职创新创业教育领域产生了重要影响。

践行“一体多元分层次”培养模式
构建“1＋2＋N”实践平台
打造创新创业型高端技术技能人才高地

——河南职业技术学院

一、学校概况

（一）发展历程

河南职业技术学院创建于 1954 年 12 月，1999 年 3 月经国家教育部批准改制为新型高等职业院校，2006 年确立为国家示范性高等职业院校，2009 年入选首批“全国毕业生就业工作典型经验高校”、2017 年入选“国家级优质高等职业院校建设项目”。

（二）基本情况

学院位于郑州市，占地面积 82.67 万平方米，目前各类在校生共有 1.9 万余人，在职职工 738 人，有教授、副教授 200 余人，享受国务院津贴 4 人，省级教学名师 6 人，省级学术技术带头人 14 人，技师、高级技师 150 余人，兼职教师（行业企业能工巧匠和技术能手）200 多名。学院实行院、系两级管理，现设有机电工程学院等 9 个二级学院和思想政治等 3 个教学部，开设有 45 个专业和专业方向，联合知名企业建立 200 多家校外实习基地。

（三）创新创业工作开展情况

多年来，学院始终把提高人才培养质量作为创新创业教育改革的出发点和落脚点，围绕内涵建设为中心，强化专业建设与产教融合，践行“一体多元分层次”模式，探索高职院校创新创业型高技能人才培养新路径；构建“1＋2＋N”实践平台，打造全省高端技术技能人才培养高地，取得了明显成效。

二、学院创新创业工作典型特色

（一）打造专业技术创新团队，促进学生专业技术能力和创新能力的提升

（1）制定并出台《河南职业技术学院专业技术创新团队管理办法》，成立专业技术创新团队领导小组，院长任组长，各二级学院成立专业技术创新团队指导委员会，实行分层分级管理，责任到人。

（2）活动经费充足。学院按下列标准拨付专项活动经费：文管类专业技术创新团队每年1.5万元，理工类每年2万元，对有较大创新成果和技术创造发明的团队，追加经费。

（3）完善督导、考核和奖惩机制。学院每年将对各系（院）专业技术创新团队活动开展情况进行评估和不定期抽查，评出优秀专业技术创新团队予以公布并表彰奖励，对违规者给予处罚。

（二）践行“一体多元分层次”培养模式，探索高职院校创新创业型高技能人才培养新路径

1．“一体”：基于创新创业教育改革的人才培养方案

学院高度重视创新创业教育，于2016年实施创新发展行动计划，将“创新创业教育引领工程”作为“十三五”三项工程之一，出台一系列政策措施深入推进。2017年，全面修订人才培养方案，确保创新创业教育落到实处。

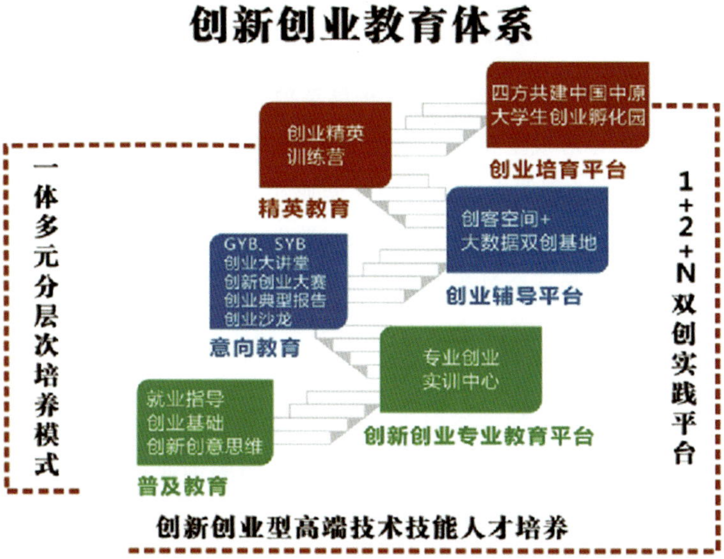

河南职业技术学院创新创业教育体系

2. “多元”：实现课程建设、教学管理、师资队伍建设、创新创业课题研究等多元发展

（1）强化创业课程建设。学院面向所有学生开设“创业基础”“就业指导”公共必修课，确保学时、学分到位。

（2）优化教学管理机制。学院出台了《河南职业技术学院弹性学制管理办法》等一系列文件、允许保留学籍休学 2 年创业的相关学籍管理办法，并建立了创新创业学分转换制度和创业单项奖学金以及创业评优机制，鼓励教师的科研和专利用于大学生创业。

（3）加强师资队伍建设，打造“双师型”创新创业教学团队

打造名师主导、专兼职结合的高水平师资队伍；请进来、走出去，实施教师团队综合提升计划；完善创新创业工作考核制度，将创新创业工作业绩作为专业技术职务评聘依据和绩效考核内容；加强创新创业理论研究，鼓励师生参与创新创业课题立项，创新创业教育科研工作硕果累累。

学院举办第五届大学生创新创业大赛

3. “分层次”：形成“普及教育＋意向教育＋精英教育”分层次教育模式

（1）创新创业意识教育形成全覆盖。学院不断完善创新创业意识普及教育体系，构建了“公共必修课＋专业选修课＋创业大讲堂＋创新创业实践”模式，学生创新创业意识教育贯穿大学生活全过程，实现第一课堂、第二课堂全覆盖，学生创新创业精神普遍提高。

（2）创业意向教育培训保证全过程。为学院充分发挥作为“全省创业培训定点机构”的优势，每年开展两期 SYB 和 GYB 培训，提高学生的创新创业能力。目前已有超过 6 300 人次系统接受了 GYB、SYB 培训。

（3）精英教育更精准。对参加创新创业大赛和创业扶持项目选拔中涌现出的创新创业积极分子，已连续两年成功举办为期 10 天的全天候、全封闭的创业精英训练营活动，形成了“普及教育＋意向教育＋精英教育”分层次的教育模式。

学院举办大学生创业精英训练营活动

(三) 构建"1+2+N"实践平台，推动学生创新创业实践活动常态化

"1"为中国中原大学生创业孵化园，"2"为学院创客空间和大数据双创基地，"N"为各专业创新创业实训中心。主要做法有：

1. 积极整合优势资源，搭建"1+2+N"双创实践平台

(1) "校政企"共建中国中原大学生创业孵化园。学院与省人力资源和社会保障厅、郑州市郑东新区管委会、清华启迪控股股份有限公司"校、政、企"共同建设了中国中原大学生创业孵化园，按照"一中心多基地"的总体思路，打造辐射全省的创业培训孵化示范基地。

(2) 自筹自建学院大学生创客空间和大数据双创基地。学院出资400万元建设了3 400平方米的创客空间和创业培训中心，可提供160个创业实训工位，截至目前已有90个项目入驻接受孵化；正在建设4 500平方米的创客公寓，将为学生创新创业提供完善的配套支持。与微软(中国)共建大数据双创基地。

学院创客空间每年孵化创业项目50个以上

(3) 建设校内各专业创新创业实训基地。充分利用学院各专业校内实训资源，为学生创

新创业提供支持。1 200 平方米电子商务创业实训中心及 20 000 平方米的各专业创业实训中心全天候向在校大学生开放。

2. 建立完善协同合作机制，开展创新创业实践活动

（1）建立完善协同合作机制。学院建立与政府、社会、企业等多方协同的合作机制，激发社会各界广泛参与的热情，多渠道、多形式培养大学生创新创业精神和创造能力。

（2）开展创新创业实践活动。学院建立了就业创业信息网和就业创业微信公众号，充分利用网络资源宣传创业政策，每年都举办创业政策宣讲会、创业项目巡回展、创业典型经验报告会、创业沙龙，举行了四届大学生创新创业大赛、两届大学生科技创新创意大赛活动以及两期创业精英班，参与学生达 17 440 人，先后举办 31 场创业大讲堂活动，并成功举办 2017 创新创业教育论坛暨“创业大讲堂”年度峰会。

学院举办创新创业教育论坛暨“创业大讲堂”年度峰会

（3）积极参加各级创新创业大赛。学院积极组织学生参加“互联网＋”等国家级和省级大学生创新创业大赛，成绩显著。2017 年第十届“畅享杯”全国职业院校创业技能大赛，学院获团体一等奖；2017 年第三届全国“互联网＋”大学生创新创业大赛河南省总决赛，学院荣获“优秀组织奖”，选送项目获一等奖 1 项、二等奖 1 项和三等奖 2 项。

（四）特色实效

近年来，随着一体多元化分层次人才培养模式和“1＋2＋N”双创实践平台建设的深入实施，学院创新创业人才培养机制更加优化，创新创业指导服务水平进一步提高，毕业生综合素质明显提升，特别是创新创业意识和能力明显增强，就业创业人数和质量进一步提升，效果显著。2013 年承办了全国首届创业指导课程教学大赛总决赛，先后获“河南省毕业生就业创业工作先进单位”“河南省创业指导课程建设优秀高校”“河南省大学生创新创业教育实践示范基地”等荣誉称号。

同时，大力开展创新创业特色教育以来，学院涌现了大量创业就业典型。2017 年，学院累计开展创新创业典型报告活动 20 余场，对促进学院创新创业和就业工作的开展起到了很好的促进作用。

对接现代农业产业链
打造民族地区高职院校创新创业特色品牌

——广西职业技术学院

一、学院概况

广西地处祖国南疆，集边境地区、革命老区、少数民族地区等多重特征于一体，社会经济发展落后。广西职业技术学院作为祖国边陲培养高技能人才的高等学府，多年来紧贴区域产业发展需求，培养了一大批扎根基层、开拓创新、创业奉献的人才。

广西职业技术学院始建于 1965 年，先后历经广西劳动大学、广西农学院热带作物分院（本科）、广西农垦职工大学、广西农工商职业大学、广西职业技术学院五个阶段，具有悠久的农业办学历史。学院占地面积 77.73 万平方米，现有全日制在校生 1.42 万人。目前学院下设农业与环境工程学院、食品与生物技术学院、机电与信息工程学院、艺术传媒与建筑工程学院、管理学院、经贸学院、思想政治理论课教学与研究部 7 个教学机构，开设有紧贴区域经济社会发展的 53 个招生专业，是一所以农为特色，一、二、三产类专业协调发展的综合性高职院校。

近年来，学院主动对接广西特色农业产业发展的需要，通过改造提升传统农类专业、新增涉农专业和涉农专业方向，以课程融入、教学项目融入等方式将非农专业转型为涉农专业，形成涵盖种植、加工、流通、营销等诸环节的涉农专业链，以涉农专业链服务农业产业链延伸及升级发展。围绕农业产业链，学院坚持走产学研合作发展道路，构建独具特色的创新创业教育模

学院大门

式，以科技研发和社会服务将创新创业教育贯穿于人才培养的全过程，培养具有创新精神和创业能力的高素质技能人才，广大毕业生以过硬的技术、良好的素质、较强的创新能力深受社会各界的赞誉。

二、创新创业工作典型特色

（一）创新机制、规范运行：构建创新创业人才培养保障体系

一是创新集团化办学体制机制，形成创新创业人才多元主体协同培养的局面。学院按照涉农专业链对接涉农产业链的思路，依托学院理事会以及由学院牵头成立的广西茶业职业教育集团、广西物流职业教育集团、中国-东盟边境职业教育联盟、中国边境职业教育联盟组成的“一会二集团二联盟”的多元办学合作平台，以“项目＋人才＋技术”为利益纽带构建“行企校研”合作动力机制，从而有效整合校企研优质资源，深化产教融合，为创新创业教育的开展提供资源保障。

二是完善工作机构与制度建设，形成创新创业人才培养的制度环境。学院成立了由学院院长任组长、分管院领导任副组长、相关职能部门及各二级学院负责人为主要成员，以创新创业教育顶层设计及重大事宜决策为主要职责的大学生创新创业工作领导小组。同时成立了配备专职人员和独立办公场所的大学生就业创业指导中心和创新创业教研室，专门负责全院创新创业指导日常服务工作。在机构完善的基础上，学院先后出台了《广西职业技术学院大学生创业园管理办法（试行）》《广西职业技术学院大学生创业资金管理办法》《广西职业技术学院大学生创新创业学分管理办法》《广西职业技术学院大学生创客空间使用管理办法》等一系列相关管理制度，为开展大学生创新创业教育提供了制度保障。

三是健全配套软硬件资源建设，提供精准的定制化创新创业指导。学院建设了大学生创客空间和大学生创业园，用于学生创新创业教育的建筑面积已达1.18万平方米。近三年，学院累计投入资金1 000多万元，每年用于大学生创业专项扶持资金50万元。目前学院共有校

内创业教师 54 名，形成由校外知名企业家、创业成功人士、创业成功校友和政府部门相关专业人士组成的大学生兼职创业导师团，人数已达 18 人，逐步成为一支校内外结合、理论与实务结合、创新与创业结合的创新创业导师队伍。在场地、资金和师资保障的条件下，深入开展创业沙龙、创业讲座、互联网＋创新创业大赛等多种活动；与北京启明星工程企业积极合作，引进各类企业项目 100 多项，探索形成“1 个项目＋1 名企业导师＋1 名指导老师”的精准定制化创业孵化模式。

（二）学生为本、多样成才：构建“四层递进式”创新创业人才成长阶梯

学院因循“学生为本、多样成才”的基本价值定位，提出“分层培养、专业定位”的创新创业能力培养模式改革策略。分层培养是指根据学生对创新创业教育程度的个性化需求，构建泛在启蒙性教学→专业通识类教学→项目模拟化教学→实战孵化教学的创新创业层次递进路径，满足学生对创新创业从认知到实践、从模拟到实战的多层次、个性化需求。专业定位是指创新创业教育立足各专业人才培养目标定位，制定具有专业特色的创新创业人才培养方案，促进专业教育与创新创业教育有机融合，使创新创业教育更具“专业化”特征。在四层递进阶梯中，层次越高，创新创业教育的专业化属性越显著。

分层培养与专业定位的总体思路下，泛在启蒙性教学阶段通过在全院所有专业开设“大学生创业基础”“职业规划与创业就业指导”等基础必修课程，达到培养学生创新思维、创业意识与创业精神的目标；专业通识类教学阶段根据专业特点确定开设课程，如在管理经贸类专业群开设“创业你的企业”“企业管理沙盘实训”等经营管理课程，在工程技术类专业开设“创新思维与机械创新设计”等思维训练课程，体现创新创业人才培养的方向性；项目模拟化教学阶段依托国家现代学徒制 3 个试点专业和 11 个院级创新实验班，引入行业企业真实生产、管理项目，实现创新创业模拟训练；实战孵化教学阶段以大学生创客空间与创业园为载体，通过项目论证、专业指导、资金扶持、场地提供使学生的创业策划实现实体运营。这一成长阶梯的构建，使我院创新创业教育形成创新创业一般规律与专业定向的特殊性要求相结合、基础受众广泛与重点项目推进相结合的合理化格局。

四层递进式创新创业人才培训体系

(三)平台载体、项目驱动:创新创业教育助力现代农业产业链转型升级发展

学院对接涉农产业链的种植、加工、流通等环节,以“8+1+1”涉农特色专业创新创业教育实践平台为载体,以科技研发和社会服务项目为驱动,在开展创新创业教育的同时,充分释放人才培养的产业服务功能,推进现代农业产业链转型升级发展。

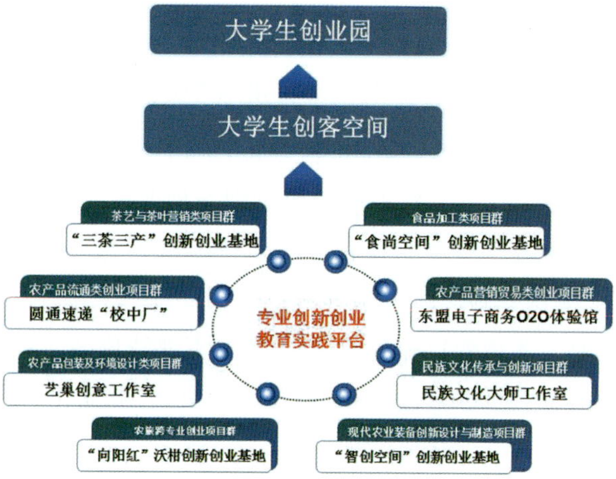

“8+1+1”递进式创新创业实践平台

“三茶三产”茶叶类专业创业项目群依托“研发中心+茶园+茶厂+茶馆”的多平台,引导学生广泛参与“红金龙、黄金龙、盘龙王”等知名茶叶品牌的工艺流程优化、大益茶业集团爱心茶室自主经营、六堡茶非遗技艺传承与品牌直销、技术推广与茶艺培训等茶树种植、茶叶加工、茶文化服务项目。“食尚空间”农产品加工类创业项目群依托“艺点香 DIY 蛋糕烘焙馆”和“食尚空间”创新创业实训基地,探索形成了以“创业项目为导向”的创业实践教学改革,推广和实践了“前店后厂”的食品与生物技术学院双创教育模式。农产品包装及环境设计类创业项目群依托艺巢创意工作室,集成多专业优势,积极引导学生参与为农业农村提供“品牌策划—包装设计—商业空间设计—生态旅游规划”的打包式服务。民族文化传承与创新项目群依托民族文化传承与创新专业教育基地和民族技艺大师工作室,将壮、苗、侗民族文化元素挖掘与地理标志产品开发相结合,组建学生陶艺工作室、织锦工作室、雕刻工作室,通过大师引领,以真实项目引入“互联网+”创业课程植入,培养文创类创新创业人才。农产品营销贸易类创业项目群依托校企共建的东盟电子商务 O2O 体验馆,开设创新创业实验班,结合举办方广西农垦的糖业、茶叶和柑橘等优势产业为学生创新创业实践开设线下企业农特产品展示销售区,线上东盟电子商务 O2O 微信商城和淘宝“大明山茶叶天猫旗舰店”。农产品流通类创业项目群依托圆通速递、冷链物流实训中心等平台,指导学生参与柑橘等农产品冷链技术研发工作与黑五类农产品运输业务流程改造,引导学生创业团队组建注册成立物流服务公司,为南宁空港经济区、明阳工业区承担农产品物流配送。“智创空间”现代农业装备创新设计与制造项目群依托大连机床集团共建的现代制造实训中心等平台,教师带领大学生创新团队紧紧围绕广西农业现代化装备以及农产品加工业发展的需求,先后开展了 58 个科技创新项目,吸引 25 个创新团

队入驻，创新创业参与人数达到 1 280 人。“向阳红”沃柑农旅跨专业创业项目群依托广西农垦国有明阳农场，学生参与“沃柑高效技术研究与产业开发”“沃柑网棚栽培技术研究与示范”“向阳红”沃柑品牌和电商销售平台运营等项目，参与建设的技术示范与农旅结合示范点荣获国家 AAA 级旅游景区、广西四星级现代特色农业（核心）示范区和广西休闲农业与乡村旅游示范点等荣誉。

创业项目——大益爱心茶室

“食尚空间”创新创业基地

三、创新创业工作成效及示范效应

通过“平台载体、项目驱动”，一方面，学生创新创业能力得到明显提升。近三年，学生参加区级以上创新创业大赛 120 多项，获全国一等奖 15 项、二等奖 20 项、三等奖 34 项。另一方面，带动现代农业产业发展成效显著。技术下乡与培训项目的开展为产业扶贫开辟了道路，茶叶翻堆机等一批应用技术研发极大地提升了农业生产效率。国家教育部原副部长鲁昕等领导对学院的创新创业教育给予高度评价和充分肯定。广西职业技术学院创新创业的成效在高校中较好地发挥了示范作用，打响了涉农创新创业教育的高职特色品牌。

实施“三段四进”教育体系
推进创新创业人才培养
构建创新创业型高职院校

——贵州轻工职业技术学院

贵州轻工职业技术学院的前身是贵州省第一、第二轻工业学校，2004 年 2 月，经贵州省政府批准，两校合并组建为贵州轻工职业技术学院，隶属贵州省教育厅。贵州轻工职业技术学院是一所以举办高职教育为主体，同时举办职前职后培训，集工程技术、信息技术、工艺美术、经济管理、旅游服务等为一体的全日制综合性公办高等职业技术院校。学院地处花溪大学城，占地面积 66.67 万平方米，校园绿化覆盖率达 43%；现有建筑面积近 32 万余平方米，教学科研仪器设备总值为 7 987.6 万元，固定资产总值 11.68 亿元。现设有经济管理系等七系三部，有 41 个高职招生专业和中职精准脱贫班，高职在校生 11 850 人，专兼职教师 750 人。

近年来，学院先后获评教育部全国重点建设职业教育师资培养培训基地、全国第四届黄炎培优秀学校、全国毕业生就业典型经验高校、全国国防教育特色学校，贵州省首批 3 所优质学校立项建设单位、省级示范性高职院校、贵州省安全文明校园。

学院按照“深耕轻工、融入贵安、服务贵州、开放发展”的办学定位，坚持“轻工特色与产业服务并举，职业素养与技术技能并重，开放办学与内涵发展并进”的办学理念，按照“厚植创新创业土壤，成就学子人生梦想”的思路，全面推进创新创业工作，形成了“一个体系、三段四进、四轮驱动、多个平台”的创新创业教育人才培养模式。

学院前身——贵州省第一轻工业学校正大门

新校区校园景色

一、构建以全面提升学生能力为目标的工作体系，为创新创业工作提供动力保障

（1）战略发展优先布局。2014 年，学院党委行政提出“以校企一体化育人和创新创业为双引擎”的发展战略，“十三·五”规划又把树立创新创业教育品牌作为发展目标。成立由院长任组长的创新创业工作领导小组，构建创新创业工作新机制，定期研究部署创新创业工作。将创新创业工作作为学院人才培养改革的突破口来抓。

（2）工作体系整体推进。创新创业工作以“五个一”进行整体工作布局，即一个学院（创新创业学院）、一个园区（校企合作产业园）、一个基地（全省高职院校大学生微型企业创业孵化基地）、一个中心（创新创业实训中心）、一个众创空间（大学生创业孵化基地），分别承担学生创新创业从通识教育、项目模块教育、创新创新训练、项目孵化、创业企业落地相应的工作任务。

(3) 机构、场地、人员、经费到位。学院设立了创新创业指导服务工作机构。配备有专职人员 6 人，兼职 5 人，负责创业管理及指导服务工作；有独立的创新创业办公场所以及 4 000 余平方米的创新创业训练场地；近三年共有 400 余万元用作创新教育、创业指导服务工作专项经费，并纳入年度预算，能够满足创新创业教育和指导服务工作需要。

二、形成“三段四进”的教育培养模式，为创新创业人才培养提供系统支持

学院结合自身实际，形成了“三段四进”创新创业教育体系，将创新创业教育融入专业建设和人才培养全过程，形成梯度培养，创建普适性培养机制和择优选拔培养机制，全方位、多层次培养学生创新创业能力。其中：意识培养阶段进行创新创业基础教育，参与率达到 100%；能力训练阶段部分学生进入创新创业项目模块课程和高峰体验课程学习，参与率达到 20%；研究提高阶段拔尖学生团队进入孵化平台实践，采取导师制开展真实工作项目，促进学生研究设计能力、问题解决能力和自我反思能力的提升。2018 年，该成果经贵州省教学成果评审委员会评定，获贵州省教学成果奖一等奖。

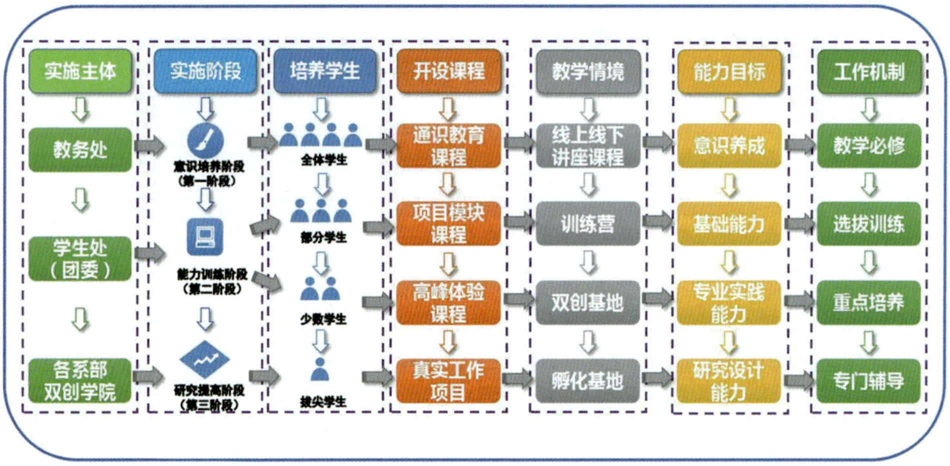

“三段四进”创新创业课程体系能力培养框架

(1) 实施培养学生创新创业意识与能力的课程建设。按照“创新创业基础课程＋专业核心课程＋创新创业拓展课程”的思路，建设选修必修、理论实践、课内课外、线上线下、校内校外相结合，与专业培养相融合的多层次、立体化的创新创业教育课程模块，课程建设突出专业特色，与专业课程体系有机融合。创新创业课程列入必修课，且占 4 学分。学院与用友集团新道科技有限公司和高等教育出版社合作，开通网络课程和校内选修课，将创新创业类课程作为重点，开启学生自主学习模式。

(2) 推进以学分转换为主的教学管理创新。学院制定有《贵州轻工职业技术学院大学生创新创业教育学分管理办法》，对创新创业学分的取得及学分转换作出了明确的规定，同时在

学籍管理制度中建有弹性学制、允许学生保留学籍休学创新创业的相关管理办法；设立有创新创业专项奖学金、学生创业项目入驻大学城双创园给予优惠等激励机制。在奖学金的评选中，将学生开展创新实验、发表论文、获得专利和自主创业纳入评奖内容。

(3) 打造专兼结合的高水平创新创业师资团队。首先是校内专兼职导师培养。选派教师参加全面的专业—职业—创新创业教育培训，以全面提升创新创业教育教师的专业内涵。鼓励和支持教师进行亲身创业实践，教师可依规在园区内申请创办科技企业、教师工作室，体验创业实践全过程。其次是校外兼职导师引进。通过聘请政府机关创业工作负责人、创业成功人士、知名企业家、金融投资专家和优秀创业毕业生组成学生创业导师团。再次是建设创新创业导师资源库，逐步建立了一支专兼结合，专业知识、实践经验、学历层次等方面结构合理的创新创业工作导师队伍。

三、“政校行企”四轮驱动，形成多个孵化平台和服务平台的聚集，为创新创业项目实施提供平台支撑

学院通过“政校联手、行企联动、校企联姻”，在积极打造自己的创新创业孵化基地和实践工作平台的基础上，“政校行企”四轮驱动，与贵安新区花溪大学城管委会共建大学城双创园，构筑学生创新创业的平台。让“手上有技能，心中有梦想”的学生有了创业的可能，并让创业可能变为了现实。

学校校企合作产业园(大学城双创园)

(1) 构建和实施创业孵化模块。即开展创新创业竞赛＋训练＋实践孵化的“三位一体”孵化工作。通过创新创业竞赛遴选种子选手和优秀项目，通过创新创业训练计划遴选优秀创业计划书，通过实践平台进行创业企业孵化。

(2) 构建创新创业实践工作平台。围绕创意产生、项目提出、团队组建、仿真实训、真实运营等创业步骤，搭建贵安新区创客联盟总部基地、创新创业训练中心、贵州省大学生微型企业孵化基地和大学城双创园四大实践平台。

（3）搭建大学生创新创业教育服务体系。学院主动与贵安新区大学城管委会共建贵州省第一家校地合作共建国家级双创示范园区和贵州贵安创客联盟总部基地、大学城创新创业一站式服务中心、创客银行等，加上我院在 2014 年建立的省工商局、微企办、团省委和教育厅授牌的贵州省首家大学生小微企业孵化基地；2016 年 5 月与用友新道共建创新创业学院，系统搭建大学生创新创业教育服务体系，形成了多个创新创业平台的集聚效应。

四、成效与经验

近三年来，通过努力，我院创新创业成果喜人。获国家高职院校技能大赛一等奖两项、二等奖 11 项、三等奖 15 项，获得省级职业院校技能大赛一等奖 35 项。在全省“创青春”比赛中荣获三等奖 1 项、三等奖 1 项、优秀奖 1 项；“挑战杯”省赛三等奖 2 项，“职挑赛”国赛二等奖 2 项、三等奖 2 项，“职挑赛”省赛一等奖 2 项、二等奖 3 项、三等奖 3 项；“微软创新杯”贵州赛区二等奖 1 项。三年来，院内大学生创新创业课题每年立项不少于 10 项。形成了以下经验：

（1）多方共建、共享、共赢。学院学生创新创业基地由学院、政府、行业、企业共同参与，所有参与者都是促成基地运转和发展的关键因素。学院作为基地主要建设者和管理者，为基地的运行提供必要的资源支持。企业作为一定社会资源的持有者，一方面参与基地各类项目的运行，另一方面从基地获得利润和发展。学生在真实的工作环境中实习实践，在提高实践能力的同时也为企业提供了优质教育资源。

（2）产学研用深度结合。学院学生创新创业基地通过整合资源优势服务贵安新区，为各类企业合作生产、研发提供支持，真实的工作环境又给学生带来良好的实习实践平台，以具有可营利性的项目为纽带，促进校企深度合作，产学深度结合。以学生创新创业基地为核心，利用学院的专业优势和人力资源优势，引进优秀企业。目前在校生的大学生创业园项目申报达到 200 多个。学院多位老师的创新创业论文课题得以发表或获得立项。建立大学生创意中心、烘焙创新俱乐部等创新创业实践基地 5 个和大学生创业孵化基地 1 个。

马来西亚教育部副部长张盛闻赴学院双创园参观考察

（3）创新创业典型引领。学院依托大学生双创园和创新创业学院，积极拓展和整合创新创业教育上下游和内外部资源，着力构建融创新创业教育、研究、实践和社会服务为一体的创新创业生态。学院开展创业创新计划训练、创业创新大讲堂、创新创业竞赛、创业训练营、创业孵化实践等项目。遴选成熟创业项目的学生团队，在众创空间、创新创业实训中心和贵州省大学生微型企业孵化基地中进行创业孵化。近三年毕业生中，创业人数达500多人，涌现了杨雨鑫、王鹏、杨轩等创新创业优秀典型。一批想创业、敢创业、能创业、会创业的优秀学生积极活跃在校园和社会创业第一线，他们中有的刚刚开始走向创业，掘到了第一桶金；有的已成为商业战线和其他行业的新锐人物。目前，“人人关心创业、人人支持创业、人人实践创业”的良好氛围正在学院形成。

后　记

为深入学习贯彻习近平新时代中国特色社会主义思想和党的十九大精神，切实落实中央和教育部党组关于深化创新创业教育改革、有效做好大学生创新创业工作有关部署和要求，持续发挥创新创业典型高校的示范引领作用，根据《教育部办公厅关于开展全国高校创新创业总结宣传工作的通知》(教学厅函[2016]3号)和《关于开展2018年度全国高校创新创业总结宣传工作的通知》(教毕指[2018]7号)要求，2018年1月，教育部正式启动了2018年度全国高校创新创业总结宣传工作，经学校总结、推荐申报、专家初选、社会调查和实地调研等环节，截至2018年6月底，2018年50所创新创业典型经验高校正式产生。

在学校总结、推荐申报阶段，按照每省高校总数5%的推荐比例，采用高校自愿申请、统一通过省市就业工作部门推荐申报的方式，全国共有131所高校参加申报，涵盖31个省(区、市)。其中，部委属院校17所，省属本科院校90所，高职高专院校24所。在专家初选阶段，组织了65位专家对匿名化处理后的学校申请材料进行分组通信评审。在社会调查阶段，委托学信咨询服务有限公司，对131所高校的2017届全部毕业生开展了针对学校创新创业教育和创业指导服务的满意度调查，共调查学生728 671人，回收问卷213 452份，平均每校1 629人参与。社会调查阶段结束后，依据专家投票选出的权重方案，依序产生了入围实地调研的55所高校名单。在实地调研阶段，组织14个专家组分赴入围高校进行实地调研，核实学校创业工作相关数据，帮助学校总结凝练创新创业教育和创业工作的特色经验。根据专家调研结果和分类指导、适当兼顾地区分布原则，最终确定了2018年度50所创新创业典型经验高校，其中中央部门所属高校 9 所，省属本科院校 33 所，高职高专院校 8 所。

按照部领导的部署要求，我们编印了 2018 年度 50 所典型经验高校特色材料汇编，对今年推选出的创新创业典型经验高校的经验思路、工作特色进行了汇总提炼。希望通过此书的编印和推广，将典型经验高校关于促进创新创业工作和深化教育教学改革的好经验和好做法推广出去，为推动毕业生更高质量创业就业，开创大学生创业和以创业带动就业工作新局面提供思路启发和经验借鉴。

创新创业总结宣传工作的顺利开展和本书的出版，凝聚了来自方方面面同志们的心血和劳动。在本书出版之际，谨对给予全国高校创新创业总结宣传工作大力支持的各有关方面领导和同志们表示衷心感谢！感谢创新创业总结宣传工作领导小组对工作全过程的精心指导和大力支持；感谢全体专家同志们的辛勤工作、无私奉献以及各省市就业部门和高校的全力配合。此外，也对创新创业总结宣传工作中默默奉献的各位工作小组成员一并表示感谢。

编　者

2018 年 9 月